Deliktsrecht I

Hemmer/Wüst/d'Alquen

Kursorte im Überblick

Augsburg
Wüst
Mergentheimer Str. 44
97082 Würzburg
Tel.: (0931) 79 78 230
Fax: (0931) 79 78 234
Mail: augsburg@hemmer.de

Bayreuth
Daxhammer/d´Alquen
Parkweg 7
97944 Boxberg
Tel.: (07930) 99 23 38
Fax: (07930) 99 22 51
Mail: bayreuth@hemmer.de

Berlin-Dahlem
Gast
Schumannstraße 18
10117 Berlin
Tel.: (030) 240 45 738
Fax: (030) 240 47 671
Mail: mitte@hemmer-berlin.de

Berlin-Mitte
Gast
Schumannstraße 18
10117 Berlin
Tel.: (030) 240 45 738
Fax: (030) 240 47 671
Mail: mitte@hemmer-berlin.de

Bielefeld
Lück
Salzstr. 14/15
48143 Münster
Tel.: (0251) 67 49 89 70
Fax.: (0251) 67 49 89 71
Mail: bielefeld@hemmer.de

Bochum
Schlömer/Sperl
Salzstr. 14/15
48143 Münster
Tel.: (0251) 67 49 89 70
Fax.: (0251) 67 49 89 71
Mail: bochum@hemmer.de

Bonn
Ronneberg/Clobes/Geron
Meckenheimer Allee 148
53115 Bonn
Tel.: (0228) 91 14 125
Fax: (0228) 91 14 141
Mail: bonn@hemmer.de

Bremen
Kulke/Hermann
Mergentheimer Str. 44
97082 Würzburg
Tel.: (0931) 79 78 257
Fax: (0931) 79 78 240
Mail: bremen@hemmer.de

Dresden
Stock
Zweinaundorfer Str. 2
04318 Leipzig
Tel.: (0341) 6 88 44 90
Fax: (0341) 6 88 44 96
Mail: dresden@hemmer.de

Düsseldorf
Ronneberg/Clobes/Geron
Meckenheimer Allee 148
53115 Bonn
Tel.: (0228) 91 14 125
Fax: (0228) 91 14 141
Mail: duesseldorf@hemmer.de

Erlangen
Grieger/Tyroller
Mergentheimer Str. 44
97082 Würzburg
Tel.: (0931) 79 78 230
Fax: (0931) 79 78 234
Mail: erlangen@hemmer.de

Frankfurt/M.
Geron
Dreifaltigkeitsweg 49
53489 Sinzig
Tel.: (02642) 61 44
Fax: (02642) 61 44
Mail: frankfurt.main@hemmer.de

Frankfurt/O.
Gast
Schumannstraße 18
10117 Berlin
Tel.: (030) 240 45 738
Fax: (030) 240 47 671
Mail: mitte@hemmer-berlin.de

Freiburg
Behler/Rausch
Rohrbacher Str. 3
69115 Heidelberg
Tel.: (06221) 65 33 66
Fax: (06221) 65 33 30
Mail: freiburg@hemmer.de

Gießen
Sperl
Parkweg 7
97944 Boxberg
Tel.: (07930) 99 23 38
Fax: (07930) 99 22 51
Mail: giessen@hemmer.de

Göttingen
Schlömer/Sperl
Kirchhofgärten 22
74635 Kupferzell
Tel.: (07944) 94 11 05
Fax: (07944) 94 11 08
Mail: goettingen@hemmer.de

Greifswald
Joh. Lück
c/o HLS Rechtsanwälte
Knieperstraße 20 / Alter Markt
18439 Stralsund
Tel.: (0381) 3 77 74 00
Fax: (0381) 3 77 74 01
Mail: greifswald@hemmer.de

Halle
Luke
Rödelstr. 13
04229 Leipzig
Tel.: (0341) 49 25 54 70
Fax: (0341) 49 25 54 71
Mail: halle@hemmer.de

Hamburg
Schlömer/Sperl
Steinhöft 5-7
20459 Hamburg
Tel.: (040) 317 669 17
Fax: (040) 317 669 20
Mail: hamburg@hemmer.de

Hannover
Daxhammer/Sperl
Matzenhecke 23
97204 Höchberg
Tel.: (0931) 400 337
Fax: (0931) 404 3109
Mail: hannover@hemmer.de

Heidelberg
Behler/Rausch
Rohrbacher Str. 3
69115 Heidelberg
Tel.: (06221) 65 33 66
Fax: (06221) 65 33 30
Mail: heidelberg@hemmer.de

Jena
Richard Weber
c/o Kanzlei Luke
Rödelstr. 13
04229 Leipzig
Mail: jena@hemmer.de

Kiel
Schlömer/Sperl
Kirchhofgärten 22
74635 Kupferzell
Tel.: (07944) 94 11 05
Fax: (07944) 94 11 08
Mail: kiel@hemmer.de

Köln
Ronneberg/Clobes/Geron
Meckenheimer Allee 148
53115 Bonn
Tel.: (0228) 91 14 125
Fax: (0228) 91 14 141
Mail: koeln@hemmer.de

Konstanz
Guldin/Kaiser
Hindenburgstr. 15
78467 Konstanz
Tel.: (07531) 69 63 63
Fax: (07531) 69 63 64
Mail: konstanz@hemmer.de

Leipzig
Luke
Rödelstr. 13
04229 Leipzig
Tel.: (0341) 49 25 54 70
Fax: (0341) 49 25 54 71
Mail: leipzig@hemmer.de

Mainz
Geron
Dreifaltigkeitsweg 49
53489 Sinzig
Tel.: (02642) 61 44
Fax: (02642) 61 44
Mail: mainz@hemmer.de

Mannheim
Behler/Rausch
Rohrbacher Str. 3
69115 Heidelberg
Tel.: (06221) 65 33 66
Fax: (06221) 65 33 30
Mail: mannheim@hemmer.de

Marburg
Sperl
Parkweg 7
97944 Boxberg
Tel.: (07930) 99 23 38
Fax: (07930) 99 22 51
Mail: marburg@hemmer.de

München
Wüst
Mergentheimer Str. 44
97082 Würzburg
Tel.: (0931) 79 78 230
Fax: (0931) 79 78 234
Mail: muenchen@hemmer.de

Münster
Schlömer/Sperl
Salzstr. 14/15
48143 Münster
Tel.: (0251) 67 49 89 70
Fax.: (0251) 67 49 89 71
Mail: muenster@hemmer.de

Osnabrück
Fethke
Liebknechtstr. 35
99086 Erfurt
Tel.: (0541) 18 55 21 79
Fax.: ---
Mail: osnabrueck@hemmer.de

Passau
Köhn/Rath
Mergentheimer Str. 44
97082 Würzburg
Tel.: (0931) 79 78 230
Fax: (0931) 79 78 234
Mail: passau@hemmer.de

Potsdam
Gast
Schumannstraße 18
10117 Berlin
Tel.: (030) 240 45 738
Fax: (030) 240 47 671
Mail: mitte@hemmer-berlin.de

Regensburg
Daxhammer/d´Alquen
Parkweg 7
97944 Boxberg
Tel.: (07930) 99 23 38
Fax: (07930) 99 22 51
Mail: regensburg@hemmer.de

Rostock
Joh. Lück
c/o HLS Rechtsanwälte
Knieperstraße 20 / Alter Markt
18439 Stralsund
Tel.: (0381) 3 77 74 00
Fax: (0381) 3 77 74 01
Mail: rostock@hemmer.de

Saarbrücken
Bold/Hein/Issa
Preslesstraße 2
66987 Thaleischweiler-Fröschen
Tel.: (06334) 98 42 83
Fax: (06334) 98 42 83
Mail: saarbruecken@hemmer.de

Trier
Geron
Dreifaltigkeitsweg 49
53489 Sinzig
Tel.: (02642) 61 44
Fax: (02642) 61 44
Mail: trier@hemmer.de

Tübingen
Guldin/Kaiser
Hindenburgstr. 15
78465 Konstanz
Tel.: (07531) 69 63 63
Fax: (07531) 69 63 64
Mail: tuebingen@hemmer.de

Würzburg - Zentrale -
Mergentheimer Str. 44
97082 Würzburg
Tel.: (0931) 79 78 230
Fax: (0931) 79 78 234
Mail: wuerzburg@hemmer.de

Deliktsrecht I mit der **hemmer-Methode**

Wer in vier Jahren sein Studium abschließen will, kann sich einen Irrtum in Bezug auf Stoffauswahl und -aneignung nicht leisten. Hoffen Sie nicht auf leichte Rezepte und den einfachen Rechtsprechungsfall. Hüten Sie sich vor Übervereinfachung beim Lernen. Stellen Sie deswegen frühzeitig die Weichen richtig.

Die §§ 823 ff. BGB sind sowohl in der Praxis als auch im Examen von grundlegender Bedeutung; sie stellen häufig einen Klausurschwerpunkt dar. Juristische Grundkenntnisse allein reichen in diesem schwierigen Rechtsbereich folglich nicht aus. Es muss vielmehr Klarheit über die verschiedenen Haftungstatbestände und ihre verschiedenen Voraussetzungen bestehen. In der Klausur kommt es meist auf die feinen Unterscheide an! Die Unterscheidung von Verschuldens- und Gefährdungshaftung gehört dabei zum Basiswissen. Schwieriger wird es bei der Differenzierung von Begriffen wie „haftungsbegründende Kausalität“ und „haftungsausfüllende Kausalität“; diese werden in ihrer Bedeutung häufig verkannt und in der Klausur falsch verwendet. Punktabzug ist die Folge. Das Skript **Deliktsrecht I** verschafft den notwendigen Überblick über das deliktsrechtliche Haftungssystem. Zudem werden die wichtigsten Haftungstatbestände der §§ 823-831 BGB ausführlich dargestellt und in verschiedenen klausurrelevanten Konstellationen erklärt.

Die **hemmer-Methode** vermittelt Ihnen die **erste richtige Einordnung** und das **Problembewusstsein**, welches Sie brauchen, um an einer Klausur bzw. dem Ersteller nicht vorbeizuschreiben. Häufig ist dem Studenten nicht klar, warum er schlechte Klausuren schreibt. Wir geben Ihnen **gezielte Tipps**! Vertrauen Sie auf unsere **Expertenkniffe**.

Durch die ständige Diskussion mit unseren Kursteilnehmern ist uns als erfahrenen Repetitoren klar geworden, welche **Probleme** der Student hat, sein **Wissen anzuwenden**. Wir haben aber auch von unseren Kursteilnehmern profitiert und von ihnen erfahren, welche **Argumentationsketten** in der Prüfung zum Erfolg geführt haben.

Die **hemmer-Methode** gibt **jahrelange Erfahrung** weiter, erspart Ihnen viele schmerzliche Irrtümer, setzt richtungsweisende Maßstäbe und begleitet Sie als **Gebrauchsanweisung** in Ihrer Ausbildung:

1. Grundwissen:

Die **Grundwissenskripten** sind für den Studenten in den ersten Semestern gedacht. In den Theoriebänden Grundwissen werden leicht verständlich und kurz die wichtigsten Rechtsinstitute vorgestellt und das notwendige Grundwissen vermittelt. Die Skripten werden durch den jeweiligen Band unserer **Reihe „Die wichtigsten Fälle“** ergänzt.

2. Basics:

Das Grundwerk für Studium und Examen. Es schafft schnell **Einordnungswissen** und mittels der hemmer-Methode richtiges Problembewusstsein für Klausur und Hausarbeit. Wichtig ist, **wann und wie** Wissen in der Klausur angewendet wird.

3. Skriptenreihe:

Vertiefendes Prüfungswissen: Über 1.000 Klausuren wurden auf ihre „essentials" abgeklopft.

Anwendungsorientiert werden die für die Prüfung nötigen Zusammenhänge umfassend aufgezeigt und wiederkehrende Argumentationsketten eingeübt.

Gleichzeitig wird durch die **hemmer-Methode** auf **anspruchsvollem Niveau** vermittelt, nach welchen Kriterien Prüfungsfälle beurteilt werden. Mit dem Verstehen wächst die Zustimmung zu Ihrem Studium. Spaß und Motivation beim Lernen entstehen erst durch Verständnis.

Lernen Sie, durch Verstehen am juristischen Sprachspiel teilzunehmen. Wir schaffen den „background“, mit dem Sie die innere Struktur von Klausur und Hausarbeit erkennen: **„Problem erkannt, Gefahr gebannt“**. Profitieren Sie von unserem **strategischen Wissen**. Wir werden Sie mit unserem know-how auf das Anforderungsprofil einstimmen, das Sie in Klausur und Hausarbeit erwartet. Die Theoriebände Grundwissen, die Basics, die Skriptenreihe und der Hauptkurs sind als **modernes, offenes und flexibles Lernsystem** aufeinander abgestimmt und ergänzen sich ideal. Die **studentenfreundliche Preisgestaltung** ermöglicht den **Erwerb als Gesamtwerk**.

4. Hauptkurs:

Schulung am examenstypischen Fall mit der Assoziationsmethode. Trainieren Sie unter professioneller Anleitung, was Sie im Examen erwartet und wie Sie bestmöglich mit dem Examensfall umgehen.

Nur wer die Dramaturgie eines Falles verstanden hat, ist in Klausur und Hausarbeit auf der sicheren Seite! Häufig hören wir von unseren Kursteilnehmern: **„Erst jetzt hat Jura richtig Spaß gemacht“**.

Die Ergebnisse unserer Kursteilnehmer geben uns Recht. Maßstab ist der Erfolg. Die Examensergebnisse zeigen, dass unsere Kursteilnehmer überdurchschnittlich abschneiden.

Die Examensergebnisse unserer Kursteilnehmer können auch Ansporn für Sie sein, intelligent zu lernen: Wer nur auf vier Punkte lernt, landet leicht bei drei.
Lassen Sie sich aber nicht von diesen Supernoten verschrecken, sehen Sie dieses Niveau als Ansporn für Ihre Ausbildung.

Wir hoffen, als Repetitoren mit unserem Gesamtangebot bei der Konkretisierung des Rechts mitzuwirken und wünschen Ihnen **viel Spaß beim Durcharbeiten** unserer Skripten.

Wir würden uns freuen, mit Ihnen als Hauptkursteilnehmer mit der **hemmer-Methode** gemeinsam Verständnis an der Juristerei zu trainieren. Nur wer erlernt, was ihn im Examen erwartet, lernt richtig!

So leicht ist es, uns kennenzulernen: Probehören ist jederzeit in den jeweiligen Kursorten möglich.

Karl-Edmund Hemmer & Achim Wüst

DELIKTSRECHT I

Hemmer/Wüst/d'Alquen

Hemmer/Wüst Verlagsgesellschaft

Hemmer/Wüst/d'Alquen, Deliktsrecht I

ISBN 978-3-86193-697-8

13. Auflage 2018

gedruckt auf chlorfrei gebleichtem Papier
von Schleunungdruck GmbH, Marktheidenfeld

Kommentare

Erman	Bürgerliches Gesetzbuch
Münchener Kommentar	Kommentar zum Bürgerlichen Gesetzbuch
Palandt	Kommentar zum Bürgerlichen Gesetzbuch
Soergel	Bürgerliches Gesetzbuch mit Einführungs- und Nebengesetzen
Staudinger	Kommentar zum Bürgerlichen Gesetzbuch

Lehrbücher

Brox	Allgemeines Schuldrecht
	Besonderes Schuldrecht
Diedrichsen/Wagner	Die BGB-Klausur
Kupisch/Krüger	Deliktsrecht, 1983 = Grundfälle zum Recht der unerlaubten Handlung in JuS: 1980, 270/422/574/727; 1981, 30/347/584/737
Larenz	Lehrbuch des Schuldrechts Band 1, Allgemeiner Teil
Larenz/Canaris	Lehrbuch des Schuldrechts Band II, Besonderer Teil
Medicus	Bürgerliches Recht

Weitere Nachweise (insbesondere auf Aufsätze) in den Fußnoten.

§ 1 EINFÜHRUNG

A) Aufgabe des Deliktsrechts

I. Schadensersatz außerhalb einer Sonderverbindung

Haftung außerhalb einer Sonderverbindung

Das Deliktsrecht bezweckt, unabhängig von rechtlichen Sonderverbindungen Ersatz von Schäden zu gewähren, die jemand durch einen widerrechtlichen Eingriff in seine rechtlich geschützten Interessen erleidet. Dies folgt aus dem allgemeinen Rechtsgrundsatz des „neminem laedere“: Niemand darf einem anderen einen Schaden zufügen. Dabei kommen den deliktischen Normen eine repressive und eine präventive Funktion zu. Die repressive Funktion besteht darin, dass der Schädiger den Schaden zu ersetzen hat. Es geht dabei aber nicht wie im Strafrecht um eine Sanktion für die rechtswidrige Zufügung eines Schadens.[1] Das Deliktsrecht bezweckt allein den wirtschaftlichen Ausgleich der widerrechtlich erlittenen Schädigung. Die Ersatzverpflichtung hat damit aber auch eine präventive Funktion, da sie von schadensverursachendem Verhalten abhalten soll. 1

II. Schadensersatz im Rahmen einer Sonderverbindung

Haftung des schuldrechtl. Verpflichteten

Tritt hingegen ein Schaden dadurch ein, dass der Schädiger Pflichten verletzt, die ihm aufgrund einer bestehenden schuldrechtlichen Sonderverbindung – in der Regel aufgrund eines Vertrages – obliegen, so kennt das Vertragsrecht noch zusätzlich eigene Anspruchsnormen für den Ersatz des entstandenen Schadens, wie z.B. §§ 280 ff. BGB, evtl. i.V.m. §§ 241 II, 311 II, III BGB. Grundlage für die Haftung ist in diesen Fällen die besondere vertragliche oder gesetzliche schuldrechtliche Beziehung zwischen den Beteiligten. Diese Ansprüche konkurrieren mit jenen aus dem Deliktsrecht. Aufgrund denkbarer Wechselwirkungen (Haftungsmaßstab, Haftungsprivilegierungen) sind Schadensersatzansprüche aus Sonderverbindungen stets vor jenen aus Deliktsrecht zu prüfen. 2

hemmer-Methode: Unsere Skriptenreihe versteht sich als „großer Fall“! Von der Rechtsfolge ausgehend, werden sämtliche Schadensersatzansprüche durchgecheckt. Dabei wird dem Umstand Rechnung getragen, dass herkömmlicherweise zwischen vertraglichen und außervertraglichen Schadensersatzansprüchen unterschieden wird.
Einen Überblick über die Haftung im Rahmen einer Sonderverbindung erhalten Sie, indem Sie die Inhaltsverzeichnisse der Skripten Hemmer/Wüst, Schuldrecht I - III überfliegen.

1 Einzig bei Verletzung des Allgemeinen Persönlichkeitsrechts spielt dieser Gedanke eine Rolle, s. dazu unten, Rn. 53 ff.

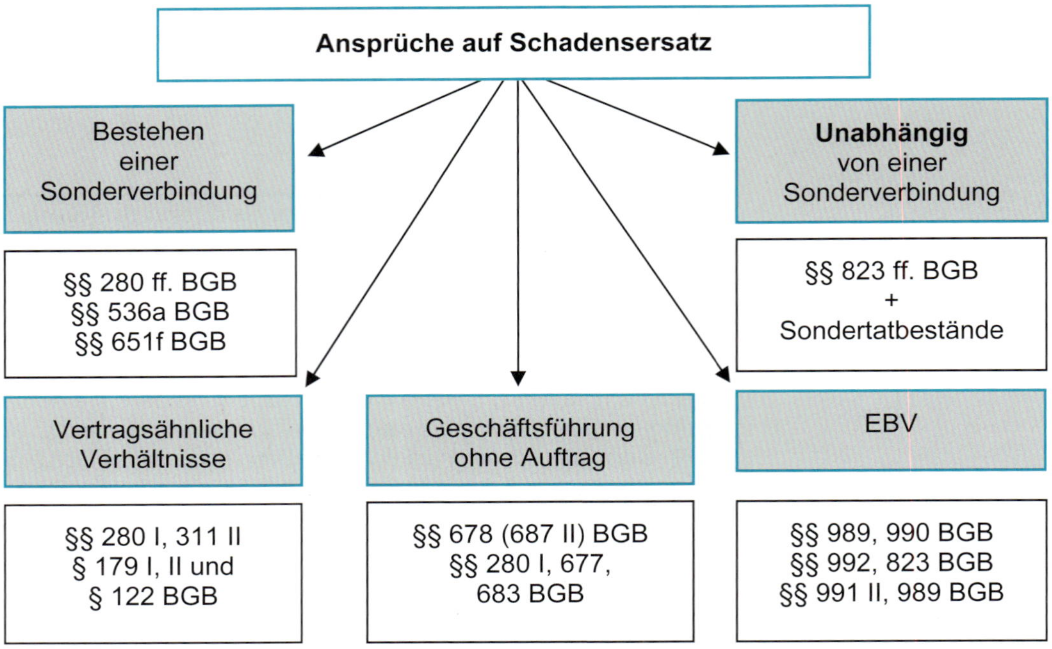

B) Das deliktische Haftungssystem

I. Haftungstatbestände

Das Deliktsrecht regelt die Frage der Verantwortlichkeit einer Person für einen Schaden, der unabhängig von einer Vertragsbeziehung entstanden ist. 3

1. Verschuldensprinzip

grundsätzlich gilt das Verschuldensprinzip

Den gesetzlichen Regelungen liegt das Verschuldensprinzip zugrunde. Rechtsethisch wird das Verschuldensprinzip aus den Prinzipien der Selbstverantwortung und der Selbstbestimmung abgeleitet. 4

Verantwortlich ist grundsätzlich nur derjenige, welcher einen Schaden rechtswidrig und schuldhaft verursacht hat. Dieses Erfordernis der Schadensersatzpflicht beruht auf dem Postulat, dass jeder Mensch, der die nötige Einsichtsfähigkeit besitzt (vgl. auch §§ 827, 828 BGB) und in der Lage ist, verantwortlich zu handeln, frei ist in seiner Entscheidung, das Gebot des „neminem laedere“ zu beachten oder dagegen zu verstoßen.[2]

Die Beweislast trifft im Deliktsrecht grds. den Geschädigten als Anspruchsteller. Teilweise kehrt sich die Beweislast aber zu Lasten des Schädigers – und damit zugunsten des Geschädigten – um. Die wichtigsten Fälle sind die §§ 831 - 838 BGB und die deliktische Produzentenhaftung.

hemmer-Methode: Denken Sie daran: Im gesamten Schuldrecht wird grundsätzlich nur bei Verschulden gehaftet, § 276 BGB. Achten Sie deshalb beim ersten Durchlesen des Sachverhalts auf Merkmale, die auf Verschulden hindeuten. Schöpfen Sie dabei den Sachverhalt vollständig aus. Häufig gibt es mehrere Momente, die für Verschulden sprechen. Sie finden die juristische Idealsprache wie „der Schädiger handelte schuldhaft“ nicht im Sachverhalt. Sie müssen demzufolge den Sachverhalt dekodieren und fragen, ob z.B. durch die entsprechende Verhaltensweise der objektive Fahrlässigkeitsmaßstab verletzt wurde.

2 Kupisch/Krüger, S. 7.

Stellen Sie dann in einer weiteren Assoziation fest, wer schuldhaft gehandelt hat. War es der Geschäftsherr oder ein Angestellter? Näheres hierzu bei § 831 BGB, unter Rn. 178 ff.

2. Gefährdungshaftung

Ausnahme: Gefährdungshaftung

In bestimmten Ausnahmefällen hat das Gesetz eine Haftung ohne Verschulden angeordnet, die sog. Gefährdungshaftung. Diesen Fällen ist gemeinsam, dass der Schädiger zwar eine erlaubte Tätigkeit ausführt, diese jedoch eine besondere Gefahrenlage schafft. Trotz Beachtung aller Sicherheitsvorkehrungen kann sich die Gefahrenlage verwirklichen, ohne dass ein Verschulden vorliegt. 5

Da meist ein allgemeines Interesse daran besteht, dass solche Tätigkeiten erlaubt bleiben, hat der Gesetzgeber hier – anstatt die Tätigkeit gänzlich zu verbieten – dem Handelnden die Pflicht aufgebürdet, auch ohne Verschulden Schäden zu ersetzen, die im Zuge der Verwirklichung dieser besonderen Gefahrenlage entstanden sind. So betraf beispielsweise die erste Gefährdungshaftung die Betreiber von Bahnanlagen durch das ReichshaftpflichtG von 1871.

hemmer-Methode: Wegen der Risikoübernahme setzt die Gefährdungshaftung kein Verschulden voraus. Verwirklicht sich das Risiko, so reicht dies für die Zurechnung des Schadens aus. Somit kommt es bei der Gefährdungshaftung auch nicht auf eine Verschuldens- oder Deliktsfähigkeit an. Mit anderen Worten: Die Frage nach der Rechtswidrigkeit oder nach einem Verschulden stellt sich bei der Gefährdungshaftung nicht. Ebenso wenig stellt sich die Frage nach der Adäquanz: Gehaftet wird für die Gefährlichkeit der „Anlage".
Liegt ein schuldhaftes Fehlverhalten vor, haftet der Schädiger sowohl aus Gefährdungshaftung als auch aus den einschlägigen Verschuldenstatbeständen!
Wenn Sie nach der Auswertung des Sachverhalts die Gefährdungshaftung bejahen, denken Sie gleich daran, dass deliktische Ansprüche und Gefährdungshaftungstatbestände im Umfang unterschiedlich sein können, sodass die verschuldensabhängige Haftung i.d.R. im Ergebnis weiter geht! So gibt es im Bereich der Gefährdungshaftung mitunter Höchstbetragsgrenzen (z.B. §§ 10 ff. StVG) oder Selbstbeteiligungen (z.B. § 11 ProdHaftG).

II. Übersicht zu den Haftungsgründen

Nach obigen Darstellungen lassen sich somit verschiedene Gruppen von Haftungstatbeständen unterscheiden, deren Hauptnormen in der nachfolgenden Übersicht dargestellt werden. 6

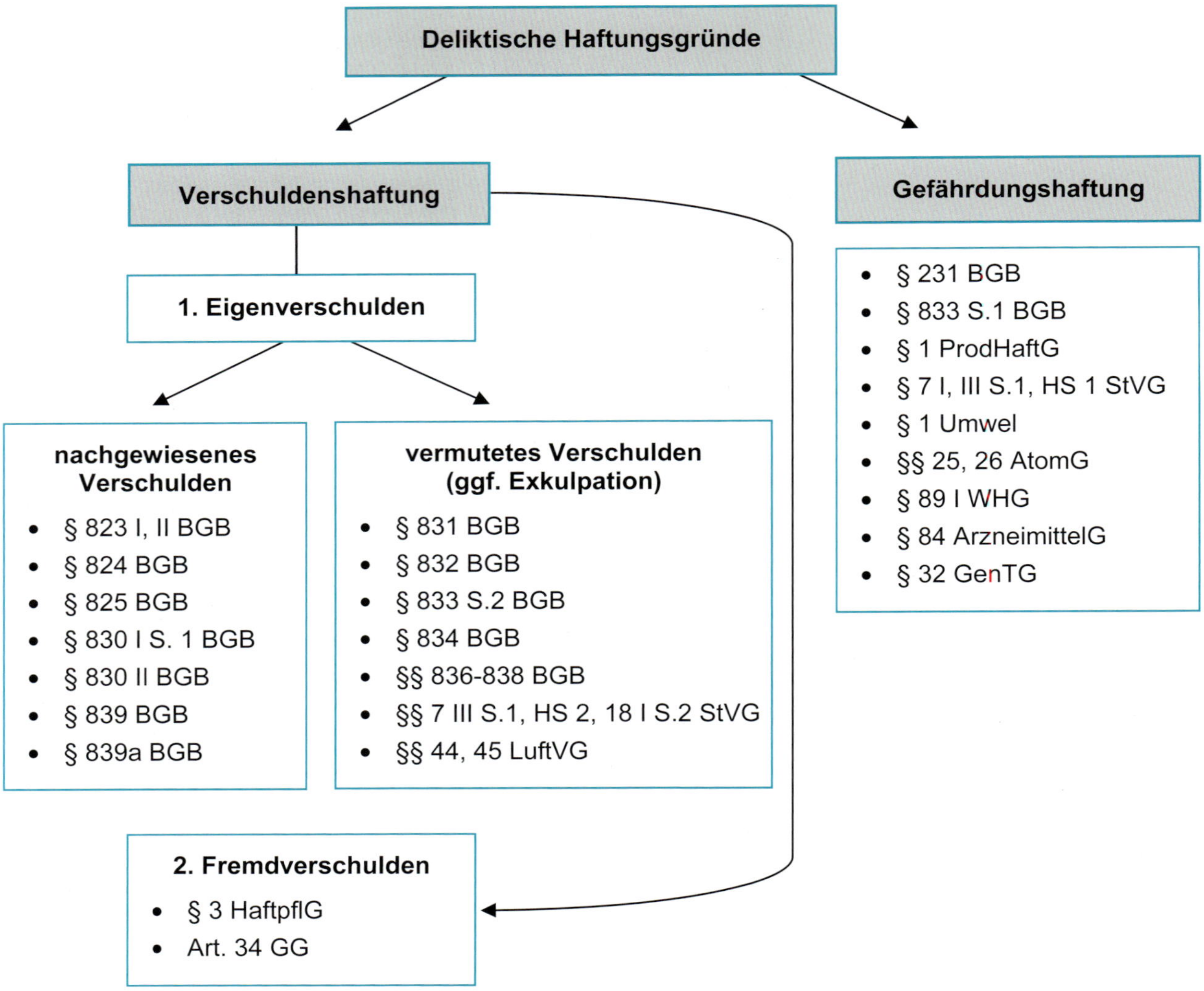

§ 830 I S.2 BGB bei Verschuldens- oder Gefährdungshaftung (analog) und nicht feststellbarer Kausalität

C) Abgrenzung zu anderen Regelungen

I. Vertragsrecht

Vertragsrecht grds. spezieller

Die Schadensersatznormen des Vertragsrechts stellen grundsätzlich die spezielleren Regelungen dar und sind daher in der Klausur vor den deliktischen Ansprüchen zu prüfen.[3] Eine Beeinflussung der vertraglichen Schadensersatznormen durch das Deliktsrecht ist daher nicht möglich. Umgekehrt kann das Vertragsrecht die deliktische Haftung als generelle Regelung beeinflussen. 7

3 Medicus, BR, Rn. 639.

Dies gilt insbesondere für Haftungsmilderungen oder Verjährungsfristverkürzungen des Vertragsrechts, die ggf. im Deliktsrecht entsprechend zur Anwendung kommen. Grund dafür ist, dass das Deliktsrecht die vertragliche Haftung nicht aushöhlen darf.[4]

Anspruchsgrundlagenkonkurrenz

Vertragliche und deliktische Schadensersatzhaftung bestehen grundsätzlich nebeneinander mit der Folge der Anspruchsgrundlagenkonkurrenz. 8

Dies bedeutet, dass der Geschädigte seine Ansprüche auf Vertrag und Deliktsrecht stützen kann, der Schädiger den Schaden aber natürlich nur einmal zu ersetzen braucht.[5] Wechselwirkungen kann es aber insbesondere beim Verschulden und bei der Verjährung geben.

Die Notwendigkeit dieser Anspruchsgrundlagenkonkurrenz ergibt sich aus den Unterschieden zwischen Delikts- und Vertragsrecht.

> **Bsp.:** *Friseur S bedient die Trockenhaube fahrlässig falsch. Dadurch verbrennen der Kundin G Haare und Kopfhaut. G verlangt Schadensersatz in Form von Arztkosten und Schmerzensgeld.*

Die wichtigsten Unterschiede von Delikts- und Vertragsrecht in der Übersicht:

Übersicht

Vertragsrecht	**Deliktsrecht**
⇨ Geschäftsfähigkeit, §§ 104 ff. BGB;	⇨ Deliktsfähigkeit, §§ 827, 828 BGB;
⇨ bzgl. Dritter § 278 BGB (keine Exkulpation möglich)	⇨ bzgl. Dritter § 831 (Exkulpation möglich)
⇨ Vertretenmüssen wird vermutet, § 280 I S. 2 BGB	⇨ Im Grundtatbestand § 823 I BGB: Verschulden muss grds. nachgewiesen werden;
⇨ Allgemeiner Vermögensschutz	⇨ Vermögen kein geschütztes Rechtsgut

Beachten Sie vor allem, dass die Verjährung einheitlich drei Jahre beträgt, § 195 BGB. § 852 BGB gilt nur noch für den deliktischen Bereicherungsanspruch.

> Im Bsp. oben liegt ein Mangelfolgeschaden vor, sodass ein Schadensersatzanspruch aus §§ 634 Nr. 3, 636, 280 I BGB, evtl. aus §§ 280 I, 241 II BGB, wenn das obige Verhalten nur als vertragliche Nebenpflicht gewertet wird, besteht. Da jedoch der Friseur rechtswidrig und schuldhaft (§ 276 II BGB) den Körper der G verletzt hat, besteht auch ein Anspruch aus § 823 I BGB sowie § 823 II BGB i.V.m. § 229 StGB. Schmerzensgeld kann sowohl nach § 823 BGB i.V.m. § 253 II BGB als auch nach (quasi-)vertraglicher Haftung i.V.m. § 253 II BGB verlangt werden.

P.: Konkurrenz zum Mängelrecht

Eine besondere Konkurrenzsituation besteht aber dann, wenn es um Schäden an dem Vertragsgegenstand selbst geht.

Wenn sich ein bei Gefahrübergang vorhandener Mangel im Laufe der Zeit auf die zunächst mangelfreie Restsache ausdehnt, spricht man von einem weiterfressenden Mangel. In diesen Fällen ist die Anwendung des Deliktsrechts umstritten, weil die Gefahr besteht, dass die Besonderheiten des Mängelrechts (Vorrang der Nacherfüllung, andere Verjährungsregelung) unterlaufen werden.[6]

4 Palandt, Einf v § 823 BGB, Rn. 4 f.; BGHZ 96, 221.

5 Kupisch/Krüger, S. 4; Palandt, Einf v § 823 BGB, Rn. 4 f.

6 Vgl. dazu Rn. 34 ff. und ausführlich dazu **Hemmer/Wüst, Deliktsrecht II, Rn. 388 ff.**

hemmer-Methode: Für die Abgrenzung zum Mängelrecht sind die Begriffe „Mangelfolgeschaden“ und „weiterfressender Mangel“ unbedingt auseinanderzuhalten. Der Mangelfolgeschaden tritt an anderen Rechtsgütern des Käufers ein. Hier liegt unproblematisch eine Eigentumsverletzung vor. § 823 I BGB ist anwendbar. Bei den weiterfressenden Mängeln geht es um Schäden an der gekauften Sache selbst. Inwieweit hier eine Eigentumsverletzung möglich ist, ist umstritten.
Noch komplizierter ist die Abgrenzung im Werkvertragsrecht, da hier der Unternehmer typischerweise nach dem Inhalt des Vertrages auf die Rechtsgüter des Bestellers einwirken muss (Renovierung eines Hauses). Soweit am Bauwerk ein Schaden eintritt, besteht dann kein Anspruch aus § 823 I BGB, wenn dieser Schaden sich mit dem Mangelunwert der vertraglichen Leistung deckt. Das gilt nach BGH selbst dann, wenn die vertragliche Leistung den Schutz des beschädigten Bauwerks bezweckt.[7]

II. Eigentümer-Besitzer-Verhältnis

EBV ggü. Deliktsrecht grds. abschließend

§ 993 I HS 2 BGB regelt das Verhältnis der EBV-Vorschriften zu anderen Rechtsnormen. Danach ist nach h.M.[8] ein Schadensersatzanspruch aus anderen, insbesondere aus deliktischen Normen - mit Ausnahme des § 826 BGB - grundsätzlich ausgeschlossen. Bei Vorliegen eines Eigentümer-Besitzer-Verhältnisses kann Schadensersatz nur unter den Voraussetzungen der §§ 989, 990 BGB gewährt werden. 9

In zwei Ausnahmefällen (neben dem oben erwähnten § 826 BGB) wird eine Deliktshaftung jedoch auch bei Vorliegen eines EBV zugelassen: 10

– *Ausnahmen: § 992 BGB*

⇨ § 992 BGB erklärt die §§ 823 ff. BGB neben dem EBV für anwendbar, wenn sich der Besitzer die Sache durch verbotene Eigenmacht gem. § 858 BGB oder durch eine strafbare Handlung verschafft hat. 11

Um die Wertung der §§ 992, 993 I HS 2 BGB nicht auszuhebeln, muss die verbotene Eigenmacht nach h.M. allerdings schuldhaft begangen worden sein, damit der Anwendungsbereich der §§ 823 ff. BGB eröffnet ist.[9]

– *Fremdbesitzerexzess*

⇨ Ferner finden die §§ 823 ff. BGB nach h.M.[10] auch im Falle des sog. Fremdbesitzerexzesses Anwendung. Grund dafür ist der sich aus § 991 II BGB ergebende allgemeine Grundsatz, nach dem der redliche, unrechtmäßige Fremdbesitzer, der sein vermeintliches Besitzrecht überschreitet, nicht besser stehen soll als ein rechtmäßiger Fremdbesitzer. Er soll dem Eigentümer wenigstens insoweit haften, wie er im Falle eines bestehenden Vertrages haften würde. 12

Bsp.: Beschädigt jemand schuldhaft eine fremde Sache, die er aufgrund eines nichtigen Mietvertrages besitzt, so scheiden vertragliche Ersatzansprüche aus. Ansprüche aus §§ 989, 990 BGB entfallen wegen der Gutgläubigkeit des Besitzers, wenn er die Nichtigkeit des zum Besitz berechtigenden Vertrages nicht kennt. Eine Haftung aus § 823 BGB würde an sich grundsätzlich an § 993 I HS 2 BGB scheitern. Der Schädiger wäre somit nicht zum Schadensersatz verpflichtet. Eine Ersatzverpflichtung aus § 823 BGB lässt sich hier nur über die Figur des Fremdbesitzerexzesses als Ausnahme zu § 993 BGB bejahen, was aber nur billig ist, denn auch der vermeintliche Mieter kann nicht damit rechnen, fremde Sachen sanktionslos beschädigen zu dürfen.

7 Vgl. zu dieser sehr komplizierten Abgrenzung BGH, **Life&Law 2005, 368 ff.** **Unser Service-Angebot an Sie: kostenlos hemmer-club-Mitglied werden (www.hemmer-club.de) und Entscheidungen der Life&Law lesen und downloaden.**

8 JA 1973, ZR 202 (584).

9 H.M., vgl. Palandt, § 992, Rn. 2 m.w.N.

10 Vgl. Palandt, Vorb v § 987 BGB, Rn. 3.

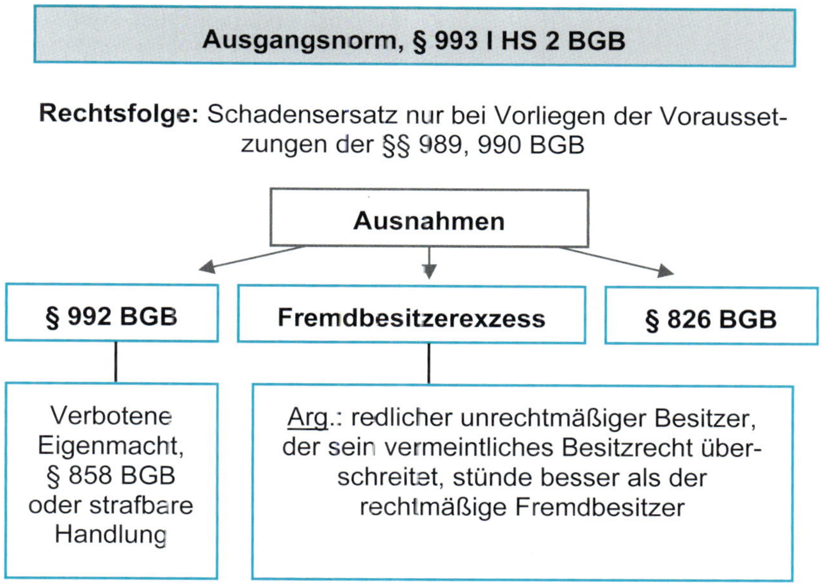

hemmer-Methode: Achten Sie bei der Prüfung der §§ 823 ff. BGB zuerst darauf, ob deren Anwendungsbereich überhaupt eröffnet ist. Die §§ 989 ff. BGB stellen eine Privilegierung des redlichen, unverklagten, aber unrechtmäßigen Besitzers dar.
Für die Klausur bedeutet dies, dass vor der Prüfung der §§ 823 ff. BGB immer kurz zu überlegen ist, ob im Zeitpunkt der Schädigung ein EBV vorlag. In diesem Fall könnten die §§ 823 ff. BGB durch § 993 I HS 2 BGB ausgeschlossen sein.
Die §§ 989 ff. BGB regeln nur das Verhältnis zwischen dem Eigentümer und dem unrechtmäßigen Besitzer. Der rechtmäßige Besitzer haftet i.d.R. aus §§ 823 ff. BGB, da hier kein EBV vorliegt und somit auch keine Konkurrenz.
Denken Sie aber an das Regel-Ausnahme-Prinzip: Wertungsgesichtspunkte können z.B. beim Fremdbesitzerexzess ergeben, dass auch der unrechtmäßige gutgläubige Besitzer entgegen § 993 I HS 2 BGB direkt aus § 823 BGB haftet.[11]

III. Bereicherungsrecht

§§ 812 ff. BGB

Aufgabe des Bereicherungsrechts ist die Rückgängigmachung ungerechtfertigter Vermögensverschiebungen. Dies gilt insbesondere für Leistungen, die aufgrund mangelhafter schuldrechtlicher Grundlage ausgetauscht wurden. Die Bereicherung soll beim Bereicherten abgeschöpft werden. 13

Ziel des Deliktsrechts ist dagegen der Ausgleich widerrechtlich erlittener Beeinträchtigungen des Geschädigten durch den Schädiger.

nebeneinander anwendbar, da andere Zweckrichtung

Aufgrund dieser unterschiedlichen Zweckrichtungen scheidet eine Konkurrenz dieser Anspruchsgrundlagen aus. Ansprüche aus Bereicherungsrecht und aus Deliktsrecht stehen uneingeschränkt nebeneinander. 14

11 Vgl. hierzu auch **Hemmer/Wüst, Sachenrecht I, Rn. 354 f.**

hemmer-Methode: Die Rückabwicklung erfolgt im Bereicherungsrecht und im Deliktsrecht aus unterschiedlichen Blickwinkeln. Die §§ 812 ff. BGB stellen auf den Herausgabeschuldner ab. Bei ihm ist das Erlangte i.S.d. § 812 I BGB und die Entreicherung i.R.d. § 818 III BGB zu berücksichtigen. Das Deliktsrecht hat dagegen die Person des Geschädigten im Auge. Er ist verletzt, er hat den Schaden (i.d.R. Differenzhypothese), bei ihm kommt aber eventuell Vorteilsanrechnung usw. in Betracht.

IV. Andere Deliktsnormen[12]

Deliktsnormen untereinander: Anspruchsgrundlagenkonkurrenz

Die einzelnen deliktischen Normen stehen ebenfalls in freier Anspruchsgrundlagenkonkurrenz uneingeschränkt nebeneinander. Ebenso steht die Gefährdungshaftung selbständig neben der Verschuldenshaftung. 15

Beantworten Sie die Wiederholungsfragen 1 - 6!

12 Vgl. zur Abgrenzung zu dem verschuldensunabhängigen Beseitigungsanspruch aus § 1004 I BGB BGH, **Life&Law 2005, 444**.

§ 2 DER HAFTUNGSGRUND DES § 823 I BGB

A) Einführung

I. Einordnung der Regelung des § 823 I BGB

§ 823 I BGB bildet neben § 823 II BGB und § 826 BGB einen der Grundtatbestände des Deliktsrechts.

Enumerationsprinzip: Schutz nur best. RGüter

Der Gesetzgeber hat in § 823 I BGB eine Verantwortlichkeit für jedwede Schadenszufügung abgelehnt und einer Regelung den Vorzug gegeben, welche sich darauf beschränkt, nur bestimmte Rechtsgüter vor Verletzungen zu schützen.[13] 16

II. Prüfungsschema zu § 823 I BGB

Prüfungsschema 17

1. **Anwendbarkeit**: grds. Vorrang der §§ 987 ff. BGB, Arg. § 993 I BGB a.E.; vgl. aber § 992 BGB
2. **Rechtsgutverletzung**
3. **Verletzungshandlung**: positives Tun oder Unterlassen
4. Kausalität zwischen Verletzungshandlung und Rechtsgutsverletzung (**haftungsbegründende Kausalität**)
5. **Rechtswidrigkeit**
6. **Verschulden**
7. **Schaden**
8. Kausalität zwischen Rechtsgutverletzung und Schaden (**haftungsausfüllende Kausalität**)
9. Evtl. **Mitverschulden**, § 254 BGB
10. **Verjährung**, §§ 195, 199 BGB

B) Verletzung eines durch § 823 I BGB absolut geschützten Rechtsgutes oder Rechtes

I. Übersicht

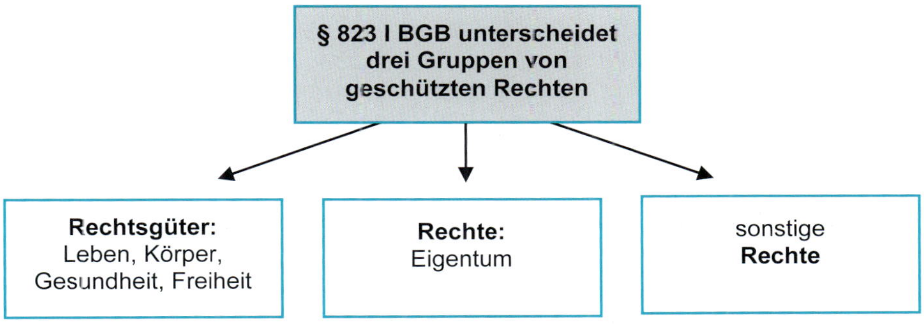

13 Kupisch/Krüger, S. 12.

Rechtsgüter ⇨ untrennbare Verbindung mit Inhaber

Die Rechtsgüter Leben, Körper, Gesundheit und Freiheit sind solche Rechte, die mit der Persönlichkeit des Inhabers untrennbar verbunden sind. Sie sind nicht Objekte besonderer Rechte, sondern Teile des Rechtssubjektes selbst.

Rechte ⇨ auf Dritte übertragbar

Das Eigentum und die sonstigen Rechte lassen sich dagegen auf Dritte übertragen bzw. von Dritten erwerben und sind somit von ihrem Inhaber abtrennbar. § 823 I BGB stellt diese von ihrem Inhaber trennbaren Rechte im Schutz den untrennbaren Rechtsgütern gleich.

II. Rechtsgut: Leben

„Leben“: wichtig bzgl. §§ 844, 845 BGB

Verletzung des Rechtsguts Leben bedeutet Tötung. Da hier der Geschädigte mit Eintritt des Verletzungserfolges, also seinem Tod, die Rechtsfähigkeit verliert, kann er nicht selbst Inhaber eines Schadensersatzanspruches sein. Auch der Erbe kommt als Ersatzberechtigter nicht in Betracht, da ihm nicht mehr Rechte zustehen können als dem Erblasser.[14] Wurde gleichzeitig durch die Verletzungshandlung auch eine Sache des Getöteten beschädigt, so steht ihm - und durch den Tod seinen Erben, § 1922 BGB - ein Anspruch aus Eigentumsverletzung gem. § 823 I BGB zu.[15] 19

Auch eine der Tötung regelmäßig vorausgehende Körperverletzung kann zu Ersatzansprüchen der Erben führen.[16] Hinsichtlich einer Ersatzpflicht aus § 823 I BGB spielt daher eine Verletzung des Rechtsgutes Leben keine Rolle. Bedeutung hat die Verletzung des Lebens jedoch bzgl. Ansprüchen Dritter nach §§ 844, 845 BGB.

hemmer-Methode: Machen Sie sich klar, dass es sich bei §§ 844, 845 BGB um Sondervorschriften handelt: Das Schadensrecht des BGB baut auf den Grundsatz auf, dass immer nur der Schaden zu ersetzen ist, der der verletzten Person selbst entstanden ist. Dritte können aus einem schädigenden Ereignis normalerweise keine Ansprüche herleiten, was die §§ 844, 845 BGB bei der Verletzung des Lebens aber ausnahmsweise zulassen.

III. Rechtsgut: Körper / Gesundheit

1. Definition

Körperverletzung = Substanzverletzung

Eine Körperverletzung liegt in jeder Beeinträchtigung der äußeren körperlichen Integrität einschließlich einer bloßen Schmerzzufügung. 20

Gesundheitsverletzung nur bzgl. innerer Integrität

Eine Gesundheitsverletzung ist jede medizinisch erhebliche Beeinträchtigung der inneren körperlichen Integrität,[17] also jeder Eingriff, der zu einer Störung der körperlichen, geistigen oder seelischen Lebensvorgänge führt[18] bzw. jedes Hervorrufen oder Steigern eines von den normalen körperlichen Funktionen nachteilig abweichenden Zustandes, auch ohne Schmerzen oder tiefgreifende Veränderung der Befindlichkeit.[19] Die Abgrenzung zwischen Körper und Gesundheit ist jedoch in der Praxis und in der Klausur weitgehend ohne Bedeutung. 21

14 Dazu Kupisch/Krüger, S. 14.

15 Palandt, § 844 BGB, Rn. 1.

16 Vgl. hierzu **Hemmer/Wüst, Deliktsrecht II, Rn. 304a**.

17 Kupisch/Krüger, S. 15.

18 OLG Koblenz, NJW 1988, 2959 = **juris**byhemmer (Wenn dieses Logo hinter einer Fundstelle abgedruckt wird, finden Sie die Entscheidung bei juris).

19 BGH, NJW 1991, 1948 = **juris**byhemmer.

hemmer-Methode: Achten Sie darauf: Auch ein nicht unerheblicher Schock stellt eine Gesundheitsbeeinträchtigung dar. Bei einem sog. Schockschaden stellen sich regelmäßig zwei Fragen:

1. **Liegt überhaupt eine Gesundheitsverletzung i.S.d. § 823 I BGB vor? (Frage der Rechtsgutverletzung)**
2. **Ist diese Gesundheitsverletzung dem Schädiger zuzurechnen? (Frage der Kausalität)**

Z.B.: Ehefrau F erleidet einen schweren Schock, der eine ärztliche Behandlung nötig macht, als sie von dem durch A fahrlässig verursachten Unfalltod ihres Mannes erfährt. Hier liegt eine beachtliche Gesundheitsverletzung in Form des „Schocks" vor, die einen eigenen Anspruch der F aus § 823 I BGB auslöst. Fraglich ist in diesen Fällen dann immer, ob dem Schädiger die Gesundheitsbeeinträchtigung zuzurechnen ist.[20]

2. Ärztlicher Eingriff

ärztlicher Eingriff ist grds. auch Verletzung

Auch ein lege artis zu Heilzwecken vorgenommener ärztlicher Eingriff stellt eine Verletzung von Körper und Gesundheit dar. Jedoch entfällt in der Regel eine Haftung des Arztes aus § 823 I BGB auf der Rechtswidrigkeitsebene aufgrund einer rechtfertigenden Einwilligung des Patienten, § 630d BGB. Die sich daraus ergebenden Probleme der Arzthaftung werden daher bei der Rechtswidrigkeit[21] behandelt. 22

ggf. auch durch Unterlassen

Auch im pflichtwidrigen Unterlassen eines Arztes kann eine Körperverletzungshandlung liegen,[22] z.B. Unterlassung einer ordnungsgemäßen Untersuchung oder Beratung.[23]

Körperverletzung durch Geburt eines ungewollten Kindes

Ferner kann auch die aufgrund eines ärztlichen Fehlers herbeigeführte ungewollte Schwangerschaft bzw. die Geburt eines Kindes eine Körperverletzung der Mutter darstellen:[24] 23

Bsp.: Fehlerhafte Sterilisation aufgrund ärztlichen Verschuldens führt zur Geburt eines ungewollten Kindes.

§§ 823, 253 II BGB (+)

Neben vertraglichen Ansprüchen aus § 280 I BGB (Pflichtverletzung i.R.d. des Behandlungsvertrages) hat die Mutter hier auch einen Anspruch aus § 823 I BGB auf Schadensersatz i.H.d. Unterhaltsaufwendung für das ungewollte Kind sowie aus §§ 823, 253 II BGB auf Schmerzensgeld. Die Herbeiführung einer Schwangerschaft und Geburt gegen den Willen der Mutter ist eine Körperverletzung i.S.d. § 823 I BGB, auch wenn es sich um einen normalen Ablauf ohne Komplikationen handelt.[25]

anders: Röteln-Fall

Anders entscheidet der BGH allerdings im Falle der Verkennung einer Röteln-Erkrankung der Mutter nach Eintritt der Schwangerschaft, die zur Unterlassung einer Abtreibung und daher zur Geburt eines schwerbehinderten Kindes führt.[26] Da die Schwangerschaft hier an sich auf einem freien Willensentschluss der Mutter beruht, kann Schmerzensgeld nur für die Schmerzen verlangt werden, die schadensbedingt über eine komplikationslose Geburt hinausgehen, z.B. wenn wegen der Behinderung des Kindes eine Kaiserschnitt-Entbindung erforderlich geworden ist.[27]

20 Vgl. hierzu unten Rn. 75.
21 Dazu später unten Rn. 89.
22 Vgl. BGH, NJW 1987, 767; BGH, NJW 1985, 2208.
23 Die Rechtsprechung ist hier sehr einzelfallgeprägt, vgl. Sie bei Interesse exemplarisch Life&Law 2011, 310 ff.
24 Vgl. dazu Palandt, § 823 BGB, Rn. 141, § 249 BGB, Rn. 72 ff.
25 Vgl. BGH, NJW 1980, 1452 = **juris**byhemmer.
26 Vgl. BGH, NJW 1983, 1371 = **juris**byhemmer.
27 Zur Folgeproblematik „wrongful life", vgl. Rn. 28 ff.

Unterhaltsaufwendungen werden vom BGH und vom 1. Senat des BVerfG (a.A. der 2. Senat in einem obiter dictum) mittlerweile zwar anerkannt. Dies gilt aber nur, wenn die Vermeidung derartiger Unterhaltspflichten vom Schutzzweck des jeweiligen Behandlungsvertrags ausdrücklich erfasst ist.[28]

Beweislast: Berücksichtigung des § 630h BGB im Deliktsrecht!

Kommt es infolge ärztlicher Eingriffe zur Verursachung von Schäden, ist in der Klausur primär an eine Haftung aus Vertrag zu denken. Konkurrierend ist an einen Anspruch aus § 823 I BGB zu denken. Im Hinblick auf die Beweislast normiert § 630h BGB im Rahmen des ärztlichen Behandlungsvertrages eine Beweislastverteilung, die den Beweisschwierigkeiten Rechnung tragen soll, die ein Patient im Hinblick auf die Arzthaftung hat. Diese Regelung fußt in großem Umfang auf Rechtsprechung des BGH zur Beweislastverteilung vor Einführung der Regelungen zum Behandlungsvertrag. Sie hat primär Relevanz im Rahmen eines Anspruchs aus § 280 I BGB. Die Grundsätze sind jedoch auf die konkurrierende deliktische Haftung übertragbar. 24

In der Regel ist es jedoch für den Patienten aufgrund der fehlenden medizinischen Sachkenntnis schwierig, den haftungsbegründenden Tatbestand gemäß § 286 ZPO zu beweisen. Eine Beweislastumkehr findet statt bei groben Behandlungsfehlern, die für den Eintritt eines derartigen Gesundheitsschadens geeignet sind, § 630h V S. 1 BGB.[29] Die Vorschrift hat Relevanz im Rahmen der haftungsbegründenden Kausalität, d.h. bei der Frage, ob eine Behandlung auch zu einer Gesundheitsbeeinträchtigung geführt hat.

Eine unzulängliche oder unrichtige ärztliche Dokumentation der Operation oder Behandlung begründet die Vermutung, dass der Arzt eine nicht dokumentierte Maßnahme auch nicht getroffen hat, § 630h III BGB.[30]

hemmer-Methode: Durch die Einführung des § 630h BGB hat sich für die Klausurbearbeitung vieles vereinfacht. Früher war die Kenntnis der Rechtsprechung zur Beweislastverteilung im Arzthaftungsrecht unabdingbar, um die Fälle befriedigend lösen zu können. Heute können Sie sich an der Norm des § 630h BGB orientieren, die – wie ausgeführt – auch im Deliktsrecht zur Anwendung kommt.
Zu der Frage, ob die Regelungen über die Beweislastverteilung auch beim tierärztlichen Behandlungsvertrag zur Anwendung kommen, lesen Sie bei Interesse BGH, Life&Law 2016, 690 ff.[31]

3. Krank geborenes Kind

a) Verletzung des nasciturus

Schadensersatzanspruch des Kindes

Wird der nasciturus durch ärztliches Verschulden im Mutterleib verletzt, stellt sich die Frage nach einem Schadensersatzanspruch des später geborenen Kindes aus § 823 I BGB. 25

nasciturus ist grds. kein Rechtssubjekt i.S.v. §§ 1, 823 I BGB

§ 823 I BGB verlangt die Verletzung „eines anderen“. Damit ist nach § 1 BGB grundsätzlich jeder rechtsfähige Mensch, also ein Mensch ab seiner Geburt, gemeint. Wird ein nasciturus im Mutterleib verletzt, liegt noch kein Rechtssubjekt vor, dem ein Anspruch aus § 823 I BGB zustehen könnte, obwohl zweifelsfrei eine Verletzung von Körper und Gesundheit gegeben ist.

28 Vgl. dazu BGH in **Life&Law 2000, 605 ff.** = NJW 2000, 1782 = **juris**byhemmer.

29 Siehe auch BGH, NJW 1988, 1531 / 2303 / 2948 ff.

30 Siehe auch BGH, NJW 1989, 2330.

31 Der BGH hat eine Beweislastumkehr auch bzgl. eines Hausnotrufvertrages angenommen. Bei diesem Vertrag wird bei Absenden eines Notrufs seitens des Verpflichteten zugesagt, eine angemessene Hilfeleistung zu vermitteln. Im konkreten Fall war das unterblieben, der Kunde erlitt einen Schlaganfall, von dem er behauptete, bei rechtzeitiger Organisation ärztlicher Hilfeleistung wäre er vermeidbar gewesen. Hier geht der BGH davon aus, dass der seine Pflichten grob Vernachlässigende die Nichtursächlichkeit beweisen muss, BGH, Life&Law 2017, 665 ff. = **juris**byhemmer.

Bsp.: *Die schwangere G erhält im Krankenhaus S eine Bluttransfusion. Infolge eines Verschuldens des Arztes E wird das Spenderblut nicht auf den HIV-Virus untersucht. G wird durch die Transfusion infiziert. Das Kind K kommt ebenfalls infiziert auf die Welt. K verlangt nun vom Krankenhaus S Schadensersatz.*[32]

Schutz des nasciturus

Die Tatsache, dass die Verletzung schon dem nasciturus zugefügt worden ist – und daher vor Beginn der Rechtsfähigkeit des Menschen stattfand –, ist nach der Rechtsprechung kein Hindernis für die Anwendung des § 823 BGB. 26

Das BGB zeigt in einer Fülle von Vorschriften, dass das Gesetz in besonderer Weise auf das Wohl des Ungeborenen bedacht und darum besorgt ist, ihm rechtliche Vorteile zukommen zu lassen und zu erhalten, vgl. z.B. §§ 844 II S. 2, 1923 II, 331 II BGB.[33] Nach ganz h.M.[34] erkennen auch Art. 1 I, 2 II GG dem Ungeborenen trotz Fehlens der zivilen Rechtsfähigkeit die „Würde des Menschen" und ein „Recht auf Leben und körperliche Unversehrtheit" zu.

Vor.: Lebendgeburt

Dies muss auch i.R.d. deliktischen Schutzes seinen Ausdruck finden. Der nasciturus ist dazu bestimmt, später als Mensch ins Leben zu treten. Verletzungen des nasciturus führen damit jedenfalls dann zu einem Schadensersatzanspruch aus § 823 I BGB, wenn das Kind später lebend geboren wird, da ab diesem Zeitpunkt auch eine Gesundheitsverletzung des Menschen vorliegt.[35]

Im Fall steht K somit ein Anspruch aus § 823 I BGB auf Ersatz des durch die Infektion entstandenen Schadens zu.

b) Verletzung der Mutter vor der Zeugung

Verletzung d. Mutter vor Zeugung

Wurde die Mutter vor der Zeugung verletzt und setzt sich diese Verletzung am nasciturus fort, stellt sich auch hier die Frage nach einem Schadensersatzanspruch des später geborenen Kindes. 27

Abwandlung: *Die Bluttransfusion fand schon vor der Zeugung des Kindes K statt. Kann nun K Schadensersatz verlangen?*[36]

Anspruch auch bzgl. nasciturus

Hier stellt sich das Problem, ob von einer Verletzung der Leibesfrucht gesprochen werden kann, da in diesem Fall nie eine unverletzte Leibesfrucht existiert hat. Wenn jedoch die Rechtsordnung dem werdenden Leben einen so weitgehenden Schutz angedeihen lässt, so muss sich dieser Schutz auch darauf erstrecken, dass werdendes Leben als unbeeinträchtigtes entstehen kann. Daher gewährt die Rspr.[37] auch in diesem Fall dem später lebend geborenen Kind einen Schadensersatzanspruch aus § 823 I BGB.

Somit steht K auch in der Abwandlung ein Anspruch auf Schadensersatz aus § 823 I BGB gegen das Krankenhaus zu.

Exkurs: „wrongful life"[38]

Verkennung der Gefahr einer Schwerstbehinderung

Etwas anders stellt sich die Problematik dar, die als „wrongful life" bezeichnet wird. Hier hat der Arzt die Behinderung des Kindes zwar nicht verursacht, aufgrund seines Verschuldens wurde jedoch die Gefahr einer Schwerstbehinderung nicht erkannt. 28

32 Nach BGHZ 58, 50.

33 Weitere Nachweise Kupisch/Krüger, S. 30, Fn. 73.

34 Kupisch/Krüger, S. 30 m.w.N.

35 BGHZ 58, 48 (51); BGHZ 93, 315; BGHZ 8, 243 = **juris**byhemmer.

36 Nach BGHZ 8, 243 = **juris**byhemmer.

37 Vgl. BGHZ 8, 243 = **juris**byhemmer.

38 Zusammenfassend zu dieser Problematik vgl. Müller, NJW 2003, 697 ff.

Bsp.:[39] *M und V sind die Eltern eines körperlich und geistig schwerbehinderten Kindes. Da der Verdacht auf eine genetisch bedingte Erbkrankheit besteht, machen sie die Zeugung eines weiteren Kindes von einem genetischen Gutachten abhängig, das der Arzt A erstellen soll. Dieser kommt schuldhaft zu dem fehlerhaften Ergebnis, dass eine genetische Störung äußerst unwahrscheinlich sei. Im Jahr darauf bringt die M das zweite Kind K mit den gleichen Behinderungen wie das erste zur Welt. Sowohl M und V als auch K verlangen von A Schadensersatz*

Ansprüche der Eltern

I. Ansprüche der Eltern M und V 28a

1. § 280 I BGB, Pflichtverletzung i.R.d. Behandlungsvertrages, § 630a I BGB.

Unterhaltsaufwand der Eltern als Schaden

Die Eltern haben nach ständiger Rechtsprechung des BGH[40] Anspruch auf Ersatz der Unterhaltskosten für das Kind aus § 280 I BGB (V aufgrund Vertrages mit Schutzwirkung zugunsten Dritter[41]).

Kritik des BVerfG

Der 2. Senat des BVerfG[42] hat die diesbezügliche Rechtsprechung des BGH kritisiert: Die rechtliche Qualifikation eines Kindes als Schadensquelle komme von Verfassungs wegen (Art. 1 GG) nicht in Betracht. Die Verpflichtung aller staatlichen Gewalt, jeden Menschen in seinem Dasein um seiner selbst willen zu achten, verbiete es, die Unterhaltspflicht für ein Kind als Schaden zu begreifen. Die Rechtsprechung der Zivilgerichte bedürfe deshalb in dieser Hinsicht der Überprüfung.

aber: Festhalten des BGH an seiner Rechtsprechung

Der BGH hat jedoch auch nach dieser Überprüfung an seiner Rechtsprechung festgehalten und den Eltern weiterhin den Unterhaltsaufwand als Schaden zuerkannt.[43]

nicht Kind, sondern Unterhalt als Schaden

Begründung: Ist der Behandlungsvertrag auf ein von der Rechtsordnung erlaubtes Ziel gerichtet, so muss der Arzt auch für die Erfüllung der vertraglich übernommenen Verpflichtungen haftungsrechtlich einstehen. Die Betrachtungsweise „Kind als Schaden" verbietet sich zwar auch nach dem BGH. Der Schaden liege hier aber nicht in der Existenz des Kindes als solchem, sondern in der Unterhaltspflicht der Eltern.

hemmer-Methode: Die Ersatzpflicht tritt aber nur ein, wenn der Schutz vor solchen Belastungen Gegenstand des jeweiligen Behandlungsvertrages war.[44] Diese Prüfung hat beim Schutzzweck der Norm zu erfolgen. Im konkreten Fall hatte eine Mutter einen Hautarzt wegen eines Ausschlages aufgesucht und dabei eine mögliche Schwangerschaft erwähnt. Der Arzt übersah, dass es sich um Röteln handelte. Der BGH verneinte hier die Ersatzpflicht für den Unterhalt, da der Behandlungsvertrag nicht auf die Vermeidung von Unterhaltsansprüchen gerichtet gewesen sei.

gesamter Unterhaltbedarf

Der Schadensersatz sei dabei dem Umfang nach nicht auf den behinderungsbedingten Mehrbedarf beschränkt, da sich der Unterhaltsaufwand für ein Kind nicht aufteilen lasse in einen solchen, den ein hypothetisch gesundes Kind benötigt, und den vergleichsweisen Mehraufwand eines behinderten Kindes. Die Existenzsicherung eines Kindes sei vielmehr unteilbar.

nicht: Verdienstausfall

Der Schadensersatzanspruch umfasst dagegen nicht den Verdienstausfall, der den Eltern durch die Betreuung des behinderten Kindes entsteht, da der Arzt nur diejenigen wirtschaftlichen Belastungen übernehmen muss, die zur Existenzsicherung des Kindes erforderlich sind. Andernfalls würde dem Arzt eine unabsehbare Haftung für alle aus der Geburt eines Menschen herrührenden Konsequenzen auferlegt, die mit dem Zweck seiner Beauftragung schlechterdings nicht mehr in Einklang stünden.[45]

---

39 Nach BGH, NJW 1994, 788 = **juris**byhemmer.

40 BGH, NJW 1983, 1371 = **juris**byhemmer.

41 Vgl. dazu **Life&Law 2002, 575 ff., 723 ff.**; eine eigene vertragliche Anspruchsgrundlage scheitert meist an der fehlenden Einschlägigkeit des § 1357 BGB; s. aber BGHZ 116, 184 ff.

42 Vgl. BVerfG, NJW 1993, 1751 = **juris**byhemmer.

43 Vgl. BGH, NJW 1994, 788 = **juris**byhemmer.

44 Vgl. BGH, NJW 2005, 891 ff. = **Life&Law 2005, 273 ff.** mit ausführlicher Darstellung der Gesamtproblematik = **juris**byhemmer.

45 Vgl. NJW 1997, 1638.

Billigung des BVerfG

Der 1. Senat des BVerfG[46] hat diese Rechtsprechung des BGH gebilligt. Sie verstoße insbesondere nicht gegen Art. 1 I GG. Die Unterscheidung zwischen Dasein des Kindes und vermögensrechtlicher Unterhaltsverpflichtung der Eltern sei unbedenklich, da die personale Anerkennung eines Kindes nicht auf der Übernahme von Unterhaltspflichten durch die Eltern beruhe.[47]

hemmer-Methode: Die insoweit anders lautende Meinung des 2. Senats ist als „obiter dictum" nicht von der Bindungswirkung des § 31 BVerfGG erfasst!

Ersatz des Unterhalts auch bei fehlgeschlagener Sterilisation

Diese Rechtsprechung zum Unterhaltsanspruch der Eltern bei fehlerhafter genetischer Beratung gilt nach BGH auch in Fällen einer fehlgeschlagenen Sterilisation.[48]

2. Ansprüche der Mutter aus § 823 I BGB 28b

Ansprüche der Mutter aus §§ 823, 253 II BGB

Wie oben erörtert,[49] kommt ein Schadensersatzanspruch der Mutter aus §§ 823 I, 253 II BGB wegen Körperverletzung aufgrund der Schwangerschaft/Geburt unter den dort genannten Voraussetzungen in Betracht.

§§ 823, 253 II BGB analog (-)

Ein Schadensersatzanspruch in entsprechender Anwendung des § 253 II BGB aufgrund der seelischen Belastung der Mutter durch das bloße Haben eines behinderten Kindes ist der deutschen Rechtsordnung dagegen fremd und daher abzulehnen.

kein deliktsrechtlich geschütztes Recht auf Familienplanung

Es besteht ferner auch kein deliktsrechtlich geschütztes Recht auf Familienplanung, das vorliegend verletzt sein könnte.[50]

II. Ansprüche des Kindes 28c

Ansprüche des Kindes selbst: Problematik des „wrongful life"

Ansprüche des Kindes aufgrund der ärztlichen Pflichtverletzung lehnt der BGH dagegen ab.[51] Der Anspruch des Kindes stellt nämlich die eigentliche Problematik des sog. „wrongful life" dar:

vertragliche Ansprüche

1. Ansprüche aus § 280 I BGB des Behandlungsvertrages mit Schutzwirkung zugunsten des Kindes wären nur dann gegeben, wenn das Kind zu seinem eigenen Schutze hätte abgetrieben bzw. dessen Zeugung hätte unterlassen werden müssen.

Nach BGH ist hier aber die Grenze erreicht bzw. überschritten, innerhalb derer eine rechtliche Anspruchsregelung tragbar ist. Der Mensch habe grundsätzlich sein Leben so hinzunehmen, wie es von der Natur gestaltet ist, und habe keinen Anspruch auf seine Vernichtung durch andere. Letztlich existiert kein Anspruch des Kindes auf Nichtexistenz. Niemand ist in der Lage zu beurteilen, ob ein – wenn auch noch so beeinträchtigtes - Leben besser oder schlechter ist als die Nichtexistenz. Die Entscheidung über Existenz oder Nichtexistenz lässt sich nicht in juristischen Schadenskategorien erfassen.[52] Insbesondere vor dem Hintergrund der nationalsozialistischen Unrechtsherrschaft soll kein rechtlich relevantes Urteil über den Lebenswert fremden Lebens mehr gesprochen werden.[53]

deliktische Ansprüche

2. Auch ein Schadensersatzanspruch aus § 823 I BGB scheidet aus. Es gebe keine deliktsrechtliche Pflicht, die Geburt eines behinderten Kindes zu verhindern. Das menschliche Leben, das auch den nasciturus umfasst, ist ein höchstrangiges Rechtsgut und absolut erhaltungswürdig. Das Urteil über seinen Wert stehe keinem Dritten zu.

---

46 Vgl. BGH, NJW 1998, 519.

47 Kritisch hierzu: Laufs, „Schädliche Geburten – und kein Ende", NJW 1998, 796.

48 Vgl. BGH, NJW 1980, 1452 = **juris**byhemmer.

49 Vgl. Rn. 23.

50 BGH, NJW 1983, 1371 = **juris**byhemmer.

51 BGH, NJW 1983, 1372; BGH, NJW 1994, 788 = **juris**byhemmer.

52 BGHZ 86, 241 (242) = **juris**byhemmer.

53 Nach a.A. scheitert der Anspruch des Kindes erst auf der Ebene der Pflichtverletzung, Spickhoff, JuS 2001, 670 (674).

hemmer-Methode: Auch wenn es Zustimmung verdient, ein Kind nicht als Schaden zu begreifen, hat die Rspr. des BGH das Argument für sich, dass der Schadensersatzanspruch ja dem Kind selbst zugutekommt.
Wichtig ist in der Klausur aber v.a., dass Sie bei dieser Problematik immer strikt zwischen den Ansprüchen der Eltern und denen des Kindes unterscheiden! Das Kind selbst hat – sowohl nach BVerfG als auch nach BGH – keinen Schadensersatzanspruch. Die unterschiedliche Rechtsprechung des BVerfG und des BGH bezüglich der Unterhaltskosten („Kind als Schaden") wird also immer nur i.R.d. Schadensersatzansprüche der Eltern relevant!

Exkurs Ende

IV. Rechtsgut: Freiheit

„Freiheit": nur körperliche Bewegungsfreiheit

Verletzung des Rechtsguts Freiheit bedeutet Entzug der körperlichen Bewegungsfreiheit oder Nötigung zu einer Handlung durch Drohung, Zwang oder Täuschung.[54] Der Begriff der Freiheit in § 823 I BGB umfasst damit die körperliche Fortbewegungsfreiheit (vgl. § 239 StGB) und die Freiheit, eine bestimmte Handlung vorzunehmen oder zu unterlassen (vgl. § 240 StGB). Eine Verletzung der Freiheit bei einer bloßen Beeinträchtigung der allgemeinen Handlungsfreiheit liegt dagegen nicht vor.[55] 29

Bsp.: *Einschließen einer Person; Wegnahme der Kleider eines Badenden.*

V. Rechte: Eigentum

1. Übersicht

„Eigentum": umfassende Herrschaftsmacht (§ 903 BGB)

Die Beeinträchtigung der dem Eigentümer durch § 903 BGB gewährten Befugnisse stellt eine Eigentumsverletzung dar. Es lassen sich dabei im Wesentlichen vier Gruppen der Eigentumsverletzung unterscheiden, die nachfolgend erörtert werden: 30

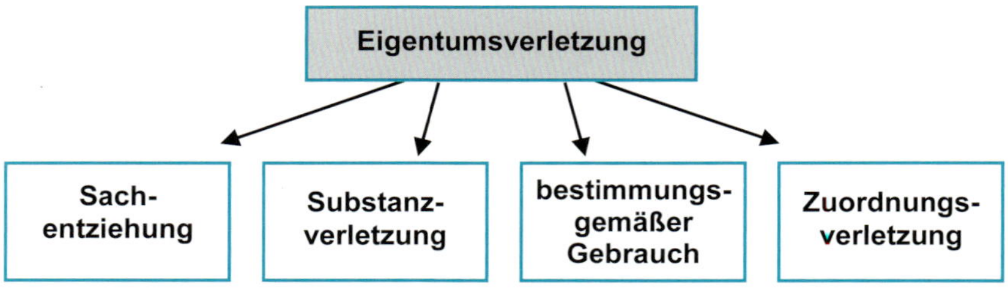

2. Sachentziehung

Sachentziehung insbes. bei §§ 242, 246 StGB

Teil der Herrschaftsmacht des Eigentümers ist der Besitz an der Sache. Eine dauernde oder vorübergehende Entziehung des Besitzes stellt somit eine Eigentumsverletzung dar. Eine Eigentumsverletzung liegt daher insbesondere vor, wenn dem Eigentümer die Sache durch Diebstahl, Unterschlagung oder eine andere rechtswidrige Maßnahme entzogen wird.[56] 31

54 Palandt, § 823 BGB, Rn. 6; RGZ 58, 24.

55 Palandt, § 823 BGB, Rn. 6.

56 Kupisch/Krüger, S. 19.

Keine Eigentumsverletzung ist dagegen gegeben, wenn der Eigentümer die Sache aus eigenem Entschluss - also freiwillig - aus der Hand gibt, auch wenn er dazu durch Drohung, Täuschung oder auf andere Weise veranlasst wurde.[57] 32

hemmer-Methode: Hier müssen Sie schon in der Formulierung Ihres Obersatzes genau differenzieren. Da eine Verwechslungsgefahr besteht zwischen Verletzung des Eigentums durch Besitzentzug und Verletzung des Besitzes als sonstigem Recht, ist bei der Subsumtion darauf zu achten, welches Rechtsgut geprüft wird.[58] Was die Verletzung des Eigentums angeht, kann die Anwendung des § 823 I BGB durch § 993 I HS 2 BGB bei Vorliegen eines EBV ausgeschlossen sein![59] Das EBV ist für Schadensersatz und Nutzungen grundsätzlich die abschließende Regelung.

3. Substanzverletzung

a) Beschädigung / Zerstörung

Beschädigung

Eine Eigentumsverletzung liegt immer dann vor, wenn die Sache beschädigt oder zerstört wird. 33

b) Weiterfressender Mangel[60]

weiterfressender Mangel als Eigentumsverletzung?

U.a. im Bereich der Produzentenhaftung[61] sind hier insbesondere die Fälle des sog. weiterfressenden Mangels problematisch. Unter diesem Stichwort werden die Fälle zusammengefasst, in denen die Mangelhaftigkeit eines geringfügigen Teils zur Beschädigung der Gesamtsache führt. 34

Bsp. 1: A kauft ein neues Auto, bei dem der Gaszug defekt ist. Aufgrund dieses Fehlers verursacht A einen Unfall, bei dem das Auto Totalschaden erleidet (sog. Gaszugfall).[62]

Bsp. 2: A kauft eine Reinigungsanlage im Wert von mehreren tausend Euro. Aufgrund eines defekten Schwimmschalters im Wert von wenigen Euro kommt es zu einem Brand, bei dem die gesamte Anlage zerstört wird (sog. Schwimmschalterfall).[63]

Fraglich ist, ob in diesen Fällen eine Eigentumsverletzung überhaupt vorliegen kann, weil A ja von Anfang an nur mangelhaftes Eigentum erlangt hat.

Äquivalenz- und Integritätsinteresse

Die bloße Verschaffung mangelhaften Eigentums kann keine Eigentumsverletzung darstellen, da hierdurch nur das Äquivalenzinteresse des Käufers, d.h. dessen Interesse an Gleichwertigkeit von Leistung und Gegenleistung betroffen ist. Dieses wird nur über das Gewährleistungsrecht geschützt. Das Deliktsrecht schützt dagegen ausschließlich das Integritätsinteresse des Käufers, d.h. dessen Interesse am unbeeinträchtigten Fortbestand seiner sonstigen Rechtsgüter, insbesondere seines bereits vorhandenen Eigentums. 35

57 Kupisch/Krüger, S. 19, Fn. 20; a.A. Brox, JZ 1965, 516 (518).

58 S. unten Rn. 45.

59 S. dazu auch oben Rn. 9.

60 Vgl. ausführlich **Hemmer/Wüst, Deliktsrecht II, Rn. 388 ff.**

61 Zur Produkt- bzw. Produzentenhaftung vgl. ausführlich **Hemmer/Wüst, Deliktsrecht II, Rn. 347 ff.** und insbesondere **Rn. 388 bis 389b**.

62 BGHZ 1986, 256 ff.

63 BGHZ 1967, 359 ff.

Abgrenzungskriterium: Stoffgleichheit

Ob das Äquivalenz- oder Integritätsinteresse betroffen ist, entscheidet der BGH anhand des Kriteriums der sog. Stoffgleichheit. Stoffgleichheit liegt vor, wenn sich der geltend gemachte Schaden mit dem Unwert, welcher der Sache wegen ihrer Mangelhaftigkeit schon bei ihrem Erwerb anhaftete, deckt. 36

Ist Stoffgleichheit gegeben (Mangelunwert und Schaden identisch), so ist nur das Äquivalenzinteresse betroffen, sodass ein Anspruch aus § 823 I BGB ausscheidet. Ist dagegen der eingetretene Schaden an der Gesamtsache ungleich höher als der Mangelunwert bei Übereignung, liegt keine Stoffgleichheit vor, mit der Folge, dass das Integritätsinteresse des Käufers beeinträchtigt ist und eine Eigentumsverletzung i.S.d. § 823 I BGB vorliegt.

Der BGH hat in den oben genannten Beispielen eine Eigentumsverletzung i.S.d. § 823 I BGB angenommen, weil der Mangelunwert bei Übereignung und der später eingetretene Schaden nicht stoffgleich waren.[64]

hemmer-Methode: Zeigen Sie in diesen Fällen, dass Sie die Grundaussagen verstanden haben: Die §§ 434 ff. BGB schützen das Äquivalenzinteresse, d.h. das Interesse des Käufers an der Gleichwertigkeit von Leistung und Gegenleistung. 37
Die §§ 823 ff. BGB schützen dagegen das Integritätsinteresse, d.h. das Interesse des Käufers am unbeeinträchtigten Fortbestand seines vorhandenen Eigentums. Es geht also letztlich um die Abgrenzung: Wo endet das Gewährleistungsrecht und wo beginnt das Deliktsrecht? Die Einordnung des fehlerfreien Resteigentums in diese Kategorien ist der kritische Grenzfall, der den Klausurersteller reizt!
Da das Problem des weiterfressenden Mangels regelmäßig im Bereich der Produzentenhaftung auftritt, finden Sie eine ausführliche Darstellung des Rechtsprechungs- und Streitstandes im Kapitel „Produzentenhaftung" in Hemmer/Wüst, Deliktsrecht II, Rn. 389 ff.![65]

4. Bestimmungsgemäßer Gebrauch

Gebrauchsbeeinträchtigung

Nach § 903 S. 1 BGB kann der Eigentümer nach Belieben mit seiner Sache verfahren und Dritte von jeder Einwirkung ausschließen. Somit gehört zum Eigentum auch der Gebrauch der Sache. Eine Eigentumsverletzung liegt damit auch dann vor, wenn der Eigentümer in dem bestimmungsgemäßen Gebrauch der Sache beeinträchtigt wird.[66] 38

Bsp. (Fleetfall):[67] *Schifffahrtsunternehmer S beliefert eine an einem Fleet liegende Mühle. Infolge eines Verschuldens der nicht hoheitlich wegeunterhaltspflichtigen Bundesrepublik stürzt eine Böschung ein und das Fleet wird unpassierbar. S verlangt nun von der Bundesrepublik Schadensersatz für ein bei der Mühle acht Monate eingesperrtes Schiff und dafür, dass seine anderen Schiffe die Mühle nicht mehr beliefern konnten.*

tatsächl. Einwirkung notw.,

Nach der Rspr.[68] liegt eine Eigentumsverletzung bei einer Beeinträchtigung des bestimmungsgemäßen Gebrauches grundsätzlich nur vor, wenn auf die Sache selbst eingewirkt und dadurch der bestimmungsgemäße Gebrauch entzogen wurde. 39

64 Lesenswert in diesem Zusammenhang auch BGH, NJW 1998, 1942 = **Life&Law 1998, 503**.

65 Eine präzise Darstellung des Meinungsstandes finden Sie auch in der ZGS 2005, 24 ff.; vgl. auch BGH, NJW 2004, 1032.

66 BGH, NJW 2004, 356.

67 BGHZ 55,153 ff. = **juris**byhemmer; kritisch dazu: Medicus, BR, Rn. 613; vgl. auch die „Neuauflage" des Fleetfalls in Life&Law 2016, 854 f. = **juris**byhemmer.

68 BGHZ 55,153 ff.; BGHZ 63,293 ff.; BGHZ 86, 152 = **juris**byhemmer.

Bsp. (Abschleppfall):[69] *A parkt sein Fahrzeug auf dem Supermarktparkplatz des B, ohne dort einzukaufen. Der A nimmt dem B das Recht, darüber zu entscheiden, ob sich auf seinem Grundstück ein Fahrzeug befindet oder nicht.*

Beeinträchtigung der Nutzungsmglk. reicht nicht

Nicht ausreichend ist dagegen die bloße Beeinträchtigung der wirtschaftlichen Nutzungsmöglichkeit. In solchen Fällen liegt eine reine Vermögensbeschädigung vor.[70]

Bsp.: A möchte seinen Pkw an B vermieten. C behauptet gegenüber B, der A sei nicht zuverlässig, sodass B von dem Abschluss des Vertrages Abstand nimmt.

Hier liegt keine Eigentumsverletzung vor, weil es nicht zum absolut geschützten Kern des Eigentums gehört, es jederzeit wirtschaftlich einsetzen zu können.

Im obigen Fleetfall bedeutet dies Folgendes:

S erhält zwar Schadensersatz für das eingesperrte Schiff, da hier eine tatsächliche Einwirkung auf die Sache selbst besteht, die nicht mehr ihrer Bestimmung gemäß als Transportmittel genutzt werden kann.

Die ausgesperrten Schiffe können dagegen weiterhin als Transportmittel benutzt werden, nur nicht für den Transport zu der Mühle. Darin liegt jedoch nur eine Einschränkung der wirtschaftlichen Nutzungsmöglichkeit.

Dieselbe Problematik ergibt sich beim Zuparken einer Garage. Bezüglich des Fahrzeugs, welches in der Garage „eingesperrt" ist, liegt eine Eigentumsverletzung vor. Es gehört aber nicht zum Eigentum am Pkw, ihn an bestimmten Plätzen abstellen zu können.

Immissionen i.S.v. § 906 BGB (+)

Nicht nach § 906 BGB zu duldende Immissionen stellen ebenfalls eine eigentumsrechtlich relevante Beeinträchtigung des bestimmungsgemäßen Gebrauchs dar. Immissionen i.S.d. § 906 BGB sind dabei unwägbare Einwirkungen, die sich entweder auf das Grundstück oder die dort befindlichen Sachen schädigend auswirken oder sich auf dem Grundstück aufhaltende Personen derart belästigen, dass ihr gesundheitliches Wohlbefinden gestört oder ein körperliches Unbehagen bei ihnen hervorgerufen wird.[71] 40

ideelle Immissionen str.

Die Rspr. und ein Teil der Literatur[72] verneinen eine Eigentumsverletzung bei ideellen (ästhetischen) Immissionen, da eine Ausweitung der Begriffe „unwägbarer Stoffe" und „ähnliche von einem anderen Grundstück ausgehende Einwirkungen" auf ideelle Immissionen zur uferlosen Ausdehnung des § 906 BGB führen würde. Die h.L.[73] hingegen bejaht eine Eigentumsverletzung bei schwerwiegenden ideellen Immissionen.

Bspe.: Schrottplatz neben Hotel; Bordell in Wohngebiet; Baumateriallager in Wohngebiet; hässliche Stützmauer.[74]

negative Emissionen (-)

Ebenfalls keine Eigentumsverletzung stellen die sog. negativen Emissionen dar. Negative Emissionen sind Handlungen auf eigenem Grundstück, welche natürliche Vorteile und Zuführungen von einem Nachbargrundstück abhalten oder Ableitungen von diesem verhindern.[75] 41

---

69 BGH, **Life&Law 2009, 511 ff.; 2012, 853 ff.; 2014, 809 ff.** = **juris**byhemmer. Lässt sich der Falschparker nicht ermitteln, stellt sich die Frage, ob der Halter des Fahrzeugs für die Abschleppkosten aufkommen muss. Ein deliktisches Verhalten wird man ihm nicht vorwerfen können, so dass die §§ 823 ff. BGB nicht greifen. Allerdings ist er als Zustandsstörer für die Beseitigung des Fahrzeugs verantwortlich, so dass ein Anspruch aus §§ 677, 683, 670 BGB in Betracht kommt. Denn wegen der Beseitigungspflicht führt der Grundstückseigentümer mit dem Abschleppen auch ein Geschäft des Halters, vgl. BGH, **Life&Law 2016, 457 ff.** = **juris**byhemmer.

70 Auch Kupisch/Krüger, S. 22.

71 Palandt, § 906 BGB, Rn. 5 f.; BGHZ 51, 396.

72 BGHZ 51, 396; BGHZ 54, 56; BGH, JZ 1970, 782; OLG Frankfurt, NJW-RR 1989, 464; Palandt, § 903 BGB, Rn. 10 m.w.N. = **juris**byhemmer.

73 Baur, JZ 1969, 432; Baur, SR § 125 IV 2 b cc; Grunsky, JZ 1970, 785.

74 Vgl. Palandt, § 903 BGB, Rn. 10 m.w.N.

75 Vgl. Palandt, § 903 BGB, Rn. 9.

Bsp.: Abschattung von Funkwellen; Entziehung von Grundwasser bzw. Sonnenlicht.

5. Zuordnungsverletzung

Verletzung d. rechtlichen Zuordnung

Eine Eigentumsverletzung liegt auch in einem Eingriff in die rechtliche Sachherrschaft des Eigentümers. 42

Bspe.: Nichtberechtigter veräußert Sache, der gutgläubige Erwerber haftet dagegen nicht;[76] Mitwirkender an einer Eigentumsentziehung;

Veranlasser einer Pfändung und Versteigerung einer schuldnerfremden Sache; der Ersteigerer einer schuldnerfremden Sache haftet dagegen nicht, da hier das Eigentum durch Hoheitsakt originär erworben wird.[77]

Bearbeiten Sie die Fragen 7 - 13!

VI. Sonstige Rechte

sonstige Rechte: Nutzungs- u. Ausschlussfunktion notw.

Aus der Stellung des Begriffs „sonstige Rechte" im Gesetz nach dem Eigentum ergibt sich nach ganz h.M.[78], dass unter sonstigen Rechten nur absolute, d.h. von jedermann zu beachtende Rechte zu verstehen sind. Sonstige Rechte müssen somit eigentumsähnlich sein. 43

Dem sonstigen Recht muss ähnlich dem Herrschaftsrecht Eigentum eine Nutzungsfunktion (vgl. § 903 BGB) und eine Ausschlussfunktion (vgl. § 1004 I BGB) zukommen.[79] Nur Rechte, welche diese Funktionen erfüllen, können als eigentumsähnlich und damit als sonstige Rechte i.S.d. § 823 I BGB qualifiziert werden.

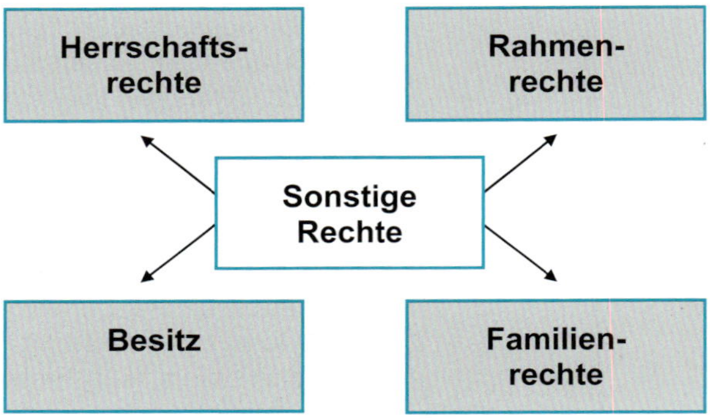

1. Herrschaftsrechte

z.B. Herrschaftsrechte

Aus obiger Definition lässt sich entnehmen, dass alle übrigen Herrschaftsrechte, die dem Berechtigten eine unmittelbare Herrschaftsmacht gewähren, unter den Begriff der sonstigen Rechte fallen. 44

76 Palandt, § 823 BGB, Rn. 8.

77 BGHZ 55, 20 ff. = jurisbyhemmer.

78 Palandt, § 823 BGB, Rn. 11; Medicus, BR, Rn. 607; Kupisch/Krüger, S. 20.

79 Vgl. Medicus, BR, Rn. 607.

Dazu zählen im Einzelnen:[30]

dingliche Rechte

- dingliche Rechte wie Erbbaurecht, Dienstbarkeit, dingliches Vorkaufsrecht, Reallast, Hypothek, Grundschuld, Rentenschuld, Pfandrecht

Anwartschaften

- dingliche Anwartschaften wie z.B. aus der Sicherungsübereignung, dem Eigentumsvorbehalt, der Vormerkung

Aneignungsrechte

- Aneignungs- und Gebrauchsrechte wie z.B. das Jagdrecht und das Fischereirecht[81]

ImmaterialgüterR

- absolute Immaterialgüterrechte und gewerbliche Schutzrechte wie Patent-, Urheber-, Geschmacksmuster- oder Markenrechte

MitgliedschaftsR

- Mitgliedschaftsrechte wie Aktien, Geschäftsanteile an einer GmbH

2. Rechte aus dem Bereich des Familienrechts

a) Recht zur ehelichen Lebensgemeinschaft

räumlich-gegenständlicher Bereich der Ehe

Umstritten ist, inwiefern das Recht zur ehelichen Lebensgemeinschaft gem. § 1353 I BGB ein absolutes Recht i.S.d. § 823 I BGB darstellt. 45

Deliktsrechtliche Ansprüche hieraus bestehen nach BGH nur dann, wenn der räumlich-gegenständliche Bereich der Ehe verletzt wird, sodass der eine Ehegatte einen quasinegatorischen Beseitigungs- und Unterlassungsanspruch gegen den untreuen anderen Gatten und dessen Geliebte/n analog § 1004 I BGB hat.[82] Umstritten ist allerdings, inwiefern ein Schadensersatzanspruch wegen Ehebruchs gegen den anderen Ehegatten wie auch gegen den Dritten in Betracht kommt.[83]

b) Elterliches Sorgerecht

elterliches Sorgerecht

Ferner ist das elterliche Sorgerecht als absolutes Recht i.S.d. § 823 I BGB anerkannt. Dies ergibt sich nach BGH aus § 1632 BGB, wonach der Personensorgeberechtigte die Herausgabe des Kindes von jedem verlangen kann. 45a

> **Bsp.:**[84] *Die Ehegatten F und M leben getrennt. F wird das alleinige Sorgerecht für das gemeinsame Kind K übertragen. M flüchtet deshalb mit K ins Ausland, wodurch F erhebliche Detektivkosten aufwenden muss, um die beiden aufzufinden. Sie verlangt Ersatz dieser Kosten von M.*

Schadensersatzanspruch

> Der BGH hat F einen Schadensersatzanspruch gegen M aus § 823 I BGB wegen Verletzung des elterlichen Sorgerechts zugesprochen.

Schutzzweck der Norm

> Die entstandenen Detektivkosten fallen insbesondere auch in den deliktischen Schutzbereich des elterlichen Sorgerechts, da es gerade das „Essentielle" des Sorgerechts sei, dass der Sorgeberechtigte über den Aufenthalt des Kindes Bescheid weiß.[85]

---

80 Vgl. Palandt, § 823 BGB, Rn. 11 - 22.

81 BGH, NJW-RR 2007, 1319 ff. = **juris**byhemmer.

82 BGHZ 6, 360; vgl. zu den Voraussetzungen des quasinegatorischen Beseitigungs- und Unterlassungsanspruchs analog § 1004 BGB: **Hemmer/Wüst, Deliktsrecht II, Rn. 450 ff.** = **juris**byhemmer.

83 Vgl. hierzu **Hemmer/Wüst, FamR, Rn. 72 ff.**

84 Nach BGHZ 111, 168 = **juris**byhemmer.

85 Vgl. auch **Hemmer/Wüst, FamR, Rn. 359 ff.**

Ein Schadensersatzanspruch besteht ebenfalls, wenn dem umgangsberechtigten Elternteil durch den anderen der Umgang nicht in der vom Familiengericht vorgesehenen Art und Weise gewährt wird, und daraus Mehraufwendungen entstehen.[86]

hemmer-Methode: Achten Sie bei den „sonstigen Rechten" i.R.d. haftungsausfüllenden Kausalität besonders darauf, ob die eingetretenen Schäden vom Schutzzweck der Norm erfasst sind. Hierbei darf nämlich keinesfalls pauschal auf den Schutzzweck des § 823 I BGB abgestellt werden, sondern es ist danach zu fragen, welche Art von Schäden speziell durch den deliktsrechtlichen Schutz des als „sonstiges Recht" anerkannten Rechtsguts verhindert werden soll!

3. Der Besitz

Besitz str.

Umstritten ist, unter welchen Voraussetzungen der Besitz als sonstiges Recht i.S.d. § 823 I BGB anzusehen ist. 46

a) Berechtigter unmittelbarer Besitz

nach h.M. berechtigter unmittelbarer Besitz (+)

Nach ganz h.M.[87] fällt jedenfalls der berechtigte unmittelbare Besitz als sonstiges Recht unter den Schutz des § 823 I BGB. Hier liegt eine eigentumsähnliche Stellung vor. Dem berechtigten Besitzer stehen nicht nur Abwehrrechte (vgl. insbesondere §§ 861 ff. BGB), sondern auch positive Befugnisse zu.

Soll der berechtigte Besitz z.B. gerade dazu dienen, eine bestimmte Nutzung an der Sache zu ermöglichen, so stellt es eine Besitzverletzung i.S.d. § 823 I BGB dar, wenn der Besitzer an eben dieser Nutzung durch einen rechtswidrigen Eingriff in relevanter Weise gehindert wird.

> ***Bsp.:***[88] *Eine nicht nur kurzfristige Blockade des Einsatzes von Baumaschinen durch eine Protestdemonstration kann einen Eingriff in den berechtigten Besitz des Bauunternehmers darstellen, der zum Ersatz des durch den Ausfall der Nutzung der Baumaschinen entstandenen Schadens verpflichtet.*
>
> Da hier also schon eine Besitzverletzung vorliegt, scheidet eine Verletzung des Schutzgutes des eingerichteten und ausgeübten Gewerbebetriebes als subsidiär aus.[89]

b) Unberechtigter unmittelbarer Besitz

unberechtigter unmittelbarer Besitz str.

Medicus[90] dehnt den Schutz auf den unberechtigten, unmittelbaren Besitzer aus, wenn diesem Besitz ebenfalls die Nutzungs- und Ausschlussfunktion zukommt. Dies ist beim entgeltlichen redlichen Besitzer vor Rechtshängigkeit der Fall, da er im Verhältnis zum Eigentümer die Nutzungen gemäß §§ 987, 988, 990, 993 I BGB behalten darf.

> ***Bsp.:*** *Während der Räumungsfrist gem. §§ 721 I, 765a ZPO kann auch der bereits gekündigte Mieter (und damit unrechtmäßige Besitzer) die Räume weiterhin nutzen.[91] A.A. ist insoweit die Rechtsprechung.[92] §§ 721 I, 765a ZPO dienen nicht der Nutzung, sondern der Räumung der Wohnung.*

---

86 BGH, **Life&Law 2002, 800 ff.**

87 Larenz II, § 72 I a.

88 Vgl. BGH, NJW 1998, 377 = **juris**byhemmer.

89 Vgl. hierzu unten Rn. 54 ff.

90 Vgl. Medicus, BR, Rn. 607.

91 Vgl. so Medicus, BR, Rn. 607.

92 BGHZ 79, 232 (238) = **juris**byhemmer.

c) Mittelbarer Besitz

mittelbarer Besitz (+), nicht aber ggü. unmittelb. Besitzer

Nach der Rspr.[93] genießt auch der mittelbare Besitz den Schutz des § 823 I BGB als sonstiges Recht, da der mittelbare Besitz nach §§ 868, 869 BGB dem unmittelbaren Besitz gleichgestellt ist. 47

Dies gilt jedoch nicht im Verhältnis zwischen mittelbarem Besitzer und unmittelbarem Besitzer, weil hier auch nach §§ 861 I, 862 I BGB der mittelbare Besitzer sich nicht gegen Übergriffe des unmittelbaren Besitzers zur Wehr setzen kann.

Eine Ausschlussfunktion besteht nur im umgekehrten Verhältnis. Der mittelbare Besitzer kann daher nur aus dem schuldrechtlichen Besitzmittlungsverhältnis gegen den unmittelbaren Besitzer vorgehen.

d) Mitbesitz

Mitbesitz (+)

Auch der berechtigte Mitbesitz stellt ein sonstiges Recht i.S.d. § 823 I BGB dar.[94] Dies gilt sowohl im Verhältnis Mitbesitzer - Dritte als auch im Verhältnis der Mitbesitzer untereinander. § 866 BGB schließt nur die possessorischen Besitzschutzansprüche gem. §§ 861, 862 BGB aus, nicht aber die petitorischen. Die §§ 823 ff. BGB werden damit uneingeschränkt auch gegenüber Mitbesitzern angewendet, ohne dass diese Ansprüche durch § 866 BGB relativiert werden.

hemmer-Methode: Geben Sie i.R.d. Schadensberechnung zu erkennen, dass Sie den Unterschied zwischen Besitz- und Eigentumsverletzung erkannt haben. Der Schaden an der Sache stellt den Schaden des Eigentümers, nicht des Besitzers dar! Der bloße Besitz gibt keine verlässliche Grundlage zur Berechnung des Schadens. Fraglich ist daher immer, was der Besitz wert ist. Nur bei Nutzungsberechtigung (etwa bei der Miete) besteht eine Berechnungsgrundlage. Schaden ist dann der Wert der gestörten Nutzungen. Nur dann ist eine Ähnlichkeit mit dem Eigentum gegeben und eine Berechenbarkeit möglich.[95] Ebenfalls zu ersetzen ist der sog. Haftungsschaden, also das, was der im Besitzrecht Verletzte dem Eigentümer ersetzen muss.

4. Rahmenrechte

subsidiärer Schutz v. Rahmenrechten

Die sog. Rahmenrechte - das allgemeine Persönlichkeitsrecht und das Recht am eingerichteten und ausgeübten Gewerbebetrieb - werden ebenfalls unter den Begriff der sonstigen Rechte i.S.d. § 823 I BGB subsumiert. Ein Rückgriff auf die Verletzung eines Rahmenrechtes darf jedoch **nur dann** erfolgen, **wenn kein anderes Rechtsgut oder Recht aus § 823 I BGB verletzt** ist. Die Anwendung der Rahmenrechte ist gegenüber den anderen Rechten und Rechtsgütern i.S.d. § 823 I BGB subsidiär. 48

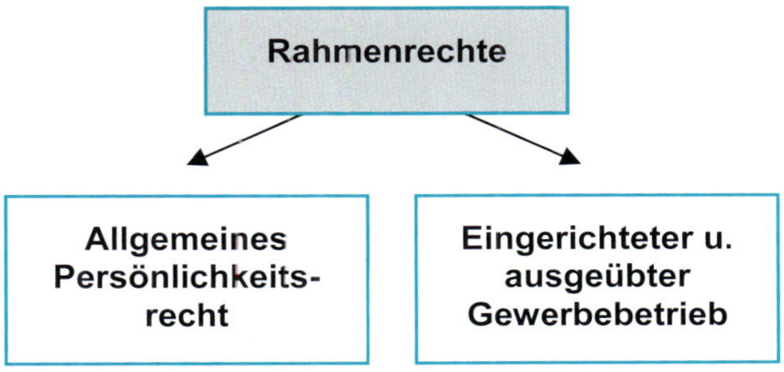

93 BGHZ 32, 194 (205).

94 Medicus, BR, Rn. 608; BGHZ 62, 243 (248).

95 Vgl. Medicus, BR, AcP 165, 143 ff.

a) Allgemeines Persönlichkeitsrecht

aa) Aufbauschema

1. **Subsidiarität**
2. **Eingriff** in den **Schutzbereich** des allg. Persönlichkeitsrechts
3. **Haftungsbegründende Kausalität**
4. Positive Feststellung der **Rechtswidrigkeit**: umfassende Güter- und Interessenabwägung
5. **Verschulden**
6. **Schaden** (Problem des Geldersatzes für den immateriellen Schaden)
7. **Haftungsausfüllende Kausalität**

bb) Schutzbereich

allgem. PersönlichkeitsR, Art. 1 I, 2 I GG

Aus der in Art. 1 I GG garantierten Unantastbarkeit der Menschenwürde und dem in Art. 2 I GG gewährleisteten Recht auf freie Entfaltung der Persönlichkeit haben Rspr. und h.L.[96] ein allgemeines Persönlichkeitsrecht abgeleitet und ihm in verfassungskonformer Auslegung der Generalklauseln den Schutz der absoluten Rechte zuerkannt, soweit nicht bereits durch spezielle Normen der gebotene Schutz gewährt wird. Das allgemeine Persönlichkeitsrecht ist als einheitliches, umfassendes subjektives Recht auf Achtung und Entfaltung der Persönlichkeit aufzufassen.[97] 49

Spezialregelungen vorrangig

Das allgemeine Persönlichkeitsrecht ist - wie sich aus obiger Definition ergibt - nur ein Auffangtatbestand und tritt als subsidiär zurück, wenn ein spezielleres Gesetz die Rechte wegen der Verletzung des allgemeinen Persönlichkeitsrechtes abschließend regelt.

Spezielle Regelungen des allgemeinen Persönlichkeitsrechtes finden sich z.B. in:[98]

⇨ § 12 BGB: Namensrecht

⇨ §§ 22 - 24 KunstUrhG: Recht am eigenen Bild

⇨ § 11 UrhG: Urheberpersönlichkeitsrecht

⇨ BDSG

abschließend nur bei Schadensersatzfolge

Zu beachten ist jedoch, dass eine abschließende Regelung durch die Sondervorschriften mit der Folge des Ausscheidens des § 823 I BGB nur dann vorliegt, wenn die Regelungen bei der Verletzung des allgemeinen Persönlichkeitsrechtes auch einen Schadensersatzanspruch vorsehen. Ist dies nicht der Fall, kann auf § 823 I BGB zurückgegriffen werden. Nicht abschließend in diesem Sinne sind z.B. das Namensrecht und das Recht am eigenen Bild, sodass hier § 823 I BGB zur Anwendung kommt. § 12 S. 2 BGB bietet insoweit nur einen verschuldensunabhängigen Unterlassungsanspruch, nicht aber einen Anspruch auf Schadensersatz.

96 BGHZ 13, 334; BVerfGE 34, 269; Larenz II, § 72 III; Medicus, BR, Rn. 615; Palandt, § 823 BGB, Rn. 84 = jurisbyhemmer.

97 Palandt, § 823 BGB, Rn. 86; BGHZ 13, 334.

98 Vgl. Palandt, § 823 BGB, Rn. 85 m.w.N.

Die Rechtsprechung hat drei geschützte Sphären des allgemeinen Persönlichkeitsrechts entwickelt:

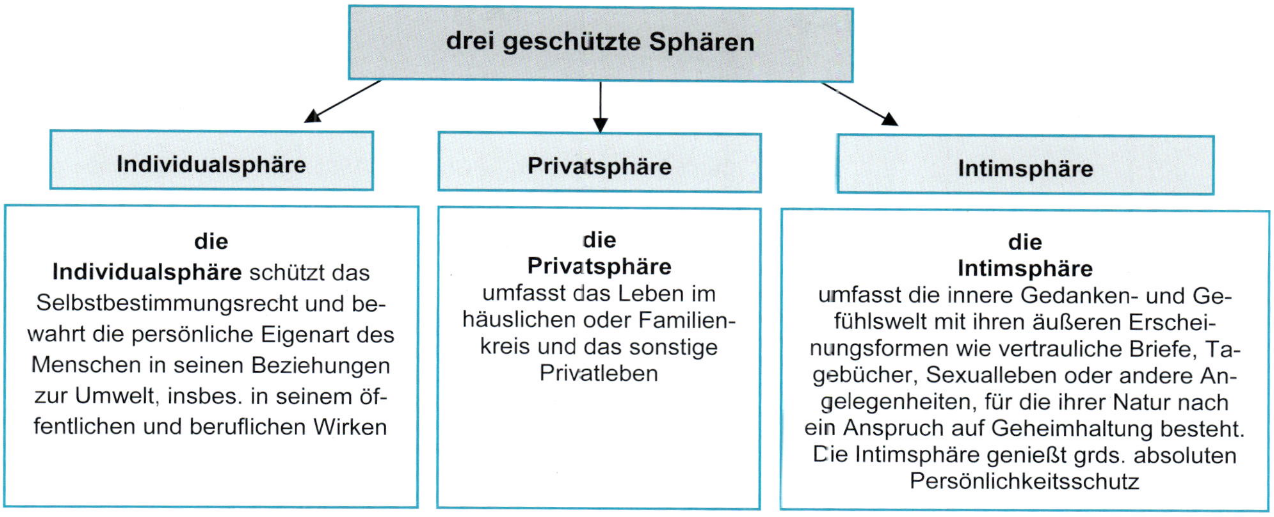

cc) Fallgruppen

Die Rspr. hat innerhalb dieser Abstufung weitere besonders relevante Gruppen gebildet: 50

(1) Ehrenschutz:

wichtig: Ehrenschutz

Das Recht der persönlichen Ehre ist nach h.M. einer der wichtigsten Bereiche des allgemeinen Persönlichkeitsrechtes. Hier ist die Anerkennung des Einzelnen geschützt, insbesondere auch vor Äußerungen, die sich abträglich auf sein Bild in der Öffentlichkeit auswirken können.[99] 50a

Bei Eingriffen in den Kernbereich der menschlichen Ehre liegt daher immer eine schwerwiegende Beeinträchtigung des allgemeinen Persönlichkeitsrechtes vor, welche in der Regel auch nicht durch die Ausübung eines anderen Grundrechtes gedeckt ist (z.B. Art. 5 III GG).

> **Bsp.:** *Der Professor P betreibt Forschungen über Ginsengwurzeln. S vertreibt ein Kräftigungsmittel, das Ginseng enthält. Für dieses wirbt er mit der angeblichen Aussage des P, dass Ginseng als sexuelles Kräftigungsmittel unter anderem bei Potenzschwäche aufbauend wirke.*
>
> Der BGH erkennt das aus Art. 1 I, 2 I GG abgeleitete Persönlichkeitsrecht in dieser Entscheidung als Schutzgut i.S.d. § 823 I BGB an. Gerechtfertigt wird diese richterliche Rechtsfortbildung damit, dass sich aus dem menschlichen Zusammenleben und der Entwicklung der modernen Technik die Gefahr des Eingriffs in die private Persönlichkeitssphäre vervielfältigt habe.
>
> Die starke Betonung der Menschenwürde durch Art. 1 I GG zwinge dazu, deren Verletzung mit einer wirksamen zivilrechtlichen Sanktion auszustatten.

hemmer-Methode: Zu den quasinegatorischen Beseitigungs- und Unterlassungsansprüchen im Bereich des Ehren- und Persönlichkeitsschutzes lesen Sie: Hemmer/Wüst, Deliktsrecht II, Rn. 450 ff.!

99 BVerfG, NJW 2004, 590; BGH, NJW 2004, 598 ff. = jurisbyhemmer.

Weitere Beispiele aus der Rspr.:

- *„Fernsehansagerin“, BGHZ 39, 124*
- *„Mephisto“, BGHZ 50, 133“,*
- *„Panorama“, BGHZ 66, 182*
- *„Karikatur FJS“ in „konkret“, BVerfG, NJW 1987, 2661*
- *„Caroline von Monaco“, BGH, NJW 1995, 861 und OLG Hamburg, NJW 1996, 2870*
- *„Susan Stahnke“ (Harald Schmidt Show), LG Hamburg. NJW-RR 2000, 978*[100]
- *„Caroline von Monaco“, BVerfG, NJW 2000, 2191 f. zum Schutz der Privatsphäre bei Kindern*

(2) Schutz des eigenen Namens oder Firmenzeichens:

Namensrecht

Beispiele aus der Rspr.: **50b**

- *„Catarina Valente“, BGHZ 30, 7*
- *„Carrera“, BGHZ 81, 75*
- *„Lusthansa“, OLG Frankfurt, NJW 1982, 648*
- *„Bumms Mal Wieder“, BGHZ 98, 94*
- *„Google-Autocomplete“, Life & Law 2013, 575 ff.*

Hier hat das APR mit § 12 BGB eine eigene Ausprägung erfahren.

Anerkannt ist in diesem Bereich seit „Catarina Valente“, dass auch ein Künstlername vom Schutzbereich des § 12 BGB umfasst ist. Das setzt aber zumindest voraus, dass die entsprechende Person mit dem Künstlernamen identifiziert wird.[101]

Für eine Verletzung ist aber erforderlich, dass der Name nicht nur (beiläufig) genannt, sondern auch gebraucht wird. Es muss der Eindruck einer Zuordnungsverletzung erweckt werden.

Die „Firma“ als eigener Name des Kaufmanns (§ 17 I HGB) wird speziell in § 37 HGB geschützt.

(3) Schutz des eigenen Bildes:

Recht am eigenen Bild

Beispiele aus der Rspr.: **50c**

- *„Schulbuch/Länderspiegel“, BGH, NJW 1985, 1617*
- *„oben ohne“, OLG Oldenburg, NJW 1989, 400*
- *„Video als Trunkenheitsbeweis“, OLG Frankfurt, NJW 1987, 1087*
- *„Paul Dahlke“, BGHZ 20, 345*
- *„Herrenreiter“, BGHZ 26, 349*

100 **Life&Law 2000, 690 ff.**

101 LG Düsseldorf, NJW 1987, 1413 zu „Heino“ = **juris**byhemmer.

- *„Tochter von C. von Monaco", Life & Law 2013, 798 ff.*
- *„Gaby Köster", Life & Law 2013, 20 ff.*

Vollzieht man die hier zitierten Entscheidungen nach, ergibt sich eine stetige Veränderung bzw. Fortentwicklung des Rechts am eigenen Bild in der Rechtsprechung.

gesetzlicher Schutz über §§ 22, 23 KUG

Ausgangspunkt ist dabei zunächst die gesetzliche Regelung des § 22 KUG, wonach Bildnisse nur mit Einwilligung des Abgebildeten verbreitet werden dürfen. Allerdings hat dieser Vorbehalt Grenzen, insbesondere durch § 23 I Nr. 1 KUG. Sofern es sich um Bildnisse aus dem Bereich der Zeitgeschichte handelt, ist die Einwilligung verzichtbar. Grenze dafür wiederum ist § 23 II KUG, soweit es um eine Verbreitung zu Werbezwecken geht. Soweit die gesetzliche Regelung.

relative und absolute Person der Zeitgeschichte

Die Rechtsprechung hat im Rahmen dieser Regelungen in den vergangenen Jahren eine Systematik entwickelt, die der starken Zunahme von Bildveröffentlichungen Rechnung trägt. Zunächst wird differenziert zwischen absoluten und relativen Personen der Zeitgeschichte.

Relative Person der Zeitgeschichte ist dabei eine Person, die durch ein bestimmtes zeitgeschichtliches Ereignis das Interesse auf sich gezogen hat. Ohne Einwilligung dürfen diese Personen nur im Zusammenhang mit diesem Ereignis abgebildet werden.

hemmer-Methode: Das ist dann der Fall, wenn „normale" Menschen aufgrund für die Öffentlichkeit interessanter Ereignisse abgebildet werden, z.B. aufgrund Entführung.

Demgegenüber gilt als absolute Person der Zeitgeschichte eine Person, die aufgrund ihres Status und ihrer Bedeutung allgemein öffentliche Aufmerksamkeit findet, sodass sie selbst Gegenstand der Zeitgeschichte ist und deshalb ohne Einwilligung abgebildet werden darf.

hemmer-Methode: Das sind die sog. „A-Promis". Die Klassifizierung zeigt aber, dass aus einer relativen auch mal eine absolute Person der Zeitgeschichte werden kann, nach dem Motto: „jeder fängt mal klein an", z.B. Gewinner von Castingshows.

Dies gilt natürlich nicht grenzenlos, weil auch absolute Personen in diesem Sinne ein Recht auf Privatsphäre haben. Zieht sich die Person erkennbar zurück, muss § 23 I Nr. 1 KUG zurückstehen.[102]

Grönemeyer-Entscheidung

Der BGH hatte sich zuletzt vor dem Hintergrund dieser Differenzierung mit folgendem Fall zu beschäftigen.[103] Herbert Grönemeyer saß mit seiner Lebensgefährtin in einem Londoner Cafe und wurde dort ungefragt mit ihr abgelichtet. Im Grundsatz hätte es keiner Einwilligung bedurft, weil Herbert Grönemeyer absolute Person der Zeitgeschichte ist, seine Freundin relative. Aber sie wurde gerade im Zusammenhang mit Herbert Grönemeyer abgelichtet, sodass ein Ereignis der Zeitgeschichte eine Ablichtung rechtfertigt.

102 BGH, NJW 1996, 1128 („Caroline v. Monaco"). Das Verrichten persönlicher Bedürfnisse durch den Mann derselben würde grundsätzlich dazu gehören. Begibt man sich dazu allerdings in die Öffentlichkeit, kann sich auch die absolute Person der Zeitgeschichte nicht auf die Privatsphäre berufen, (Stichwort: „EXPO-Pavillon") = **juris**byhemmer.

103 BGH, **Life&Law 2008, 75 ff.**

Allerdings hat der BGH entschieden, dass das Ablichten mit einer absoluten Person der Zeitgeschichte nicht ausreichen kann. Vielmehr muss ein Ereignis von zeitgeschichtlichem Interesse in Bezug auf die absolute Person vorliegen, damit die relative Person abgelichtet werden darf.

Was in diesem Zusammenhang von zeitgeschichtlichem Interesse ist, unterliegt wiederum einer Wertung, welche durch Abwägung zwischen Pressefreiheit und Allgemeinem Persönlichkeitsrecht (APR) zu treffen ist.[104] Je größer der Informationswert für die Öffentlichkeit, desto mehr muss das Schutzinteresse des Einzelnen, über den berichtet wird, zurücktreten.

hemmer-Methode: Die Gefahr einer derartigen Abwägung besteht allerdings darin, dass eine Pressezensur durch die Hintertür eintreten könnte. Denn wenn die Gerichte bestimmen, was öffentlich interessant ist, hat die BILD-Zeitung schlechte Karten ....
Lesen Sie diese Entscheidung des BGH nach, damit Sie insoweit auf dem aktuellen Stand sind!

Fraglich ist, wie sich das Recht am eigenen Bild nach dem Tod entwickelt. Gem. § 22 S. 3 KUG bedarf es bis zu zehn Jahre nach dem Tod des Abgebildeten der Einwilligung der Angehörigen.[105] Hinsichtlich des Schutzes wird sodann differenziert:

Die sog. ideellen Bestandteile des APR wirken trotz des Charakters als höchstpersönlichem Recht auch nach dem Tod als sog. postmortales Persönlichkeitsrecht weiter.

Die sog. vermögenswerten Bestandteile gehen nach der Rechtsprechung auf den Erben über.[106] Dieser kann aus eigenem Recht auf Unterlassung bzw. ggfs. auf Schadensersatz klagen, wobei die Grenze des § 22 S. 3 KUG analog herangezogen wird[107] und der Schutz nicht gegen den erklärten Willen des Erblassers geltend gemacht werden darf.

Anspruch auf Ersatz immaterieller Schäden nicht vererbbar

Von der hier diskutierten Frage, ob die Bestandteile des APR auf den Erben übergehen, ist diejenige zu trennen, ob ein Anspruch auf Ersatz immaterieller Schäden, welchen der Erblasser zu Lebzeiten noch selbst infolge einer APR-Verletzung erlangt hatte, auf den Erben übergeht (hier findet die APR-Verletzung also zu Lebzeiten statt, es geht nicht um den Übergang der APR-Bestandteile auf den Erben!).

Grund: Genugtuungsfunktion nicht mehr erreichbar

Nach Ansicht des BGH ist der Anspruch nicht vererblich. Dies folge aus der Genugtuungsfunktion dieses Anspruchs, welche sich nur in der Person des Verletzten realisieren lässt.[108]

Auch im Falle der Rechtshängigkeit

Der BGH hat in dieser Entscheidung aus dem Jahr 2014 die Frage offengelassen, ob sich an der Betrachtung etwas ändert, wenn der Anspruch zu Lebzeiten des Verletzten bereits rechtshängig gemacht worden war, der Tod also nach Erhebung der Klage eingetreten ist. Diese Diskussion basiert auf § 847 S. 2 BGB a.F., der in seiner bis 1990 geltenden Version anordnete, dass ein Anspruch auf Schmerzensgeld nach Rechtshängigkeit vererblich war.

---

104 Vgl. auch BGH, **Life&Law 2008, 853 f.** („Sabine Christiansen" sowie „Heide Simonis"). Im Rahmen dieser Abwägung gibt es auch keinen absoluten Minderjährigenschutz. Es kann also nicht generell beansprucht werden, die Veröffentlichung jeglicher Fotos, die einen bestimmten Minderjährigen zeigen, bis zu dessen Volljährigkeit zu unterlassen, vgl. BGH, **Life&Law 2010, 133 ff.**

105 Diese Einwilligung kann aber unter denselben Voraussetzungen wie bei Lebenden wiederum verzichtbar sein, vgl. BGH, NJW 1996, 593 („Willi-Brandt-Abschiedsmedaille").

106 BVerfG, NJW 2006, 3409 ff. = **juris**byhemmer.

107 BGH, **Life&Law 2007, 297 ff.** („Klaus-Kinski"); wobei die ideellen Bestandteile über diesen Zeitraum fortbestehen.

108 BGH, **Life&Law 2014, 492 ff. -** („Peter Alexander") = NJW 2013, 2890 = **juris**byhemmer.

Diese Betrachtung findet jedoch nach Aufhebung des § 847 BGB keine Entsprechung in § 253 II BGB. Selbst wenn dies anders geregelt worden wäre, ließe sich daraus auch nicht zwingend ein allgemeiner Grundsatz ableiten, denn die billige Entschädigung in Geld wird bei Verletzung des APR ja gerade nicht auf § 253 II BGB analog gestützt.

In einer Entscheidung aus dem Jahr 2017 hat der BGH die Vererblichkeit des Anspruchs auch für den Fall verneint, dass dieser bereits vor dem Tod des Verletzten rechtshängig gemacht worden ist.[109]

Erst nach Rechtskraft vererbbare Rechtsposition

Die nicht mehr erzielbare Genugtuungsfunktion führe dazu, dass der Anspruch auch nach Rechtshängigkeit nicht übergehen könne. Die Rechtshängigkeit allein reiche nicht aus, um von einer verfestigten Position auszugehen, die losgelöst von ihrem Anlass auf einen Erben übergehen kann. Dies ändert sich erst mit dem Eintritt der Rechtskraft. Hier verfügt der Kläger über einen titulierten Zahlungsanspruch, der nun losgelöst von seinem Rechtsgrund die Basis für die Zwangsvollstreckung bietet. Ein solcher Anspruch geht auf den Erben über.

(4) Schutz schriftlicher Äußerungen:

Briefgeheimnis

Briefe, Tagebücher und andere schriftliche, vertrauliche Äußerungen dürfen nur mit Zustimmung des Verfassers und nur in der gebilligten Weise veröffentlicht werden. **50d**

Beispiele aus der Rspr.:

- *„Leserbrief“, BGHZ 13, 338*
- *„Cosima Wagner“, BGHZ 15,249*

(5) Schutz des nicht öffentlich gesprochenen Wortes:

nicht öffentl. Wort

Jeder Mensch hat das Recht, selbst darüber zu entscheiden, wem seine Worte - ob nur einer Person, einem Personenkreis oder der Öffentlichkeit - zugänglich sein sollen.

Beispiele aus der Rspr.:

- *„heimliche Tonbandaufnahme“, BGHZ 27, 284*
- *„Abhöraffäre“, BGHZ 73, 120*

Bei öffentlichen Äußerungen muss natürlich mit einer Wiedergabe in Medien gerechnet werden, so dass eine APR-Verletzung grundsätzlich nicht in Betracht kommt.

Allerdings besteht natürlich ein Anspruch darauf, dass die Äußerungen nicht verfälscht wiedergegeben werden, weil es dadurch zu einer Herabsetzung der sozialen Wertgeltung des sich Äußernden kommen kann.[110]

109 BGH, Urteil vom 23. Mai 2017; AZ: VI ZR 261/16; NJW 2017, 3004 = **juris**byhemmer.

110 BGH, Life&Law 2011, 862 ff. („Eva Herrmann“). Hier hat der BGH eine Verletzung des APR abgelehnt.

(6) Schutz der Privat-/Familiensphäre vor Preisgabe von Informationen:

Privatsphäre

Beispiele aus der Rspr.: *50e*

- *„Wallraff", BVerfGE 66, 116*

Datenschutz

- *„Datenschutz", BGHZ 91, 233*
- *„Hochbegabte" – Schutz eines Kindes auf informationelle Selbstbestimmung und ungehinderte Entfaltung der Persönlichkeit im Hinblick auf die öffentliche Preisgabe schulischer Leistungen, BGH, Life&Law 2015, 886 ff.*

dd) Rechtswidrigkeit

bzgl. Rechtswidrigkeit umfassende Abwägung notw.

Die in § 823 I BGB geschützten Rechtsgüter wie Leben, Körper, Eigentum haben eine deutliche Festlegung, sodass regelmäßig die Rechtswidrigkeit indiziert wird, wenn ein Eingriff vorliegt. Das allgemeine Persönlichkeitsrecht dagegen hat einen sehr weiten Schutzbereich und ist in seiner Definition relativ unbestimmt. Um eine gewisse Eingrenzung der Ersatzpflicht zu erreichen, ist bei einem solchen sog. „offenen Tatbestand" die Rechtswidrigkeit nicht indiziert, sondern muss positiv festgestellt werden.[111] Nicht jede Beeinträchtigung verletzt somit auch das allgemeine Persönlichkeitsrecht, sondern nur eine rechtswidrige Beeinträchtigung. Die Rechtswidrigkeit der Beeinträchtigung ist dabei durch eine umfassende Güter- und Interessenabwägung zu ermitteln. *51*

Kriterien:

Bei der Abwägung[112] sind insbesondere folgende Umstände zu berücksichtigen:

51a

(1) Aufseiten des Verletzten:

(a) In welche Sphäre wurde eingegriffen:

Intimsphäre

⇨ Die Intimsphäre genießt absoluten Schutz. Eine öffentliche Darstellung ist unzulässig.

Privatsphäre

⇨ In die Privatsphäre darf nur eingegriffen werden, wenn zwingende Gründe vorliegen, z.B. wenn die wahrheitsgemäße Aufklärung über Umstände aus dem Privatleben einer Person aus besonderen Gründen für die Allgemeinheit von Bedeutung ist.

Wer aber die Veröffentlichung von Informationen über seine Privatsphäre duldet, ist hinsichtlich späterer Informationen weniger schutzwürdig.[113]

Individualsphäre

⇨ Am wenigsten Schutz genießt die Individualsphäre, insbesondere die Betätigung im öffentlichen, speziell politischen Bereich.

111 Kupisch/Krüger, S. 28; BGHZ 24, 72.

112 Vgl. zum Ganzen: Palandt, § 823 BGB, Rn. 95 ff.; zur Abwägung zwischen Allgemeinem Persönlichkeitsrecht und Kunstfreiheit vgl. BGH, NJW 2005, 2844.

113 BGH, NJW 2005, 596, 598 = **juris**byhemmer.

(b) Die Schwere des Eingriffs und seiner Folgen

(c) Das eigene Verhalten des Verletzten, das dem Eingriff vorausging

(2) Aufseiten des Schädigers: 51b

Zweck

⇨ der Zweck des Eingriffs, insbesondere Grundrechte des Schädigers: Presse/Meinungsfreiheit, Kunstfreiheit, etc.

Die Meinungsfreiheit schützt dabei nicht nur Werturteile, sondern auch Tatsachenbehauptungen, wenn und soweit sie meinungsbezogen sind.[114] Der Schutzbereich der Pressefreiheit umfasst den gesamten Inhalt des Presseorgans ohne Rücksicht auf den Informationswert im Einzelfall.[115]

Art und Weise des Eingriffs

⇨ die Art und Weise des Eingriffs

ee) Geschützter Personenkreis

geschützt ist nur unmittelbar Verletzter

Geschützt ist nur der unmittelbar Verletzte, nicht auch noch mittelbar Verletzte, welche sich ebenfalls betroffen fühlen.[116] 52

hemmer-Methode: Vergleichen Sie aber dazu die Entscheidung des BVerfG in NJW 2000, 2191 f., in der die Verfassungsbeschwerde von Caroline von Monaco zwar nicht angenommen, aber Folgendes in Zukunft sicherlich Examensrelevantes klargestellt wurde:
„Das aus dem Recht des Kindes auf ungehinderte Entfaltung fließende Recht auf Entwicklung zur Persönlichkeit steht auch Kindern zu, deren Eltern Personen mit zeitgeschichtlicher Bedeutung sind. Das Schutzbedürfnis kann entfallen (und Eingriffe durch die Presse damit möglich werden) sofern sich die Kinder bewusst der Öffentlichkeit zuwenden".

Neben natürlichen Personen umfasst der Schutz auch juristische Personen, Parteien, Kapital- und Handelsgesellschaften, wenn und soweit ihr sozialer Geltungsbereich mit ihrem Aufgabenbereich betroffen ist.[117] Darüber hinaus existiert auch ein postmortaler Persönlichkeitsschutz,[118] da das Persönlichkeitsrecht über den Tod des einstigen Rechtsträgers hinauswirkt. Jedoch erfährt dieser postmortale Schutz zeitliche Begrenzungen entsprechend den Umständen des Einzelfalles, je nachdem, wie lange die betreffende Person der Allgemeinheit in Erinnerung bleibt. Grundsätzlich ist der Persönlichkeitsrechtsschutz aber vererblich (vgl. bereits oben, Rn. 50c).[119]

ff) Rechtsfolgenseite

Zunächst können die Beseitigung der Störung bzw. ihrer Folgen sowie die Unterlassung für die Zukunft verlangt werden. Dies ergibt sich aus dem quasinegatorischen Anspruch aus **§ 1004 BGB**, welcher von der Rechtsprechung als Analogie zu §§ 12, 862, 1004 über das Eigentum hinaus auf die übrigen von § 823 I BGB geschützten Rechtsgüter ausgedehnt wurde.

114 BVerfG, NJW 2003, 1856.

115 BGH, NJW 2004, 762 ff. = **juris**byhemmer.

116 Vgl. BGH, NJW 1998, 1790 = **juris**byhemmer.

117 Palandt, § 823 BGB, Rn. 92 f.; BGH, WM 2005, 1238 ff.

118 BGHZ 50, 133 („Mephisto"); BGHZ 107, 385 („Nolde"); BVerfG, NJW 2001, 2957 vgl. auch Pabst, NJW 2002, 999.; eine Musterklausur dazu finden Sie in der JA 2005, 592 ff. = **juris**byhemmer.

119 Vgl. dazu das „Marlene Dietrich–Urteil I" des BGH in NJW 2000, 2195; auch JuS 2000, 1222.

Bei einer Verletzung des Rechts am eigenen Bild gewähren die §§ 37, 38 KUG zudem einen Anspruch auf Vernichtung und Überlassung von Exemplaren und Kopiervorrichtungen.

Rechtsfolge ⇨ Ersatz des Vermögensschadens

Zu ersetzen ist nach § 823 I BGB i.V.m. § 249 BGB der durch die Verletzung entstandene Vermögensschaden. 53

Für die Berechnung des **materiellen** Schadens hat der Geschädigte die Wahl, ob er diesen konkret beziffert anhand eines Belegs des entgangenen Gewinns (wenn er z.B. selbst ein Bild hätte gewinnbringend verwerten können), eine fiktive Lizenzgebühr verlangt oder aber die Herausgabe eines nachzuweisenden erzielten „Verletzergewinns“ verlangt. Als Ergänzung zur letzten Variante besteht ein auf § 242 BGB gestützter Anspruch auf Auskunftserteilung und Rechnungslegung.

hemmer-Methode: Denkbar ist auch ein Anspruch aus § 687 II BGB (Erlösherausgabe gem. §§ 681 S. 2, 667 BGB bzw. Schadensersatz gem. § 678 BGB), wenn eine angemaßte Verwertung von APR-Bestandteilen erfolgt. Auch kann bei einem Eingriff in den Zuweisungsgehalt des APR ein Erlös als „Erlangtes Etwas“ i.S.d. § 812 I S. 1 Alt. 2 BGB herausverlangt werden.

Ferner kann der Geschädigte einen Anspruch auf **Unterlassung, Beseitigung** (Widerruf, Berichtigung, Ergänzung) und Gegendarstellung geltend machen.[120]

Anforderungen an Widerruf / Gegendarstellung

Die Veröffentlichung des Widerrufs muss nach der Rspr. des BGH im „Caroline de Monaco-Fall“[121] geeignet sein, die Beseitigung der Rechtsbeeinträchtigung des Betroffenen i.R.d. Möglichen zu erreichen. Dies verlangt, dass der Widerruf nach seiner optischen Wirkung geeignet ist, möglichst den Leserkreis zu erreichen, den die Erstmitteilung erreicht hat. 53a

Überdies muss durch die Druckanordnung der Stellenwert des Widerrufs zum Ausdruck kommen; d.h. er muss geeignet sein, bei dem Leser nach Möglichkeit den Grad an Aufmerksamkeit zu erzeugen, den die unwahre Mitteilung beansprucht hat.

Danach muss jedenfalls in den Fällen, in denen die Veröffentlichung schon auf der Titelseite ihre rechtsbeeinträchtigende Wirkung entfaltet hat, der Widerruf grundsätzlich ebenfalls auf der Titelseite erfolgen. Er muss aber nicht in der gleichen Schriftgröße wie die Erstmitteilung erfolgen, vielmehr muss er ausreichend Raum für Hinweise auf andere Heftbeiträge lassen.

bei immateriellem Schaden § 253 II BGB analog (-)

Da §§ 823 ff. BGB i.V.m. § 253 II BGB nur bei Körper- bzw. Gesundheitsverletzungen und Freiheitsverletzungen einen Schmerzensgeldanspruch gewähren, wäre Geldersatz wegen des immateriellen Schadens des Verletzten nach § 253 I BGB eigentlich nicht möglich. Die analoge Anwendung des § 253 II BGB auf Persönlichkeitsrechtsverletzungen wird aufgrund des Ausnahmecharakters der Vorschrift abgelehnt. 53b

aber:

Die Rechtsprechung[122] erkennt dem Geschädigten aber dennoch den Ersatz seines **immateriellen Schadens** in Geld zu.

120 Vgl. Palandt, § 823 BGB, Rn. 129 ff.

121 Vgl. BGHZ 128, 1 ff. = **juris**byhemmer.

122 Vgl. BGHZ 26, 349; 39, 124.

Geldersatz entgegen § 253 II BGB möglich

Begründung: Die Anerkennung des allgemeinen Persönlichkeitsrechts als Schutzgut des § 823 I BGB ergibt sich aus dem hohen Rang, den das Grundgesetz diesem beimisst, Art. 1 I und 2 I GG. Der Persönlichkeitsschutz wäre jedoch lückenhaft und unzureichend, wenn eine Verletzung desselben keine Sanktion auslösen würde. Daher müsse dem Verletzten in schweren Fällen entgegen § 253 I BGB Geldersatz für den immateriellen Schaden zugesprochen werden.

zwei einschränkende Voraussetzungen

Hierfür bestehen allerdings zwei Voraussetzungen: Es muss sich um eine **schwere Verletzung** des Persönlichkeitsrechts handeln[123] und eine **anderweitige Genugtuung** durch Unterlassen, Gegendarstellung oder Widerruf **darf** nach Art der Verletzung **nicht ausreichen**.[124]

Dabei können auch kleinere Handlungen ausreichend sein, die für sich genommen nicht genügen würden, aber wiederholt und hartnäckig erfolgen.[125]

Höhe der Entschädigung: auch Gewinn als Bemessungsfaktor

Bei der Höhe der Entschädigung sind stets die Umstände des Einzelfalls abzuwägen. Dabei darf die Pressefreiheit nicht unverhältnismäßig eingeschränkt werden. Jedoch ist auch der aus der Verletzung erzielte Gewinn als Bemessungsfaktor heranzuziehen.

„Caroline de Monaco – Fall"

Eine neue Dimension hat das allgemeine Persönlichkeitsrecht durch die Rechtsprechung des BGH im „Caroline de Monaco – Fall" erreicht: 53c

***Bsp.:** Caroline de Monaco klagte gegen mehrere unwahre Veröffentlichungen über ihr Privatleben in verschiedenen Zeitschriften auf Beseitigung bzw. Unterlassung und Schadensersatz.*

Höhe der Entschädigung bei Zwangskommerzialisierung einer Persönlichkeit

Das OLG Hamburg hatte der Klägerin neben dem Beseitigungs- und Unterlassungsanspruch eine Geldentschädigung i.H.v. 30.000,- DM wegen schwerer Persönlichkeitsrechtsverletzung zugesprochen. Der BGH hob dieses Urteil auf.[126] Die Beklagten hätten die Persönlichkeit der Klägerin unter vorsätzlichem Rechtsbruch zur Auflagensteigerung und damit zur Verfolgung eigener kommerzieller Interessen eingesetzt. Ohne eine für die Beklagten fühlbare Geldentschädigung wäre die Klägerin einer solchen rücksichtslosen Zwangskommerzialisierung ihrer Persönlichkeit weitgehend schutzlos ausgeliefert.

Gewinnerzielungsabsicht als Bemessungsfaktor

Erfolgt der Eingriff in das Persönlichkeitsrecht des Betroffenen also vorsätzlich mit dem Ziel der Gewinnerzielung, dann gebietet der Gedanke der Prävention, die Gewinnerzielung als Bemessungsfaktor in die Entscheidung über die Höhe der Geldentschädigung einzubeziehen.

Daraufhin hat das OLG Hamburg der Klägerin 180.000,- DM zugesprochen.[127]

hemmer-Methode: Auch hier brauchen Sie die von der Rechtsprechung entschiedenen Fälle nicht auswendig zu lernen! Merken Sie sich die entscheidenden Gesichtspunkte zum Persönlichkeitsrecht:
Es handelt sich um ein subsidiäres Recht, suchen Sie daher zuerst nach Spezialregelungen.
Kommt allein ein Anspruch gem. § 823 I BGB wegen Verletzung des allgemeinen Persönlichkeitsrechts in Betracht, so müssen Sie immer zwei Prüfungsschritte vornehmen:

---

123 Dies ist z.B. bei Beleidigungen im rein persönlichen Umfeld abzulehnen, BGH, Life&Law 2016, 539. Maßgeblich ist insbesondere, ob eine Breitenwirkung in der Öffentlichkeit besteht. Daran dürfte es bei reinen Nachbarschaftsauseinandersetzungen regelmäßig fehlen.

124 Palandt, § 823 BGB, Rn. 124; BGH, NJW 2005, 215.

125 BGH, NJW 2005, 215 = **juris**byhemmer.

126 Vgl. BGH, NJW 1995, 861 = **juris**byhemmer.

127 Vgl. OLG Hamburg, NJW 1996, 2870 = **juris**byhemmer.

Liegt ein rechtswidriger Eingriff in das allgemeine Persönlichkeitsrecht vor? Die Rechtswidrigkeit muss hierbei durch eine umfassende Güter- und Interessenabwägung positiv festgestellt werden.
Kann auf der Rechtsfolgenseite Geldersatz für den immateriellen Schaden verlangt werden? Hier sind die zwei Schranken des BGH zu prüfen (Vorliegen einer schweren Verletzung und anderweitige Wiedergutmachung nicht ausreichend).
Das Ergebnis ist in diesem Bereich regelmäßig nicht ausschlaggebend für eine gute Klausur. Wichtig ist vielmehr eine nachvollziehbare Argumentation und insbesondere eine umfassende Güter- und Interessenabwägung! Abgelehnt wurde dieser Anspruch im Fall Stahnke gegen Harald Schmidt (vgl. NJW-RR 2000, 978 ff. = Life&Law 2000, 690 [695])! Achten Sie zum Anspruch auf Leistung einer billigen Entschädigung in Geld noch einmal darauf, dass dieser Anspruch nicht vererblich ist (vgl. oben, Rn. 50c a.E.).

b) Recht am eingerichteten und ausgeübten Gewerbebetrieb

Aufbauschema

1. Subsidiarität
2. Eingriff in den Schutzbereich des eingerichteten und ausgeübten Gewerbebetriebes
3. Betriebsbezogenheit des Eingriffes
4. Haftungsbegründende Kausalität
5. Positive Feststellung der Rechtswidrigkeit: umfassende Interessen- und Güterabwägung
6. Verschulden
7. Schaden
8. Haftungsausfüllende Kausalität

aa) Abgrenzung

Gewerbebetrieb als sonstiges Recht

Bereits das Reichsgericht[128] hat das „Recht am eingerichteten und ausgeübten Gewerbebetrieb" als sonstiges Recht i.S.d. § 823 I BGB anerkannt. Während das Reichsgericht allerdings nur Bestandsschutz gewährte, schließt der BGH solche Eingriffe in den Schutzbereich ein, die sich nicht gegen den Bestand als solchen, sondern gegen eine der Erscheinungsformen richten, die dem Gewerbebetrieb spezifisch und als solchem eigen sind, z.B. Geschäftsverbindungen, Kundenkreis und Außenstände.[129] 54

Auffangtatbestand ⇨ subsidiär

Bei dem Recht am eingerichteten und ausgeübten Gewerbebetrieb handelt es sich um einen Auffangtatbestand, der eine sonst bestehende Lücke im Rechtsschutz, insbesondere im gewerblichen Bereich, schließen soll.[130] Spezielle Regelungen aus UWG, GWG, etc. gehen also vor. Auch wenn bereits ein in § 823 I BGB benanntes Recht verletzt wurde, scheidet ein Eingriff in das Recht am eingerichteten und ausgeübten Gewerbebetrieb als subsidiär aus.

Bsp. (Stromkabelfall):[131] *Bei Bauarbeiten hat ein Bagger der Firma S die Stromversorgung der Brüterei G unterbrochen. Die bereits angebrüteten Eier verderben. Zudem entsteht ein nicht unerheblicher Verkaufsausfallschaden, weil G wegen der mehrtägigen Reparatur seine Brutanlagen nicht - wie gewohnt - benutzen kann. G verlangt nun von S Schadensersatz.* 55

128 Vgl. RGZ 58, 24.

129 Vgl. BGHZ 29, 65 = **juris**byhemmer.

130 Palandt, § 823 BGB, Rn. 126; BGHZ 45, 296 (307); BGHZ 43, 359.

131 Nach BGHZ 41, 123 = **juris**byhemmer.

Trennung: Schaden an den Eiern

Hinsichtlich der Eier ergibt sich hier ein Anspruch aus § 823 I BGB wegen Eigentumsverletzung. Eines Rückgriffes auf das Recht am eingerichteten und ausgeübten Gewerbebetrieb bedarf es insoweit nicht.

Hinsichtlich des Verkaufsausfallschadens liegt jedoch nur eine Beeinträchtigung der wirtschaftlichen Nutzungsmöglichkeit des Eigentums an den Brutanlagen vor, welche nicht mehr unter dem Gesichtspunkt einer Eigentumsverletzung geschützt wird. Zwar stellt die Entziehung der Nutzungsmöglichkeit eine Eigentumsverletzung dar. Damit sind aber i.d.R. Fälle gemeint, in denen keine Zugriffsmöglichkeit auf die Sache mehr besteht. Dies ist hier nicht der Fall.

Vermögensschaden aufgrund Produktionsausfalls

Abhilfe könnte daher nur das Recht am eingerichteten und ausgeübten Gewerbebetrieb leisten. Nach der Rspr.[132] fehlt es hier jedoch an der Betriebsbezogenheit, da das Recht auf Stromlieferung vom Gewerbebetrieb ohne weiteres getrennt werden kann, ohne dass dadurch das Wesen des Gewerbebetriebes als solches betroffen wird. Die Beschädigung des Stromkabels traf nur zufälligerweise den Betrieb des G, hätte aber genauso gut einen anderen Abnehmer treffen können. Somit hat G gegen S nur einen Anspruch auf Ersatz der verdorbenen Eier nach § 823 I BGB.[133]

hemmer-Methode: Bei den Stromkabelfällen ist Vorsicht geboten. Hier muss genau herausgearbeitet werden, welche Rechtsgutverletzung eigentlich in Betracht kommt. Wird eine Eigentumsverletzung bejaht, so scheidet das Recht am eingerichteten und ausgeübten Gewerbebetrieb schon aufgrund seiner Subsidiarität aus!

bb) Schutzbereich 56

Gegenstand des Rechtes am eingerichteten und ausgeübten Gewerbebetrieb ist der Schutz des Betriebsinhabers gegen Beeinträchtigungen. Die Fortsetzung der bisherigen Tätigkeit aufgrund der schon getroffenen Betriebsveranstaltungen soll gesichert werden.

Schutz v. allen wirtschaftl. Wertfaktoren d. Betriebs

Der Schutz umfasst alles, was in seiner Gesamtheit den wirtschaftlichen Wert des Betriebes ausmacht, also den Bestand, die Erscheinungsform, den Tätigkeitskreis, den Kundenstamm, die Organisationsstruktur, die Beteiligung an einer Kapitalgesellschaft oder die Verschwiegenheitspflicht der Arbeitnehmer.[134]

ggf. auch bei freien Berufen

Geschützt sind nicht nur Inhaber eines Gewerbebetriebes, sondern auch Angehörige freier Berufe, die kein Gewerbe i.S.d. Gewerberechtes betreiben.[135]

Einschränkung: betriebsbezogener Eingriff notw.

Auch hier ist der Schutzbereich, wie beim allgemeinen Persönlichkeitsrecht, sehr weit gefasst. Eine Einschränkung erfährt der Schutzbereich dadurch, dass nur sog. unmittelbare und betriebsbezogene Eingriffe[136] eine Rechtsverletzung auslösen können.

Erforderlich ist eine unmittelbare Beeinträchtigung des Gewerbebetriebs. Das Merkmal der Betriebsbezogenheit[137] tritt zusätzlich zu dem Merkmal der Unmittelbarkeit[138] des Eingriffes.

132 Auch BGHZ 29, 65 = **juris**byhemmer.

133 Vgl. dazu auch Kupisch/Krüger, Fall S. 21 - 23.

134 Dazu Palandt, § 823 BGB, Rn. 127.

135 Palandt, § 823 BGB, Rn. 127; OLG München, NJW 1977, 1106.

136 Palandt, § 823 BGB, Rn. 128; BGHZ 86, 152.

137 Kupisch/Krüger, S. 23; BGHZ 29, 65 (75).

138 RGZ 58, 24 (30).

Bsp.:[139] *Wird der Partner eines erfolgreichen und bekannten Eiskunstlaufpaares bei einem Unfall verletzt, so kann die Partnerin von dem Schädiger keinen Ersatz des Schadens verlangen, der ihr durch den zeitweiligen Ausfall des Partners entstanden ist; für einen Anspruch unter dem Gesichtspunkt eines Eingriffs in den eingerichteten und ausgeübten Gewerbebetrieb fehlt es in einem solchen Fall jedenfalls an einem betriebsbezogenen Eingriff.*

mittelbarer Eingriff nicht ausreichend

Betriebsbezogen ist ein Eingriff, wenn er sich gegen den Betrieb als solchen richtet, also spezifisch in den betrieblichen Organismus oder die unternehmerische Entscheidungsfreiheit eingreift.[140]

Nicht ausreichend ist ein Eingriff in vom Gewerbebetrieb ohne weiteres ablösbare Rechte oder Rechtsgüter, da ansonsten über das Recht am Gewerbebetrieb ein allgemeiner Vermögensschutz erreicht würde.[141] Damit würde dann aber der Grundsatz des § 823 I BGB (kein allgemeiner Vermögensschutz) unterlaufen werden.

hemmer-Methode: Der Schutz des Gewerbebetriebs dient im Wesentlichen der Schließung von Lücken. Der Gewerbebetrieb kann aber nicht wie das Eigentum in seinem Bestand geschützt sein. Ein genereller Bestandsschutz scheidet aus. So müssen Kunden, Umsatz- und Verdienstmöglichkeiten immer neu behauptet werden.[142] Geschützt ist der Gewerbebetrieb nur bei einem Verstoß gegen bestimmte Verhaltensweisen. Sind diese besonderen Verhaltensweisen, gegen die verstoßen wurde, in gesetzlichen Bestimmungen geschützt (z.B. UWG, GWG, oder der Mitbesitz als sonstiges Recht i.S.d. § 823 I BGB), entfällt der subsidiäre Schutz des Gewerbebetriebs über § 823 I BGB.
Die Kriterien der Unmittelbarkeit und der Betriebsbezogenheit bringen weitere Einschränkungen. Seien Sie deshalb in Klausur und Hausarbeit vorsichtig bei der Anwendung und besonders bei der Bejahung einer Verletzung des Rechts am eingerichteten und ausgeübten Gewerbebetrieb!
Außerdem: Das Recht auf Arbeit wurde, anders als im Sozialismus, als der Gewerbebetrieb i.R.d. § 823 I BGB erstmalig geschützt wurde, damals nicht in den Katalog des § 823 I BGB aufgenommen (sonst Sozialismus „durch die Hintertür"!).
Das Rechtsinstitut des Gewerbebetriebes als geschütztes Rechtsgut i.S.v. § 823 I BGB erschien deshalb teilweise als Verletzung der Kampfparität zugunsten der Arbeitgeber. Auch aus diesem rechtspolitischen Grund wird der Gewerbebetrieb nur subsidiär geschützt. In den meisten Fällen genügt der Eigentumsschutz des § 823 I BGB.
Umstritten ist jedenfalls, ob über den Gewerbebetrieb hinaus auch die berufliche Betätigung (Recht am Arbeitsplatz) i.R.d. Deliktsrechts geschützt wird. Der Grundsatz der „Waffengleichheit" zwischen Arbeitgeber und Arbeitnehmer spricht grds. für einen solchen Schutz.[143]

cc) Fallgruppen

anerkannte Fallgruppen:

Wie beim allgemeinen Persönlichkeitsrecht hat die Rspr. auch hier verschiedene Fallgruppen entwickelt, in welchen ein rechtswidriger Eingriff in das Recht am eingerichteten und ausgeübten Gewerbebetrieb angenommen wurde: 57

139 Nach BGH, NJW 2003, 1040; **Life&Law 2003, 402 ff**. = **juris**byhemmer.

140 Palandt, § 823 BGB, Rn. 128.

141 BGH, NJW 2004, 356 = **juris**byhemmer.

142 Vgl. Medicus, BR, Rn. 611.

143 Vertiefend zu diesem Problemkreis auch Hemmer/Wüst, Arbeitsrecht, Rn. 459 ff.

(1) Unberechtigte Abmahnungen / Schutzrechtsverwarnungen:

unberecht. Abmahnung

Das Reichsgericht[144] hat das Recht am eingerichteten und ausgeübten Gewerbebetrieb aufgrund einer unberechtigten Schutzrechtsverwarnung entwickelt. Darunter wird die Forderung der Einstellung einer gewerblichen Tätigkeit wegen eines Verstoßes gegen ein angebliches gewerbliches Schutzrecht (z.B. Patent) verstanden.[145]

Beispiele aus der Rspr.:

- *„Kindernähmaschine", BGHZ 38, 200*
- *„Brombeerleuchte", BGH, NJW 1979, 916*

(2) Boykott von Geschäften / Blockade von Betrieben:[146]

Blockade/Boykott

Beispiele aus der Rspr.:

- *„Mietboykott Neue Heimat", BGH, NJW 1985, 1260*
- *„Bild-Zeitung", BGHZ 59, 30*
- *„Bauschutt vor Geschäft", OLG Düsseldorf, NJW 1961, 1925*

(3) Rechtswidriger Streik:[147]

rechtswidriger Streik

Beispiele aus der Rspr.:

- *„Blockade des Werktors", BAG, NJW 1989, 57*
- *„Blockade bei nichtstreikenden Unternehmen", BAG, NJW 1989, 61*
- *„Haftung der Gewerkschaft", BAG, NJW 1989, 57*
- *Betriebsbezogenheit betrifft grundsätzlich aber nur bestreikten Betrieb, nicht mittelbar betroffene Drittbetriebe, BAG, NJW 2016, 179*

Werturteile

(4) Schädigende Werturteile / abträgliche wahre Tatsachen:

§ 824 BGB bietet nur Schutz gegen unrichtige Tatsachenbehauptungen. Schädigende Werturteile werden nur über Spezialgesetze wie § 1 UWG geschützt.

Beispiele aus der Rspr.:

- *„Constanze", BGHZ 3, 270*
- *„Höllenfeuer", BGHZ 45, 296*

dd) Rechtswidrigkeit

Rechtswidrigkeit: auch hier umfassende Abwägung notw.

Auch bei dem Recht am eingerichteten und ausgeübten Gewerbebetrieb handelt es sich um einen sog. „offenen Tatbestand", bei welchem die Rechtswidrigkeit nicht durch die Rechtsgutsverletzung indiziert ist.

144 RGZ 58, 24.

145 Palandt, § 823 BGB, Rn. 132.

146 Vgl. Palandt, § 823 BGB, Rn. 131.

147 Vgl. Palandt, § 823 BGB, Rn. 130; BAG, NJW 1978, 2114; BAG, DB 1989, 2228.

Die Rechtswidrigkeit des Eingriffes ist daher auch hier im Einzelfall durch eine umfassende Güter- und Interessenabwägung zu ermitteln.[148] Dies gilt besonders für die Fälle, in denen das Grundrecht auf freie Meinungsäußerung und auf Information mit dem Schutzinteresse des gewerblichen Unternehmens kollidiert.[149]

ee) Rechtsfolgen

Zu ersetzen ist auch hier der eingetretene Vermögensschaden gem. §§ 249 ff. BGB.

hemmer-Methode: Der Anerkennung des Gewerbebetriebs als sonstiges Recht i.S.d. § 823 I BGB gegenüber generell ablehnend ist Canaris.[150] Dabei betont Canaris, dass es einen generellen Vermögensschutz nach der Wertung des Gesetzgebers im Deliktsrecht nicht gibt. Die vorgenommene Rechtsfortbildung sei insoweit „schlechter" als der im Gesetz vorgesehene Eigentumsschutz. Es fehle an der erforderlichen Klarheit und Festigkeit.
Die Konzeption des Gesetzes ist damit nach Canaris der Rechtsprechung weit überlegen. In der Klausur sollten Sie sich dennoch mit der Rspr. entscheiden. Seien Sie aber immer vorsichtig mit der Annahme des Gewerbebetriebs: In vielen Fällen verwirklicht sich der Schutz bereits über andere Vorschriften!

5. Keine sonstigen Rechte

kein Vermögensschutz durch § 823 I BGB

Kein sonstiges Recht i.S.d. § 823 I BGB ist nach ganz h.M.[151] das Vermögen an sich. Vermögensbeschädigungen, bei welchen kein Rechtsgut oder Recht des § 823 I BGB verletzt ist, können somit nur unter den Voraussetzungen der §§ 823 II, 824, 826, 839, 844 I, II BGB ersetzt werden. 58

hemmer-Methode: Zwar wird durch § 823 I BGB nach einhelliger Ansicht eine Verletzung des Vermögens als Rechtsgut nicht erfasst, jedoch muss als Voraussetzung des haftungsausfüllenden Tatbestandes ein Vermögensschaden vorliegen. Insoweit ist durchaus ein Vermögensschaden zu ersetzen, allerdings unter der Voraussetzung, dass ein absolut geschütztes Rechtsgut verletzt ist.
Wegen § 253 I BGB sind grundsätzlich nur Vermögensschäden (= materieller Schaden) ersatzfähig. Bei Nichtvermögensschäden (= immaterieller Schaden) kommt ein Geldersatzanspruch gem. § 253 I BGB nur dann in Betracht, wenn dies im Gesetz ausdrücklich angeordnet ist (z.B. § 253 II BGB).

Forderungsrechte (-), da keine absoluten Rechte

Ebenfalls keine sonstigen Rechte i.S.d. § 823 I BGB stellen nach ganz h.M.[152] Forderungsrechte dar. Forderungen verpflichten nur eine bestimmte Person gegenüber einer anderen und stellen somit relative und keine absoluten Rechte dar. Eine Verletzung des Arbeitnehmers führt daher beispielsweise zu keinem Anspruch des Arbeitgebers wegen der Verletzung seines Anspruchs auf Arbeitsleistung. 59

Forderungszuständigkeit str., nach h.M. (-)

Umstritten ist, ob ein Eingriff in die Forderungszuständigkeit einen Anspruch aus § 823 I BGB gewährt. Die h.M.[153] verneint dies, da die Forderung als relatives und damit nicht eigentumsähnliches Recht nicht von ihrer Zuständigkeit getrennt werden kann. Der Forderungsinhaber ist bei Eingriffen in seine Forderungszuständigkeit auf andere Weise ausreichend geschützt. 60

---

148 BGHZ 45, 296 (306) = **juris**byhemmer.

149 Vgl. dazu BGH, NJW 1999, 279 und die examenstypische Aufbereitung in **Life&Law 1999, 144 ff.** = **juris**byhemmer.

150 Larenz/Canaris, § 75 I 4 b, S. 359.

151 Palandt, § 823 BGB, Rn. 11; BGHZ 41, 127; BGH, NJW 1980, 1582; Kupisch/Krüger, S. 20/21.

152 Palandt, § 823 BGB, Rn. 11; Medicus, BR, Rn. 610; BGHZ 12, 317.

153 Vgl. Medicus, BR, Rn. 610; a.A. Larenz II, § 72 I a.

Die bei einer Zession schuldnerbefreiende Leistung des Schuldners an den Zedenten, vgl. § 407 BGB, kann nicht über § 823 I BGB zugunsten des Zessionars ausgehebelt werden.

Bsp.:[154] *G hat seine Forderung gegen S an Z abgetreten. S zahlt ohne Kenntnis der Abtretung an den Altgläubiger G und wird deshalb nach § 407 BGB befreit. S hat also durch seine Leistung auf die Forderungszuständigkeit des Z eingewirkt, indem dessen Forderung gegen S erloschen ist. Nach § 823 I BGB müsste S dem Z schon bei leichter Fahrlässigkeit Schadensersatz leisten, obwohl er nach § 407 I BGB von seiner Schuld freigeworden ist.*

Damit würde der von § 407 BGB gewollte Schuldnerschutz untergraben werden. Z muss sich bezüglich des erlangten Geldes nach § 816 II BGB an G halten.

Gestaltungsrechte (-)

Ebenfalls nicht in den Bereich der sonstigen Rechte i.S.d. § 823 I BGB fallen nach h.M.[155] Gestaltungsrechte wie Anfechtung oder Kündigung, da ein Dritter in solche Rechte nicht eingreifen kann.

Recht am Arbeitsplatz

Wohl ebenfalls keine absolut geschützte Position ist der eigene Arbeitsplatz wegen der fehlenden Absolutheit.[156]

Bearbeiten Sie die Fragen 14 - 20!

C) Verletzungshandlung

Eine Verletzungshandlung stellt jedes Verhalten dar, das zu einer nachteiligen Beeinträchtigung der in § 823 I BGB genannten Rechtsgüter und Rechte führt. *61*

I. Begriff der Handlung

Verletzungshandlung ⇨ beherrschbares menschl. Handeln

Handlung ist dabei jedes menschliche Tun, das der Bewusstseinskontrolle und der Willenssteuerung unterliegt, also beherrschbar ist.[157] *61a*

Reflexbewegungen, Bewegungen im Zustand der Bewusstlosigkeit oder solche Bewegungen, die durch vis absoluta (= unwiderstehliche Gewalt) erzwungen worden sind, stellen damit keine zurechenbare Handlung dar.[158]

Ausnahmsweise wird im Fall des § 827 S. 2 BGB die Handlungsfähigkeit fingiert.

II. Abgrenzung Tun/Unterlassen

auch Unterlassen mögl.

Eine Verletzungshandlung kann sowohl in einem positiven Tun (A schlägt B nieder) als auch in einem Unterlassen (A sieht, wie sein Sohn ertrinkt, unternimmt aber nichts) bestehen. Ausschlaggebend dafür, ob Tun oder Unterlassen vorliegt, ist der Schwerpunkt der Vorwerfbarkeit nach dem sozialen Sinngehalt der Handlung.[159] Diese Abgrenzung kann oftmals Schwierigkeiten bereiten: *61b*

---

154 Nach Medicus, BR, Rn. 610.

155 Vgl. Larenz II, § 72 I a.

156 BAG, NZA 1988, 1113, offen gelassen von BAG, NZA 2007, 1169.

157 BGHZ 39, 103 (106); Larenz II, § 71 I a = **juris**byhemmer.

158 Kupisch/Krüger, S. 6.

159 BGH, NJW 1953, 1924.

Bsp.: *Der bissige Hund des Bauern A beißt den Gast B bei einem Besuch auf dem Bauernhof.*

Als Verletzungshandlung kommen einerseits das Halten eines bissigen Hundes (positives Tun) und andererseits das Nicht-Anlegen eines Maulkorbes (Unterlassen) in Betracht. Das Halten eines bissigen Hundes auf einem Bauernhof ist als sozialädquat anzusehen, sodass der Schwerpunkt der Vorwerfbarkeit hier im Nichtanlegen des Maulkorbes bei Besuch eines Fremden liegt.

⇨ Pflicht zum Handeln?

Die Abgrenzung zwischen Tun und Unterlassen ist deshalb wichtig, weil ein Unterlassen nur dann rechtserheblich ist, wenn eine Pflicht zum Handeln gerade gegenüber dem Geschädigten besteht (Garantenstellung).

III. Garantenstellung

Garantenstellung notw.

Das Vorliegen einer Garantenstellung bestimmt sich nach den gleichen Grundsätzen wie im Strafrecht, vgl. § 13 StGB. Dabei lassen sich folgende Garantenstellungen unterscheiden:[160] 62

1. Obhuts- oder Beschützergarant

Beschützergarant

Hierunter versteht man eine Garantenstellung aus einer unmittelbar auf das Recht bzw. Rechtsgut bezogenen Schutzpflicht durch: 62a

⇨ Gesetz, z.B. §§ 1353, 1626 BGB

⇨ freiwillige Übernahme, z.B. Vertrag

⇨ enge Gefahrengemeinschaft, z.B. Kletterpartie

⇨ Amts-/Organwalter

2. Sicherungs- oder Überwachungsgarant: 62b

Überwachergarant

Die Garantenstellung entsteht hier durch Eröffnung einer Gefahrenquelle oder Verantwortlichkeit für eine Gefahrenquelle durch:

⇨ Sachherrschaft über gefährliche Sachen

⇨ Ingerenz (vorangegangenes gefährliches Tun)

⇨ Aufsichtspflichten

3. Allgemeine Verkehrssicherungspflichten (VSP): 62c

Verkehrssicherungspflicht

Unter einer VSP versteht man die Pflicht desjenigen, der eine Gefahrenquelle schafft oder unterhält, alle notwendigen und zumutbaren Vorkehrungen zu treffen, um Schäden anderer zu vermeiden. Dabei lassen sich unterscheiden:

⇨ VSP aus Verkehrseröffnung: Wer einen Verkehr für Menschen eröffnet, muss dafür sorgen, dass diese nicht geschädigt werden.[161]

Bsp.: *Beleuchtungspflicht des Hauseigentümers im Treppenhaus*

---

160 Gängig ist auch die Unterscheidung der Garantenpflichten nach Gesetz, Vertrag, Ingerenz und enger Lebensgemeinschaft.

161 Vgl. zuletzt **Life&Law 2001, 92 ff.** zu den Verkehrssicherungspflichten eines Reiseveranstalters.

⇨ VSP aus Beherrschung einer Gefahrenquelle: Wer gefährliche Gegenstände oder Anlagen gebraucht, muss andere vor Schäden bewahren, die aus dem Gebrauch der Gegenstände oder Anlage entstehen können.

Bsp.:[162] *Auf dem Grundstück des E wird ein Löschwasserteich angelegt. Da das Grundstück nicht umzäunt ist, nutzen die Nachbarskinder dieses als „Abenteuerspielplatz“. Dabei fällt das Kind K von einem fünf Meter hohen Lärmschutzwall in den Teich und erleidet eine Stammhirnschädigung. K verlangt sowohl von E als auch vom Bauunternehmer U und vom Architekten A Schadensersatz aus § 823 I BGB.*

gesteigerte Anforderungen an Verkehrssicherungspflicht bzgl. Kindern möglich

Sowohl E als auch U oblag die deliktsrechtliche Verkehrssicherungspflicht, Dritte vor Schäden zu bewahren, die sich aus der Gefahrenquelle „Baustelle‘ ergeben konnten.

Dies gilt nach ständiger Rechtsprechung des BGH[163] v.a. in Bezug auf Kinder, bei denen aufgrund ihrer Unerfahrenheit und Unbesonnenheit sowie ihres Spieltriebs und Erforschungsdrangs in besonderer Weise damit zu rechnen ist, dass sie sich – wenn auch unbefugterweise – einer vom Sicherungspflichtigen geschaffenen Gefahrenquelle nähern. Demgemäß sind an die Pflicht zur Gefahrenabwehr umso strengere Anforderungen zu stellen, je größer der Anreiz ist, den die Gefahrenquelle auf Kinder ausübt, und je weniger diese selbst in der Lage sind, die für sie bestehenden Gefahren zu erkennen.

Das ungesicherte Grundstück übte wegen der Teichanlage einen besonderen Reiz auf Kinder aus, wobei der Lärmschutzwall am Ufer des Teiches gleichzeitig eine erhebliche Gefahrenquelle für diese darstellte. E und U haben damit für die Schäden des K aus § 823 I BGB einzustehen.

Der Architekt A, der die Baupläne für den Teich erstellt hat, haftet dagegen nur dann, wenn ihm ein schadensursächlicher Planungsfehler vorzuwerfen ist.

⇨ VSP aufgrund beruflicher Stellung: Aus einer gefährlichen beruflichen Tätigkeit kann sich die Pflicht ergeben, Vorsichtsmaßnahmen zur Abwehr von Schäden anderer zu treffen.

Bsp.: *Pflicht des Arztes, seine Patienten vor Infektionen zu schützen*[164]

⇨ VSP aus Produzentenhaftung: Derjenige, der ein Produkt in Verkehr bringt, muss die nötigen und zumutbaren Vorkehrungen treffen, um die vom Produkt ausgehenden Gefahren möglichst gering zu halten.[165]

einzelne Verkehrssicherungspflichten

Der Verkehrssicherungspflichtige muss alle erforderlichen und zumutbaren Maßnahmen zum Schutze Dritter treffen und dabei die im Verkehr erforderliche Sorgfalt beachten.[166]

Wahrscheinlichkeitsurteil

Sicherungspflichten werden jedoch nicht schon durch jede rein theoretische Möglichkeit einer Gefährdung ausgelöst. Die Sicherungspflicht beschränkt sich vielmehr auf das Ergreifen zumutbarer Maßnahmen, die ein verständiger und umsichtiger, in vernünftigen Grenzen vorsichtiger Mensch für notwendig und ausreichend hält, um andere vor Schäden zu bewahren. Haftungsbegründend wird danach die Nichtabwendung einer Gefahr erst dann, wenn sich vorausschauend für ein sachkundiges Urteil die naheliegende Möglichkeit ergibt, dass Rechtsgüter anderer Personen verletzt werden können.[167]

162 Nach BGH, NJW 1997, 582 = **juris**byhemmer.

163 Vgl. auch BGH, NJW 1975, 108: Erblindung eines Kindes infolge des Spielens auf einem als Schrottplatz genutzten Geländes = **juris**byhemmer.

164 Vgl. Palandt, § 823 BGB, Rn. 134 ff.

165 Vgl. hierzu ausführlich **Hemmer/Wüst, Deliktsrecht II, Rn. 347 ff.**

166 BGHZ 5, 378 (380); BGHZ 62, 265 (270); Larenz II § 72 I d; ausführlich mit zahlreichen Einzelfällen Palandt, § 823 BGB, Rn. 185 ff. = **juris**byhemmer.

167 Vgl. BGH, NJW 1990, 1236 = **juris**byhemmer.

So haftet der Einzelhändler nicht, wenn Schäden durch die Explosion einer Flasche Limonade hervorgerufen werden. Es besteht keine Verpflichtung, bei sommerlichen Temperaturen Trinkflaschen in Verkaufsräumen zu kühlen, um das Risiko einer Verletzung zu minimieren.[168]

Diese Grundsätze spielen v.a. auch dann eine Rolle, wenn vom Organisator einer Veranstaltung Schadensersatz wegen Schäden verlangt wird, die durch Teilnehmer der Veranstaltung verursacht wurden.

Bsp. 1: *Monica Seles wurde im Jahre 1993 während des Citizen Cups auf der Spielerbank von einem Attentäter niedergestochen.*[169] *Sie verlangt nun vom Veranstalter des Turniers Schadensersatz.*

Monica Seles-Fall

Bezüglich der Sicherheitsvorkehrungen bei Sportveranstaltungen[170] wurde im Fall Monica Seles eine Verletzung der deliktsrechtlichen Verkehrssicherungspflichten verneint. Das Gericht stellte fest, dass eine gesteigerte deliktsrechtliche Sicherungspflicht nur dann bestanden hätte, wenn die naheliegende Möglichkeit einer Verletzung gegeben gewesen wäre. Im Hinblick darauf, dass es bis April 1993 jedoch noch zu keinem Attentatsversuch auf Teilnehmer eines internationalen Tennisturniers gekommen war, war der Veranstalter des Turniers jedenfalls bis zu diesem Zeitpunkt deliktsrechtlich nicht zu Vorkehrungen gegen die Verwirklichung einer solchen Gefahr verpflichtet.

Bsp. 2: *S ist Veranstalter der „Generation Rave Party“, einer Massenveranstaltung für Raver in Hamburg. Als der der Techno-Szene zugehörige Zug die Baustelle des G passiert, kommt es dort zu umfänglichen Sachbeschädigungen. G verlangt von S Schadensersatz aus § 823 I BGB.*

Das LG Hamburg[171] hat hier die naheliegende Möglichkeit einer Rechtsgutsverletzung bejaht. Massenveranstaltungen unterliegen demnach eigenen psychologischen Gesetzen. Hemmungen und Rücksichtnahmen, wie sie für den Einzelnen in der Regel selbstverständlich sind, können nahezu völlig ausgeschaltet werden.

Diesen Gefahren muss sich der Veranlasser einer Massenveranstaltung bewusst sein und ihnen i.R.d. Zumutbaren begegnen. Diese Sicherungspflicht bestehe v.a. gegenüber Außenstehenden.

Übertragung der VSP auf Dritte

Die Erfüllung der VSP kann grundsätzlich auch auf einen anderen übertragen werden. Dies bedarf aber einer klaren Absprache, die die Sicherung der Gefahr zuverlässig garantiert.[172]

Kommt es zur wirksamen Übertragung der VSP auf einen anderen, wird der Übernehmende selbst deliktsrechtlich verantwortlich, auch dem Delegierenden gegenüber. Die VSP des Delegierenden entfällt aber nicht, sondern verengt sich auf eine Kontroll- und Überwachungspflicht hinsichtlich des Übernehmenden.[173]

Bei Massenveranstaltungen kann sich der Veranlasser grundsätzlich auch dann nicht auf die Übertragung der VSP auf die Polizei berufen, wenn die Polizei im Vorfeld ihre Hilfe zugesagt hat. Besprechungen mit Sicherheitsbehörden im Vorfeld von Massenveranstaltungen haben allein das Ziel, diesen die Wahrnehmung ihrer öffentlichen Aufgaben zu erleichtern, nicht hingegen, den privaten Veranstalter haftungsrechtlich zu entlasten. Daher wird z.B. bezogen auf die Haftungsfragen bei der Love-Parade in Duisburg der Veranstalter sich jedenfalls nicht damit herausreden können, die Polizei habe ja vor Ort den Zugang zum Veranstaltungsgelände geregelt und überwacht.

---

168 BGH, NJW 2007, 762 ff. = **juris**byhemmer.

169 Vgl. LG Hamburg, NJW 1997, 2606 = **juris**byhemmer.

170 Vgl. BGH, VersR 1990, 211; BGH, NJW 1980, 223; BGH, NJW 1984, 801 = **juris**byhemmer.

171 LG Hamburg, NJW 1998, 1411; vgl. auch die ausführliche Besprechung dieser Entscheidung in **Life&Law 1998, 367 ff.**

172 Vgl. BGH, NJW 1996, 2646 = **juris**byhemmer.

173 Vgl. BGH, NJW-RR 1989, 394 = **juris**byhemmer.

hemmer-Methode: Die größten Probleme bereitet die Frage, an welcher Stelle die VSPen zu prüfen sind, da diese nicht nur i.R.d. Unterlassens, sondern auch bei der Rechtswidrigkeit[174] und dem Verschulden[175] relevant werden können. Zum Vorgehen in der Klausur lesen Sie die „hemmer-Methode“ in Rn. 100!

abschließendes Beispiel

Abschließend zu den Verkehrssicherungspflichten folgender Fall:[176]

Sachverhalt: *Der neunjährige S besuchte gemeinsam mit seiner Mutter und Bekannten das Hallenbad der beklagten H in G.*

Im Außenbereich dieses Bades befindet sich eine Wasserrutsche in Form einer geschlossenen Röhre. Der Zugang erfolgt über eine in einem Rutschenturm gelegene Treppe. Der Auslauf mündet in den Innenbereich des Bades. Am unteren Eingang zum Rutschenturm und oben etwa vier Meter vor dem Einstieg zur Rutsche befinden sich Tafeln mit Benutzungshinweisen.

Für im Eingangsbereich der Rutsche stehende Badegäste ist der weitere Rutschenbereich nicht einsehbar. Die Rutsche ist mit einer sensorgesteuerten Ampelanlage ausgestattet. Der Benutzer passiert unmittelbar nach dem Start eine Lichtschranke und schaltet damit die am Rutscheneingang installierte Ampel von Grün auf Rot. Kurz vor dem Ende der Rutsche befindet sich eine zweite Lichtschranke, bei deren Passieren die Ampel wieder auf Grün geschaltet wird. Der Einstieg und der Auslauf der Rutsche können von der Bademeisterzentrale aus über eine Video-Überwachungsanlage eingesehen werden, die wahlweise Bilder des Rutscheneinstiegs, des Ausstiegs oder anderer Überwachungskameras zeigt. Die Bademeister können den Bereich der Rutsche persönlich aufsuchen oder mit Lautsprecherdurchsagen erreichen.

S, der die Rutsche nach seiner Behauptung bei Grün betreten und ordnungsgemäß benutzt hat, kollidierte innerhalb der Röhre mit B, einer älteren Dame. Er schlug nach dem Aufprall mit dem Gesicht auf der Rutsche auf. Dabei wurden zwei seiner bleibenden Schneidezähne mit den Wurzeln herausgerissen. Ein weiterer Schneidezahn brach ab.

S begehrt nun Zahlung seiner Heilungskosten in Höhe von 7.000,- € und Zahlung eines angemessenen Schmerzensgeldes von mindestens 8.000,- €. Ist dieses Verlangen begründet?

Lösung:

§§ 280 I, 241 II BGB bzw. § 823 I BGB

S könnte Anspruch auf Ersatz seines materiellen und immateriellen Schadens haben, wenn H seine Schutzpflichten aus dem Nutzungsvertrag mit S schuldhaft verletzt hat und daraus dem S der geltend gemachte Schaden entstanden ist. Da S noch nicht unbeschränkt geschäftsfähig ist, machen seine Eltern als gesetzliche Vertreter die Ansprüche geltend, §§ 1626, 1629 BGB.

Im Prozess ist der Minderjährige zwar parteifähig, § 50 I ZPO. Die Prozessfähigkeit bestimmt sich jedoch nach materiellem Recht, § 51 ZPO, sodass eine Vertretung durch die Eltern erforderlich ist.

hemmer-Methode: Nachdem inzwischen auch für vertragliche Schadensersatzansprüche in § 253 II BGB ein Schmerzensgeld geregelt wurde, muss zu dessen Geltendmachung nicht mehr auf das Deliktsrecht abgestellt werden.
Innerhalb eines Vertragsverhältnisses wird die Verkehrssicherungspflicht zu einer Vertragspflicht, sodass als Anspruchsgrundlage das Vertrags- und auch das Deliktsrecht in Betracht kommen. Im Ergebnis wirkt sich dies jedoch nicht aus, da es auch hier entscheidend auf die Frage der Verletzung einer Verkehrssicherungspflicht ankommt.

174 Vgl. unten Rn. 82.

175 Vgl. unten Rn. 100.

176 Nach BGH, NJW 2004, 1449 ff. = jurisbyhemmer.

Problem: Pflichtverletzung

Problematisch ist vorliegend, ob H seine Pflichten aus dem Nutzungsvertrag verletzt hat. Zwar spricht hier vieles für einen gemischten Vertrag, einer genauen Typisierung des Nutzungsvertrags bedarf es jedoch nicht, da vorliegend allein eine Nebenpflichtverletzung aufgrund einer Schutzpflichtverletzung in Frage steht, §§ 241 II, 280 I BGB.

H könnte hier seine Verkehrssicherungspflicht verletzt haben, die zum einen von § 823 BGB abgedeckt wird, zum anderen aber innerhalb eines Vertragsverhältnisses zugleich eine Vertragspflicht ist.

Definition: Verkehrssicherungspflicht

Es gilt die allgemeine Rechtspflicht, im Verkehr Rücksicht auf die Rechtsgüter anderer zu nehmen.

Deshalb muss derjenige, der eine Gefahrenlage schafft, die notwendigen und zumutbaren Vorkehrungen treffen, um eine Schädigung anderer möglichst zu verhindern.

Die rechtlich gebotene Verkehrssicherung umfasst danach diejenigen Maßnahmen, die ein umsichtiger und verständiger, in vernünftigen Grenzen vorsichtiger Mensch für notwendig und ausreichend hält, um andere vor Schäden zu bewahren.

Haftungsbegründend wird eine Gefahr daher erst dann, wenn sich vorausschauend für ein sachkundiges Urteil die naheliegende Gefahr ergibt, dass Rechtsgüter anderer verletzt werden können.

Maßstab

Da eine Sicherung, die jeden Unfall ausschließt, nicht erreichbar ist, muss nicht für alle denkbaren, entfernten Möglichkeiten eines Schadenseintritts Vorsorge getroffen werden.

Vielmehr ist hierfür auf die Sicherheitserwartungen des jeweiligen Verkehrs abzustellen. Es müssen die Vorkehrungen getroffen werden, die unter Beachtung des wirtschaftlich Zumutbaren geeignet sind, Gefahren von Dritten abzuwenden, die bei bestimmungsgemäßer oder bei nicht ganz fernliegender bestimmungswidriger Benutzung drohen.

Es sind stets die Besonderheiten des jeweiligen Verkehrs zu beachten, so ist auch gegenüber Kindern wegen ihrer Unerfahrenheit und Unbesonnenheit ein strengerer Sicherheitsmaßstab anzulegen.

Beachtung der DIN-Vorschriften nicht unbedingt ausreichend

Da H hier Gewerbetreibender ist, sind die technischen Regelungswerke wie die DIN-Vorschriften geeignet, seine speziellen Verkehrssicherungspflichten zu konkretisieren.

Auch wenn es sich bei DIN-Normen nicht um drittwirkende Normen im Sinne hoheitlicher Rechtssetzung, sondern um auf freiwillige Anwendung ausgerichtete Empfehlungen des „DIN Deutschen Instituts für Normung e.V." handelt, so spiegeln sie doch den Stand der für die betroffenen Kreise geltenden anerkannten Regeln der Technik wider und sind somit zur Bestimmung des nach der Verkehrsauffassung zur Sicherheit Gebotenen in besonderer Weise geeignet.

Vorliegend entspricht die Anlage der Rutsche den Anforderungen der hier maßgeblichen DIN-Norm. Damit ist allerdings die Frage noch nicht geklärt, ob H alle erforderlichen Maßnahmen zum Schutz der Badegäste getroffen hat. Anerkannt ist nämlich, dass Bestimmungen wie Unfallverhütungsvorschriften der Berufsgenossenschaften oder DIN-Normen im Allgemeinen keine abschließenden Verhaltensanforderungen gegenüber den Schutzgütern enthalten.

entscheidender Zeitpunkt

Zu beachten ist auch: Das Maß der im Streitfall erforderlichen Verkehrssicherheit bestimmt sich generell nicht nach dem heute Möglichen und eventuell Zumutbaren, sondern richtet sich nach den Verhältnissen zum Zeitpunkt der Schädigung.

Anforderungen im Schwimmbad

Diese allgemeinen Grundsätze sind damit auf den vorliegenden Fall zu übertragen. Die Anlagen einer Badeanstalt müssen so beschaffen sein, dass die Benutzer vor vermeidbaren Gefahren bewahrt bleiben. Das bedeutet, dass die Badegäste vor den Gefahren zu schützen sind, die über das übliche Risiko bei der Anlagenbenutzung hinausgehen, von ihnen nicht vorhersehbar und nicht ohne weiteres erkennbar sind, und deswegen nicht mehr dem allgemeinen Lebensrisiko zuzuordnen sind.[177]

Dem Betreiber eines Schwimmbades obliegt damit sowohl eine Verpflichtung zur Erfüllung der von den Besuchern abgeschlossenen Benutzungsverträge, als auch die deliktische Garantenpflicht, dafür zu sorgen, dass keiner der Besucher beim Badebetrieb durch solche Risiken zu Schaden kommt.

Welche Maßnahmen erforderlich sind, hängt stets von den tatsächlichen Umständen des Einzelfalls ab. So richten sich Art und Umfang der gebotenen Sicherungsvorkehrungen u a. nach der Größe und der Lage des Bades, der Überschaubarkeit der Anlage, dem Einsatz technischer Hilfsmittel (z.B Videokameras), der Anzahl der Besucher und der hierdurch bedingten „Spitzenbelastungen".

Besonderheiten bei Kindern

Wird das Schwimmbad nicht nur von Erwachsenen besucht, ist für den Umfang der erforderlichen Sicherheitsvorkehrungen zudem in Betracht zu ziehen, dass insbesondere Kinder und Jugendliche dazu neigen, Vorschriften und Anordnungen nicht zu beachten und sich unbesonnen zu verhalten; daher kann die Verkehrssicherungspflicht auch die Vorbeugung gegenüber solchem missbräuchlichen Verhalten umfassen.

Anforderungen an eine Rutsche

Der Betrieb einer Wasserrutsche bringt vielfältige Gefahren mit sich. Neben Stürzen aus nach oben offenen Röhrenrutschen kommt es im Bereich der Wasserrutschen immer wieder dadurch zu Unfällen, dass Badegäste die Rutsche in falscher Körperlage benutzen oder aber in der Rutsche selbst oder am Rutschenauslauf mit anderen Benutzern zusammenstoßen.

Ursächlich hierfür können unterschiedliche Rutschtechniken und die damit einhergehenden voneinander abweichenden Rutschgeschwindigkeiten sein. Begünstigt werden Kollisionen häufig aber auch durch einen zu geringen Abstand zum Vordermann zu Beginn des Rutschvorgangs.

größere Gefahren bei Röhrenrutsche

Von einer besonderen Einrichtung wie hier der Röhrenrutsche gehen dabei gesteigerte Gefahren aus, weil ihre Benutzer beim Betreten den weiteren Rutschenverlauf nicht einsehen können.

Für den in die Rutsche einsteigenden Badegast ist deshalb die Gefahr eines Zusammenstoßes mit einem noch in der Rutsche befindlichen anderen Badegast nicht vorhersehbar und auch nicht beherrschbar, weil er den Vordermann gegebenenfalls erst unmittelbar vor der Kollision bemerkt; zu diesem Zeitpunkt ist ihm im Allgemeinen ein Abbremsen nicht oder kaum mehr möglich, weil er in der Rutsche keinen Halt findet. Für den zuerst eingestiegenen Badegast ist die Gefahr eines Aufpralls des Hintermannes erst recht nicht vorhersehbar und kontrollierbar. Dieses Gefahrenpotential erfordert besondere Sicherungsvorkehrungen.

getroffene Maßnahmen

H hat eine Vielzahl von Maßnahmen ergriffen, um der besonderen Verkehrssicherungspflicht im Bereich der Wasserrutsche zu genügen. Die sowohl am unteren Eingang zum Rutschenturm als auch oben etwa vier Meter vor dem Einstieg ausgehängte Rutschanleitung enthält eine Reihe von Verhaltensaufforderungen.

So signalisiert eines der auf den Tafeln zu sehenden Piktogramme das Gebot, beim Rutschen Abstand zu halten. Kindern im Alter bis zu sechs Jahren ist die Benutzung untersagt. Ein weiteres Piktogramm fordert zusammen mit einem entsprechenden Text dazu auf, den Bereich des Rutschenauslaufs nach dem Rutschen unverzüglich zu verlassen.

177 Ähnlich hat der BGH für den Betreiber einer Trampolinanlage argumentiert. Ein allgemeiner Hinweis auf die Gefährlichkeit reicht nicht aus. Es muss insbesondere auf die Gefahren hingewiesen werden, die einem nicht geübten Nutzer nicht bekannt sind, BGH, **Life&Law 2008, 594 ff.**

Neben der Anordnung von Verhaltensmaßregeln hat die Beklagte technische Vorkehrungen getroffen, die es den Schwimmmeistern ermöglichen, von ihrer Zentrale aus den Rutscheneinstieg mittels einer Video-Kamera zu beobachten und die sich dort aufhaltenden Badegäste über Lautsprecher anzusprechen.

Ampelanlage

Um die Verkehrssicherheit noch weiter zu erhöhen und einen zeitlichen und räumlichen Abstand zwischen den Benutzern der Rutsche zu gewährleisten, hat H diese mit einer sensorgesteuerten Ampelanlage ausgestattet, die so angelegt ist, dass die Freigabe (bei ordnungsgemäßer Benutzung) jeweils dann erfolgt, wenn der jeweilige Benutzer den Rutschenauslauf erreicht. Damit wird zum einen dem Umstand Rechnung getragen, dass die am Rutscheneingang wartenden Benutzer den weiteren Verlauf der Röhre nicht einsehen können und deshalb für die Einhaltung eines ausreichenden Rutschabstandes ohne Ampel auf eine bloße Schätzung der seit dem Einstieg des Vordermannes verstrichenen Zeit angewiesen wären. Zum anderen werden mit dieser Technik - im Unterschied zu zeitgesteuerten Signalanlagen - die für den Zeitpunkt der Freigabe der Rutsche bedeutsamen unterschiedlichen Rutschgeschwindigkeiten der Badegäste berücksichtigt.

denkbare Ursachen für Unfälle

Die vorhandenen Sicherungsvorkehrungen gewährleisten im Zusammenwirken ein relativ hohes Maß an Verkehrssicherheit. Sie können Unfälle durch Zusammenstöße in der Rutsche allerdings nicht gänzlich verhindern.

hemmer-Methode: Die nun folgenden Ausführungen gehören sicherlich nicht mehr zum Standardwissen, das von Ihnen erwartet werden würde. Der BGH hat sich jedoch so ausführlich mit einem Rutschvorgang eines Badegastes beschäftigt, dass wir Ihnen seine Gedankengänge hierzu nicht vorenthalten wollten.

Wenn ein Badegast bei Rot in die Rutsche einsteigt, wird nicht nur der erforderliche Sicherheitsabstand zu dessen Vordermann unterschritten, sondern gleichzeitig auch die Funktion der Signalgebung aufgehoben, denn die Ampel schaltet in diesem Fall schon in dem Moment auf Grün, in dem der Vordermann den Rutschenauslauf erreicht. Tatsächlich ist die Rutsche zu diesem Zeitpunkt aber noch nicht frei, weil sich der „Rotlichtsünder“ noch in der Röhre befindet. Der nächste Badegast läuft deshalb Gefahr, in der Rutsche mit dem „Rotlichtsünder“ zu kollidieren. Betritt er die Rutsche zudem sehr schnell nach Aufleuchten des Grünlichts, und zwar bevor der „Rotlichtsünder“ den Rutschenauslauf erreicht, kommt es ein weiteres Mal zu einer irreführenden Wirkung der Ampel, weil diese schon in dem Moment wieder auf Grün umschaltet, in dem der „Rotlichtsünder“ die Lichtschranke am Rutschenauslauf passiert, während der nachfolgende Badegast sich noch in der Röhre befindet. Auf diese Weise kann bei einer entsprechend raschen Folge der Rutschenden das sinnvolle Funktionieren der Signalanlage infolge eines einzigen Rotlichtverstoßes theoretisch auf Dauer beeinträchtigt sein. Dazu bedarf es allerdings einer Verkettung unglücklicher Umstände.

Ob H Vorkehrungen zur Abwehr einer solchen doch eher fernliegenden Gefahr zu treffen hat, steht nicht fest. Es ist aber auch nicht erforderlich, denn nicht jeder abstrakten Gefahr muss durch vorbeugende Maßnahmen begegnet werden, da ein gewisses Restrisiko dem allgemeinen Lebensrisiko zuzuordnen ist. Ein allgemeines Verbot, andere zu gefährden, wäre unrealistisch.

Darüber hinaus kam es in diesem Fall nur zu einer einmaligen Fehlfunktion. Die Gefahr, dass es dazu kommt, ist weniger fernliegend, denn hierzu bedarf es lediglich eines einzigen Rotlichtverstoßes. Mit der Möglichkeit, dass irgendwann einmal ein Badegast das Signal der Ampel missachtet und zu früh in die Rutsche einsteigt, kann und muss der Verkehrssicherungspflichtige rechnen.

Grenzen: geeignete und zumutbare Möglichkeit der Gefahrenabwehr

Die Verkehrssicherungspflicht gebietet es, i.R.d. Möglichen und Zumutbaren Vorkehrungen dagegen zu treffen, dass ein Badegast bei Rotlicht in die Rutsche einsteigt und auf diese Weise sich und andere gefährdet. Demnach ist zu prüfen, ob es geeignetere Sicherheitsmaßnahmen gäbe.

mechanische Sperre besser?

In Betracht käme die Installation einer mechanisch wirkenden Sperre, jedoch ist diese nicht sachdienlich. Eine höhere Sicherheit wird dadurch nicht gewährleistet, da eine solche Einrichtung ihrerseits neue Unfallgefahren mit sich bringen würde. Es liegt zum Beispiel nicht fern, dass Kinder versuchen könnten, die Sperre zu überwinden. Dabei könnten sie sich an der Sperre klemmen oder sich z.B. durch Quetschungen verletzen, womit die Unfallgefahr im Ergebnis lediglich verlagert würde.

persönliche Beaufsichtigung nicht zumutbar

Eine geeignete Maßnahme, mit der sich Unfälle im Bereich der Rutsche weitgehend verhindern ließen, könnte eine lückenlose Beaufsichtigung der Badegäste am Rutscheneinstieg durch einen dort präsenten Bademeister sein. Die Gewährleistung einer solchen ununterbrochenen direkten Aufsicht „vor Ort" ist H aber nicht zumutbar. Eine lückenlose Aufsicht in Schwimmbädern ist nicht üblich und nach ständiger Rechtsprechung auch nicht erforderlich.

Dieser für die allgemeine Badeaufsicht entwickelte Grundsatz gilt auch für die Aufsicht an besonderen Einrichtungen des Bades, wie Sprungbrettern, Sprungtürmen und Wasserrutschen. In Schwimmbädern drohen an vielen Stellen Gefahren. Ihnen durch eine allgegenwärtige Aufsicht zu begegnen, ist weder geboten noch möglich. Die im Verkehr erforderliche Sorgfalt umfasst nicht jede denkmögliche Sicherheitsmaßnahme. Ihr ist vielmehr genügt, wenn im Ergebnis derjenige Sicherheitsgrad erreicht ist, den die in dem entsprechenden Bereich herrschende Verkehrsauffassung für erforderlich erachtet. Der Besucher eines Schwimmbades kann eine Badeaufsicht, aber keine lückenlose „Rundum-Kontrolle" erwarten. Sie wird deshalb auch nicht geschuldet.

Rutsche mit „Gedächtnis"

Eventuell wäre es heute möglich, die Ampelanlage mit einem „Gedächtnis" auszustatten. Damit würde sichergestellt, dass sie nur auf Grün schaltet, wenn ebenso viele Personen, wie oben eingestiegen sind, unten aus der Röhre herausgekommen sind.

Ob dies technisch möglich und mit zumutbarem Aufwand zu bewerkstelligen wäre, kann hier jedoch dahinstehen. Es fehlen Hinweise, dass zum Zeitpunkt des Unfalls des S, also im Jahre 1999, diese Technik zur Verfügung gestanden hätte, bzw. dass H ein Nachrüsten der Signalanlage mit einer solchen „intelligenten" Technik seinerzeit finanziell zumutbar gewesen wäre. Das Maß der im Streitfall erforderlichen Verkehrssicherheit bestimmt sich nicht nach dem heute Möglichen und eventuell Zumutbaren, sondern richtet sich nach den Verhältnissen zum Zeitpunkt der Schädigung.

Ergebnis

S hat keinen Anspruch gegenüber H aus § 280 I BGB. Aus den gleichen Gründen scheitert auch ein deliktischer Schadensersatzanspruch nach §§ 823 I oder II BGB i.V.m. § 229 StGB.

4. Sonstige Voraussetzungen der Garantenstellung

räuml. Beschränkung mögl., z.B. Verbotsschilder

Die Garantenstellung muss gerade gegenüber dem Geschädigten bestanden haben. So kann z.B. der Verkehrssicherungspflichtige durch entsprechende Maßnahmen, wie z.B. Verbotsschilder oder Absperrungen, seinen Herrschaftsbereich, und damit seine Verkehrssicherungspflicht, räumlich beschränken. Gegenüber von ihm nicht zum Verkehr zugelassenen, „unbefugten" Personen ist er somit nicht mehr verpflichtet.[178] 63

178 BGH, NJW 1987, 2671 (2672) m.w.N.

Bsp.: Herr S bewahrt in seiner Vorratskammer Salzsäure in einer ungekennzeichneten Limonade-Flasche auf. Maler G verwechselt während seiner Arbeit die Flasche mit seiner Limonade und verätzt sich schwer.

Abwandlung: Wie ist es, wenn sich der Einbrecher E an der Flasche vergreift?

Hier besteht seitens des Wohnungsinhabers S eine Garantenpflicht aus einer Verkehrssicherungspflicht (Unterhalten einer Gefahrenquelle). S hätte die Flasche vor den Malerarbeiten wegräumen müssen. G hat somit einen Anspruch aus § 823 I BGB gegen S.

Etwas anderes gilt jedoch in der Abwandlung gegenüber dem Einbrecher E, der sich bei seinem nächtlichen Raubzug mit der vermeintlichen Limonade erfrischen will. Hier handelt es sich um eine Person, die von S nicht zum Verkehr zugelassen worden war und somit unbefugt ist. Gegenüber E besteht keine Verkehrssicherungspflicht. Ein Anspruch des E scheidet daher aus.[179]

hemmer-Methode: Ein Schadensersatzanspruch wegen Unterlassens setzt also immer Folgendes voraus:

1. **Rechtlich relevantes Unterlassen**
2. **Garantenstellung**
3. **Gegenüber dem Geschädigten**

Schon beim ersten Lesen des Sachverhalts ist an die Unterscheidung zwischen aktivem Tun und Unterlassen zu denken. Denken Sie dabei an das Echo-Prinzip: Formulierungen wie „hat vergessen", „nicht bedacht", etc. sprechen häufig dafür, dass der Klausurersteller die Annahme eines Unterlassens gewollt hat. Diese schafft außerdem weitere Prüfungspunkte und damit die Möglichkeit der Notendifferenzierung: Neben der Verletzungshandlung ist das Unterlassen dann noch bei der Rechtswidrigkeit und beim Verschulden zu erörtern. Im Zweifel ist daher aus klausurtaktischen Gründen („Probleme schaffen, nicht wegschaffen") in der Klausur bzw. Hausarbeit eher Unterlassen als aktives Tun anzunehmen. Bei der Abgrenzung nach dem Schwerpunkt der Vorwerfbarkeit ist dann Ihr Argumentationsvermögen gefragt!

Bearbeiten Sie die Fragen 21 – 24!

D) Haftungsbegründende Kausalität

hemmer-Methode: Vergleichen Sie zu diesem Problemkomplex auch die ausführliche Darstellung der Zurechnungsfragen i.R.d. Schadensersatzansprüche in Hemmer/Wüst, Schadensersatzrecht III, Rn. 34 ff.!

I. Übersicht

haftungsbegr. Kausalität

Der Kausalzusammenhang als solcher stellt Grund und Grenze der zivilrechtlichen Haftung dar.[180] Die haftungsbegründende Kausalität betrifft den Zusammenhang zwischen Verletzungshandlung und Rechtsgutverletzung.[181] 64

Sie ist streng zu unterscheiden von der haftungsausfüllenden Kausalität zwischen Rechtsgutverletzung und Schaden.

Bsp.: S tötet den Ehemann M der F bei einem Verkehrsunfall. Diese erleidet bei der Nachricht vom Tode des M einen schweren Schock und muss ins Krankenhaus.

179 Beispiele nach BGH, NJW 1968, 1182 und BGH, NJW 1966, 1456.

180 Palandt, Vorb v § 249 BGB, Rn. 24.

181 Vgl. Palandt, Vorb v § 249 BGB, Rn. 24.

Bei der haftungsbegründenden Kausalität geht es um die Frage, ob die Rechtsgutverletzung (Körperverletzung aufgrund des Schocks) mit der Handlung (Verursachung des Verkehrsunfalls durch S) in einem kausalen Zusammenhang steht. Erst wenn diese Frage bejaht wird, ist i.R.d. haftungsausfüllenden Kausalität zu prüfen, ob die aus der Rechtsgutverletzung entstandenen Schäden (z.B. Krankenhauskosten) zu ersetzen sind.

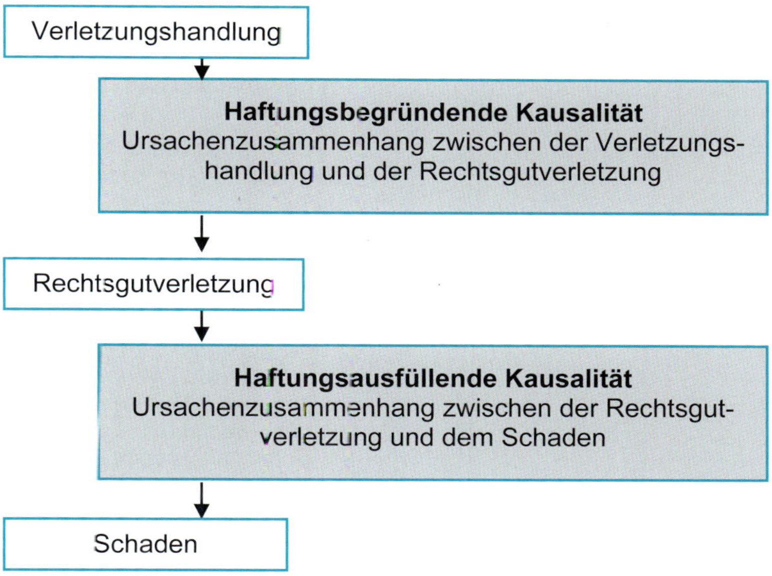

Drei-Stufen-Prüfung

Nach heute h.M.[182] ist die haftungsbegründende Kausalität in drei Stufen zu prüfen:

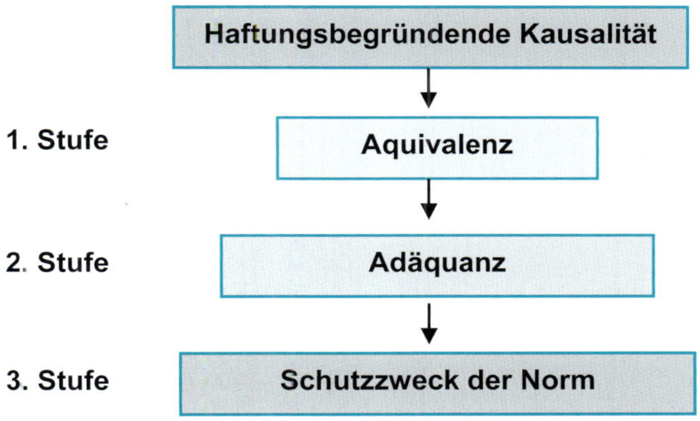

Die nachfolgenden Ausführungen gelten zunächst für die Kausalität im Falle positiven Tuns.

182 Vgl. BGHZ 7, 198 (204); Palandt, v. § 249, Rn. 24 ff. m.w.N.

II. Äquivalenztheorie / conditio sine qua non / Bedingungstheorie

Äquivalenztheorie: jede Bedingung ist kausal

Die conditio-sine-qua-non-Formel legt das Mindestkausalitätserfordernis fest. Kausal ist danach jedes Ereignis, das nicht hinweggedacht werden kann, ohne dass der Erfolg entfiele.[183] Dabei sind alle Ereignisse oder Bedingungen gleichwertig, daher der Name äquivalente Kausalität. 65

Zur Feststellung des Ursachenzusammenhangs muss die pflichtwidrige Handlung hinweggedacht, aber nicht eine andere Handlung hinzugedacht werden.[184]

⇨ auch Gesamtkausalität

Kausal i.S.d. conditio sine qua non ist es auch, wenn die Handlung des Schädigers den Erfolg nicht allein, sondern nur im Zusammenwirken mit dem Handeln eines anderen herbeiführen konnte.[185] In diesen Fällen sog. Gesamtkausalität oder kumulativer Kausalität ist jede einzelne Ursache jeweils für den gesamten Erfolg kausal. 66

Bsp.: *A und B vergiften unabhängig voneinander jeweils das Futter des verhassten Hundes des Nachbarn N. Die Giftmenge von A oder B allein reicht jedoch nicht aus, um den Hund zu töten. Erst beide Giftdosen zusammen bewirken den von A und B jeweils beabsichtigten Tod des Hundes. Hier ist das Verhalten von A und B kausal für den Tod des Hundes. Somit hat N gegen A und B einen Anspruch aus § 823 I BGB.*

Im Fall vorsätzlichen Zusammenwirkens (Mittäter, Gehilfen oder Anstifter) ist gem. § 830 I S. 1, II BGB jeder für den Schaden verantwortlich.

bei alternativer Kausalität gilt § 830 I S. 2 BGB

Entsprechendes gilt nach § 830 I S. 2 BGB auch für den Fall der alternativen Kausalität, wenn sich nicht mehr ermitteln lässt, wer von mehreren Beteiligten den Erfolg durch seine Handlung verursacht hat.[186] Dabei muss die Beteiligung des in Anspruch Genommenen aber feststehen. Das bloße Dabeisein reicht nicht aus.

hemmer-Methode: Ein schwerer Fehler in der Klausur ist es, § 830 BGB i.R.d. Kausalität als Beweiserleichterung bei § 823 BGB zu prüfen (so die nicht mehr vertretene, frühere Auffassung zu § 830 BGB)! Bei § 830 I S. 1 u. 2 BGB und § 830 II BGB handelt es sich um selbstständige, eigene Anspruchsgrundlagen![187]

Doppelkausalität

Haben mehrere Ereignisse, die zwar jedes für sich, nicht aber insgesamt hinweggedacht werden können, ohne dass der Erfolg entfiele, den Erfolg verursacht, dann ist jedes der Ereignisse kausal.[188] Dieser Fall wird als konkurrierende oder Doppelkausalität bezeichnet.

Bsp.: *Wenn im obigen Hundefall sowohl die Dosis des A als auch die des B allein für den Tod des Hundes ausgereicht hätte, so sind ebenfalls beide Handlungen kausal. E kann von A und von B Schadensersatz nach § 823 I BGB verlangen.*

183 Zum Ganzen Palandt, Vorb v § 249 BGB, Rn. 25.

184 BGHZ 96, 172; Palandt, Vorb v § 249 BGB, Rn. 25.

185 Palandt, Vorb v § 249 BGB, Rn. 34; BGH, NJW 1990, 2884; RGZ 69, 58; RGZ 73, 290.

186 Palandt, Vorb v § 249 BGB, Rn. 34.

187 Unten Rn. 156 ff.

188 Vgl. Palandt, Vorbem. v. § 249 BGB, Rn. 86.

III. Adäquanztheorie

nach h.M. Einschränkung durch Adäquanztheorie

Die conditio sine qua non ist ein notwendiges, allein aber nicht ausreichendes Kriterium der Erfolgszurechnung. Um eine unerträgliche Ausweitung der Schadensersatzpflicht zu verhindern, bedarf sie einer Eingrenzung durch weitere Zurechnungskriterien. Durch die sog. Adäquanztheorie werden daher all diejenigen Folgen ausgeschieden, die dem Schädiger billigerweise nicht mehr zuzurechnen sind. Hierzu zählen insbesondere solche Folgen, die einem gänzlich unwahrscheinlichen Kausalverlauf entspringen. Die Adäquanztheorie nimmt damit eine erste rechtliche Wertung vor. 67

jedes Ereignis, das nach der Lebenserfahrung geeignet ist, den Erfolg herbeizuführen

Die Adäquanztheorie kann negativ oder positiv formuliert werden. Zusammengefasst lässt sie sich folgendermaßen beschreiben: Adäquat kausal ist jedes Ereignis, das im Allgemeinen und nicht nur unter besonders eigenartigen, unwahrscheinlichen und nach dem gewöhnlichen Verlauf der Dinge außer Betracht zu lassenden Umständen geeignet ist, den Erfolg in der eingetretenen Art allein oder im Zusammenwirken mit weiteren Umständen herbeizuführen.[189]

obj.-nachträgl. Prognose

Auszugehen ist dabei grundsätzlich von einer objektiv-nachträglichen Prognose vom Standpunkt eines optimalen Betrachters.[190] Larenz[191] will dagegen auf einen erfahrenen Beobachter abstellen, da bei einem optimalen, allwissenden Beobachter, der praktisch alle Kausalverläufe vorhersehen könnte, das Kriterium der Adäquanz kaum noch zur Eingrenzung geeignet wäre. 68

Bsp.: *Adäquanz ist noch zu bejahen, wenn jemand aufgrund einer beigebrachten Schürfwunde stirbt, weil er Bluter ist; zu verneinen dagegen, wenn jemand wegen einer geringfügigen Ehrverletzung eine Gehirnblutung erleidet.*[192]

hemmer-Methode: Fassen Sie sich bei der Adäquanz kurz, wenn sie unproblematisch ist. Denken Sie an den genervten Korrektor, der keine auswendig gelernten Definitionen lesen will. Stellen Sie bei der haftungsbegründenden Kausalität dann nur fest, dass es nicht außerhalb der Wahrscheinlichkeit liegt, dass die konkrete Handlung den Verletzungserfolg herbeigeführt hat.

a.A.: Adäquanztheorie nur bei haftungsausfüllender Kausalität

Die h.M.[193] wendet die Adäquanztheorie nicht nur im Bereich der haftungsausfüllenden, sondern bereits im Bereich der haftungsbegründenden Kausalität an. 69

Nach a.A.[194] genügt im Bereich der haftungsbegründenden Kausalität die conditio sine qua non. Eine genügende Einschränkung der Haftung ergebe sich spätestens bei der Rechtswidrigkeit, dem Verschulden oder der haftungsausfüllenden Kausalität. Ein erheblicher Teil des Schrifttums[195] vertritt dagegen die Ansicht, dass die Adäquanztheorie vollständig aufgegeben werden muss und bei der Beurteilung des Zurechnungszusammenhangs allein auf den Schutzzweck der Norm abzustellen ist. Richtigerweise[196] ist die Lehre vom Schutzzweck der Norm jedoch als weiteres Korrektiv neben der Adäquanztheorie anzuwenden.

189 Dazu sowie zu weiteren positiven und negativen Formeln Palandt, Vorb v § 249 BGB, Rn. 26.

190 BGHZ 3, 261 (267); OLG Bamberg, VersR 1990, 1015; Kupisch/Krüger, S. 17/51.

191 Vgl. Larenz I, § 27 II b 1; Kupisch/Krüger, S. 17/51.

192 Weitere Beispiele in Palandt, Vorb v § 249 BGB, Rn. 26 ff.

193 Vgl. BGHZ 7, 198 (204); BGHZ 57, 27 m.w.N.; BGHZ 57, 137 (141).

194 Deutsch, JZ 1967, 641; Huber, JZ 1969, 677 (680).

195 MüKo vor § 249 BGB, Rn. 42, 43; v. Caemmerer, Das Problem des Kausalzusammenhangs im Privatrecht, 1956, S. 16 ff./406 ff.; Palandt, Vor v § 249 BGB, Rn. 28.

196 Vgl. Palandt, Vorb v § 249 BGB, Rn. 28 f.; Larenz I, § 27 III b 2; Kupisch/Krüger, S. 52.

hemmer-Methode: Unterscheiden Sie bei der Kausalität zwischen Tatsachen- und Wertungsebene! Mit der Äquivalenztheorie wird lediglich nach tatsächlichen Kriterien der Zusammenhang zwischen Ursache und Erfolg festgestellt, ähnlich wie bei den Naturwissenschaften. Bei der Adäquanztheorie beginnt bereits die Wertung. Allerdings nur eine „leichte", da die meisten Ereignisse i.R.d. Wahrscheinlichkeit liegen. Die Einzelfallbetrachtung unter normativen Gesichtspunkten beginnt eigentlich erst auf der dritten Stufe beim Schutzbereich der Norm. Es handelt sich hierbei um die eigentliche Wertungsebene. Punkten Sie in der Klausur durch saubere Unterscheidung dieser Ebenen.

IV. Schutzzweck der Norm / Rechtswidrigkeitszusammenhang / Gefahrbereichs- oder Risikoverteilung

Schutzzweck der Norm, wertende Betrachtung

Auch die Adäquanztheorie führt nicht in allen Fällen zu einer sachgerechten Begrenzung zurechenbarer Folgen und befriedigenden Ergebnissen bzgl. der Beschränkung der deliktischen Haftung, da sie von einer Wahrscheinlichkeitsbetrachtung und einem optimalen Beobachter ausgeht. Die h.M.[197] ergänzt daher die Adäquanztheorie durch eine wertende Beurteilung. 70

Nach dieser Lehre vom Schutzzweck der Norm erfolgt eine Zurechnung nur dann, wenn der konkret eingetretene Verletzungserfolg in den Schutzzweck der verletzten Norm fällt. Dies ist der Fall, wenn die Vorschrift nicht nur als Reflexwirkung eine Person wie den Verletzten (persönlicher Schutzbereich) vor einer Verletzung wie der erlittenen (sachlicher Schutzbereich) schützen will. Anders ausgedrückt: Entscheidend ist, dass Nachteile entstanden sind, die aus dem Bereich der Gefahren stammen, zu deren Abwendung die verletzte Norm erlassen ist.[198]

Entwickelt wurde die Lehre vom Schutzzweck der Norm ursprünglich für Vertragsverletzungen. Sie wurde später im Deliktsrecht für Schutzgesetzverletzungen i.R.d. § 823 II BGB übernommen. 71

Nunmehr ist sie jedoch nach der h.M.[199] für Schadensersatzansprüche aller Art anerkannt, so z.B. bzgl. §§ 823 I, 826, 839, 990, 989 BGB, § 7 StVG oder § 717 II ZPO.[200] Im Rahmen des Deliktsrechts findet die Lehre vom Schutzzweck der Norm sowohl im haftungsbegründenden als auch im haftungsausfüllenden Tatbestand Anwendung.[201]

Die eigentliche Bedeutung dieser Theorie liegt bei der haftungsausfüllenden Kausalität. Bei der haftungsbegründenden Kausalität können aber mit Hilfe dieser Theorie solche Rechtsgutverletzungen ausgeschieden werden, die sich als bloße Verwirklichung des allgemeinen Lebensrisikos darstellen. Diese sind nämlich nicht vom Schutzzweck des § 823 I BGB erfasst.

hemmer-Methode: Der Schutzbereich der Norm hat also auch im Vertragsrecht Bedeutung. Die Fragestellung ist dann z.B. bei den §§ 280 I, 282, 241 II BGB, ob es Sinn und Zweck der verletzten Vertragspflicht ist, speziell vor den eingetretenen Schäden zu schützen. Anders als bei § 823 I BGB (wo diese Frage auch bei der haftungsbegründenden Kausalität Bedeutung hat) ist diese Frage bei den §§ 311 II, III, 241 II, 280 BGB oder den §§ 280 I, 282, 241 II BGB aber ausschließlich bei der haftungsausfüllenden Kausalität zu diskutieren, da es eine „haftungsbegründende Kausalität" bei diesen Rechtsinstituten gar nicht gibt. Vielmehr ist der Haftungstatbestand hier bereits durch die Pflichtverletzung gegeben.

197 Palandt, Vorb v § 249 BGB, Rn. 29; BGHZ 27, 140; BGHZ 35, 315; BGHZ 57, 256; Kupisch/Krüger, S. 52; Larenz I, § 27 III b 2.

198 Palandt, Vorb v § 249 BGB, Rn. 29.

199 Palandt, Vorb v § 249 BGB, Rn. 30; Larenz I, § 27 III b 2.

200 Weitere Nachweise Palandt, Vorb v § 249 BGB, Rn. 30.

201 Vgl. Palandt, Vorb v § 249 BGB, Rn. 29 f.

Die Lehre vom Schutzzweck der Norm wird in der Literatur bisweilen auch unter den Begriffen „Rechtswidrigkeitszusammenhang" oder „Gefahrbereichs- oder Risikoverteilung" behandelt.[202] In der Klausur leiten Sie den Problemkomplex am besten mit den Worten ein: „Fraglich ist, ob dem Schädiger der Verletzungserfolg (bzw. Schaden) zugerechnet werden kann." Mit dem Hinweis auf die Zurechenbarkeit geben Sie dem Korrektor zu erkennen, dass Sie die Problemstellung richtig erkannt haben! Die Lösung des Falles hängt dann stets von den Umständen des Einzelfalls ab.[203]

typische Anwendungsfälle

I.R.d. haftungsbegründenden Kausalität findet die Lehre vom Schutzzweck der Norm typischerweise in folgenden Fallgruppen Anwendung:[204]

1. Willensentschlüsse des Verletzten oder Dritter („Herausforderungsfälle")

Verfolgerfälle

Beruht der Nachteil auf einem Willensentschluss des Geschädigten selbst oder eines Dritten, so kann eine Ersatzpflicht unter bestimmten Voraussetzungen gegeben sein. Allerdings soll § 823 I BGB nur vor Fremdschädigungen, nicht aber vor Selbstschädigungen schützen. 72

__Bsp.:__ Die Polizisten G und D wollen den Straftäter S in dessen Wohnung festnehmen. S flüchtet durch ein Fenster. G will S verfolgen und fällt, da er die örtlichen Verhältnisse nicht kennt, in einen unter dem Fenster befindlichen Schacht und bricht sich dabei das Bein. Auch D verfolgt S. Dabei rutscht D auf dem nassen Rasen vor dem Haus aus und verstaucht sich den Knöchel.[205]

Schutzzweck d. Norm maßgebl.

In den Verfolgerfällen liegt die äquivalente und adäquate Kausalität grds. vor. Zum Teil wurde in der älteren Lit. und Rspr.[206] eine Unterbrechung des Kausalzusammenhangs diskutiert. Das Dazwischentreten des Verletzten oder eines Dritten unterbricht jedoch den Kausalzusammenhang nicht, sofern der Eingriff nicht zur Inadäquanz des Ursachenzusammenhangs führt. Eine Einschränkung muss jedoch auf der Ebene des Schutzzwecks der Norm erfolgen. Nach der Rspr.[207] wird der Verletzungserfolg nur unter folgenden Voraussetzungen vom Schutzzweck der Norm erfasst:

obj. + subj. Herausforderung

⇨ Der Verfolgte muss das Verhalten des Verfolgers herausgefordert haben. Durch das Weglaufen muss der Verfolgte ein erhöhtes Risiko für die Rechtsgüter des Verletzten geschaffen haben, obwohl diese Gefährdung vermeidbar war. Der Verfolger muss sich zudem durch das Verhalten des Verfolgten herausgefordert gefühlt haben und sich auch herausgefordert gefühlt haben dürfen, seine Handlung darf sich nicht als ungewöhnliche Reaktion darstellen.

Vorhersehbarkeit der Verfolgung

⇨ Die subjektive Seite der Haftung setzt voraus, dass der Fliehende damit rechnen musste, verfolgt zu werden, und dass er auch voraussehen konnte, dass sein Verfolger möglicherweise zu Schaden kommen würde. Dass der Fliehende die Verfolgung tatsächlich wahrgenommen hat, ist dagegen nicht erforderlich.[208]

202 Vgl. Palandt, Vorb v § 249 BGB, Rn. 29; Larenz I, § 27 III b 2, Kupisch/Krüger, S. 52.

203 Vgl. exemplarisch **Life&Law 2004, 440 ff.**, inwieweit dem Verursacher eines Unfalls auch ein Zweitunfall zugerechnet werden kann.

204 Weitere Einzelfälle vgl. Palandt, Vorb v § 249 BGB, Rn. 33 ff. „Einzelprobleme der Schadenszurechnung"; Kupisch/Krüger, S. 48 ff.

205 Nach BGHZ 63, 189 und BGH, NJW 1971, 1982 = **juris**byhemmer.

206 BGHZ 58, 162 (165 f.); BGH, NJW 1986, 2367 = **juris**byhemmer.

207 Palandt, Vorb v § 249 BGB, Rn. 43/45; BGHZ 63, 189 (191 ff.).

208 BGH, NJW 1996, 1533 = **juris**byhemmer.

keine unverhältnismäßigen Risiken

⇨ Der Zweck der Verfolgung muss zu den damit verbundenen Risiken in einem angemessenen Verhältnis stehen (Zweck-Mittel-Relation). Das heißt, die Risiken der Verfolgung dürfen nicht unverhältnismäßig groß sein.[209]

Schaden als kausale Folge d. Risikos

⇨ Der Verletzungserfolg muss Folge der mit der Verfolgung verbundenen, gesteigerten Risiken sein. Es muss sich also das herausforderungstypische Risiko realisiert haben. Nicht ausreichend ist die bloße Verwirklichung des allgemeinen Lebensrisikos.

Im obigen Polizistenbeispiel wurde danach eine Ersatzpflicht des S gegenüber G bejaht. Dieser durfte sich als Polizist durch die Flucht des S herausgefordert fühlen.

Auch stand der Verfolgungszweck in einem angemessenen Verhältnis zum Verletzungsrisiko. Der Verletzungserfolg war Folge gerade dieses Risikos, da aufgrund der besonderen örtlichen Lage und der Unkenntnis des G der S mit einem Sturz des G in den Schacht rechnen musste. War die Verletzungsgefahr für G erkennbar, so kommt allerdings eine Schadensteilung nach § 254 BGB in Betracht.

Bei D dagegen fehlt es nach dem BGH an dieser letzten Voraussetzung, da sich in dem Ausrutschen auf dem Rasen nur das allgemeine Lebensrisiko verwirklicht. Mit eigener Begründung ist ein anderes Ergebnis aber sicher vertretbar.

Mitverschulden des Geschädigten: § 254 BGB

Beachten Sie: Durfte sich der Geschädigte zu Recht herausgefordert fühlen, so führt ein Mitverschulden seinerseits nicht schon im Grundsatz zum Ausschluss der Haftung des Schädigers. Damit würde nämlich ein nicht sachgerechtes „Alles-oder-Nichts"-Prinzip geschaffen und eine differenzierte Abwägung im Einzelfall verhindert. Eine befriedigende Lösung lässt sich also nicht über eine Verneinung der Haftung schon im Grundsatz, sondern nur über eine Korrektur des Ergebnisses über § 254 BGB erreichen.[210]

hemmer-Methode: Auch hier ist das Ergebnis in der Klausur nicht der entscheidende Punkt. Stellen Sie vielmehr die maßgeblichen Wertungsaspekte dar. So erzielen Sie in der Regel ein vertretbares Ergebnis.
Letztlich soll der Entschluss des Geschädigten, die Verfolgung aufzunehmen, auf seine „Vernünftigkeit" kontrolliert werden.[211] Für die Folgen eines unvernünftigen Verfolgungsentschlusses muss der Schädiger nicht mehr einstehen. Der Grundsatz der Verhältnismäßigkeit gilt so auch im bürgerlichen Recht.
Lernen Sie, die Herausforderungsfälle, die häufig Examensthema sind, zu erkennen. Immer wenn der Geschädigte etwas freiwillig macht und damit freiwillig die Kausalität verlängert, z.B. hinterherrennt oder -fährt, ein Abschleppunternehmen beauftragt, um einen vor seiner Garage stehenden Pkw abschleppen zu lassen, und durch das eigene Tun ein Verletzungserfolg (haftungsbegründende Kausalität) oder ein Schaden (haftungsausfüllende Kausalität) entstanden ist, kommt die Herausforderungsvariante in Betracht. Damit ist jeder Examensfall zu „strecken".

ebenso bei Nothilfefällen

Die für die Verfolgerfälle dargestellten Grundsätze gelten auch in anderen Fällen psychisch vermittelter Kausalität, wie z.B. den Nothilfefällen.[212] 73

209 BGH, **Life&Law 2012, 478 ff.** = **juris**byhemmer; hier wurde ein Fliehender von Polizeifahrzeugen vorsätzlich von der Straße gedrängt, was aufgrund der Besonderheiten des Falles und der besonderen Gefahrenlage zugerechnet wurde. Im Rahmen der StVG-Haftung ging der BGH übrigens von einem „unabwendbaren Ereignis aus rechtlichen Gründen" aus, § 17 III S.1 StVG.

210 Vgl. BGH, NJW 1996, 1533; allerdings kein Mitverschulden der Polizeibeamten, wenn diese zur Erfüllung ihrer hoheitlichen Aufgaben ein fliehendes Fahrzeug verfolgen und es bei der Verfolgung zu einer Kollision zwischen den beteiligten Kfz kommt, vgl. **Life&Law 1998, 567 ff.**; vgl. auch **Life&Law 2001, 84 ff.** = **juris**byhemmer.

211 Medicus, BR, Rn. 653.

212 Zum Ganzen ausführlich Palandt, Vorb v § 249 BGB, Rn. 42 ff.

Bsp.: So hat ein Schädiger für Rechtsgutverletzungen einzustehen, die Dritte bei einem mit einer Risikoerhöhung verbundenen Rettungsversuch, z.B. nach einem Verkehrsunfall, erleiden.

Ebenfalls kausal ist der Schaden einer Mutter, die zur Rettung ihres Kindes eine Niere spendet, weil die einzige Niere des Kindes aufgrund eines Arztfehlers entfernt wurde.[213]

Unterläuft einem vorbehandelnden Arzt beim Ersteingriff ein Behandlungsfehler, kann eine Einstandspflicht auch für die Folgen eines Zweiteingriffs durch einen nachbehandelnden Arzt gegeben sein, wenn die zweite Behandlung infolge des Behandlungsfehlers erforderlich wird.[214]

bei mittelb. Schädigung Haftung nicht in allen Fällen billig

Bei der mittelbaren Schädigung ist der durch die Handlung äquivalent und adäquat kausal verursachte Verletzungserfolg erst nach einigen Zwischenursachen, eben mittelbar, eingetreten. Aufgrund der Entfernung von schädigender Handlung und Verletzungserfolg erscheint eine Zurechnung i.R.d. Schutzzwecks der Norm nicht in allen Fällen billig. 74

Wird der Verletzungserfolg nur mittelbar durch eine (fahrlässig) schädigende Handlung verursacht, so findet daher eine Zurechnung nur statt, wenn der Handelnde die in einem Schutzgesetz aufgestellte Verhaltenspflicht oder die allgemeine Verkehrssicherungspflicht objektiv verletzt hat.[215]

Bspe.: Wasserschaden am Mobiliar eines Mieters aufgrund Planungsfehlers eines Architekten; Haftung eines Drogisten wegen Verkaufs eines Pflanzenschutzmittels an einen Minderjährigen, der sich durch selbstgebastelten Sprengkörper verletzt;[216] *Sturz des Geschädigten über ein Warndreieck nach der Unfallaufnahme.*[217]

Zum Abschluss soll folgende prüfungsrelevante Entscheidung des BGH[218] die Problematik noch einmal verdeutlichen:

Bsp.: B und E leben getrennt. E ging zwischenzeitlich eine neue Beziehung mit G ein, den B jedoch nicht kannte. Eines Abends hielt sich E mit L, dem Bruder des G, in der Wohnung des G auf. B, der mittlerweile von der Beziehung erfahren hatte, kam zur Wohnung des G und begehrte lautstark Einlass, da er seine Frau sprechen wollte. Nachdem niemand öffnete, trat B sowohl die Wohnungstür, als auch die Tür zum Wohnzimmer ein, in dem sich L und E aufhielten. In diesem Moment riss L das Fenster auf und sprang aus dem Fenster ca. zehn Meter in die Tiefe. Anspruch des L gegen B auf Ersatz der Heilbehandlungskosten?

Problematisch ist i.R.d. § 823 I BGB der haftungsbegründende Tatbestand. Die Verletzungen des L müssten auf einer Handlung des B beruhen bzw. diesem zurechenbar sein.

Äquivalenz (+)

Ein Kausalzusammenhang i.S.d. Äquivalenztheorie besteht. Ohne das Eintreten der Tür wäre L nicht aus dem Fenster gesprungen und hätte sich demnach keine Verletzungen zugezogen.

Adäquanz (+), da keine unwahrscheinlichen Umstände

Die Adäquanztheorie fragt einschränkend danach, ob die Verletzungshandlung ganz allgemein und nicht nur unter unwahrscheinlichen Umständen geeignet ist, den Verletzungserfolg herbeizuführen. Außerhalb der Wahrscheinlichkeit liegende Umstände sollen aus der deliktischen Verantwortlichkeit herausgefiltert werden.[219] Der BGH bejahte im vorliegenden Fall die Verantwortlichkeit:

213 Palandt, Vorb v § 249 BGB, Rn. 42; BGHZ 101, 215 zum Organspendefall.

214 BGH, **Life&Law 2012, 547 ff.** = **juris**byhemmer.

215 BGH, NJW 1973, 615 (616); Larenz II, § 72 I c; Larenz I, § 27 III b; von Bar, JuS 1988, 169 (170) = **juris**byhemmer.

216 BGH, NJW 1973, 615. = **juris**byhemmer.

217 Vgl. Palandt, Vorb v § 249 BGB, Rn. 52 mit weiteren Beispielen.

218 BGH, **Life&Law 2002, 663 ff.**

219 BGHZ 137, 11 (19).

Das Eintreten der Wohnzimmertür war geeignet, Personen, die sich im Wohnzimmer aufhielten, im Allgemeinen und nicht nur unter besonders eigenartigen Umständen zu verängstigen und zum Sprung aus dem Fenster zu veranlassen.

Ob in dem Zeitpunkt des Sprunges bereits ein Angriff auf die Gesundheit des L unmittelbar bevorgestanden hatte, ist nicht relevant. Das vorausgegangene Verhalten des B hat Anlass zu der Befürchtung gegeben, ein Angriff stehe unmittelbar bevor. Dies insbesondere deshalb, da B, der G nicht kannte, L selbst für den neuen Partner der E halten konnte.

Pr.: Zurechnung (Schutzzweck der Norm)

Allerdings könnte der deliktischen Verantwortlichkeit des B entgegenstehen, dass die Verletzungen auf einem eigenen Willensentschluss des L beruhen und er diese damit selbst mit herbeigeführt hat.

Gleichwohl scheidet eine Zurechnung an denjenigen, der die Kausalkette in Gang gesetzt hat, dann nicht aus, wenn für die Handlung des Geschädigten ein rechtfertigender Anlass bestand oder die Handlung durch den Schädiger herausgefordert wurde.

Das Verhalten des Schädigers erhöht in diesen Fällen das Risiko des Verletzungseintritts, wenn der Willensentschluss des Geschädigten zumindest im Ansatz auf einer billigenswerten Motivation beruht.

Im vorliegenden Fall handelt es sich nicht um eine sog. Verfolgervariante (dazu ausführlich oben). Die eben genannten Grundsätze gelten jedoch im Rahmen einer wertenden Betrachtung ganz allgemein. Der BGH bejaht das Vorliegen dieser Grundsätze im vorliegenden Fall.

B hat mit seinem Verhalten in vorwerfbarer Weise eine gesteigerte Gefahrenlage für L geschaffen. L musste und durfte davon ausgehen, dass B ihn körperlich angreifen würde. Der Sprung aus dem Fenster erfolgte vor diesem Hintergrund, weil L einem solchen Angriff von vorneherein entgehen wollte. Diese Reaktion war verständlich und billigenswert und stellt daher eine zurechenbare Folge des Verhaltens des B dar.

hemmer-Methode: Der BGH hat im Folgenden noch diskutiert, ob B auch schuldhaft gehandelt hat. Dieser hatte sich darauf berufen, die für die Bejahung der Fahrlässigkeit erforderliche Vorhersehbarkeit habe gefehlt. Er (der B) habe nicht damit rechnen müssen, gerade bei L, den er nicht kannte und von dessen Anwesenheit in der Wohnung er nichts gewusst habe, eine solche Reaktion auszulösen. Der BGH tritt dieser Argumentation überzeugend entgegen: Es kommt nicht darauf an, dass der Schädiger die Verletzung einer bestimmten Person in Betracht ziehen musste. Eine Verwechslung des Tatopfers ist unbeachtlich. Ausreichend für den Fahrlässigkeitsvorwurf ist daher allein, dass bei dem Vorgehen des B für diesen vorhersehbar eine Person zu Schaden kommen konnte.
Die Entscheidung bringt im Ergebnis nichts Neues. Sie ist aber ein gutes Beispiel dafür, wie wichtig es ist, die Wertungsgrundsätze der Zurechnung zu beherrschen. Dann nämlich ist eine Anwendung auf den atypischen (= examenstypischen) Fall mit guter Argumentation möglich. Lernen Sie daher die Entscheidung nicht auswendig, sondern versuchen Sie, die zugrundeliegenden Wertungen nachzuvollziehen und zu verstehen.

2. Schockschaden

Schockschäden i.d.R. allgem. Lebensrisiko

Ein „Schockschaden“, den ein **Dritter** durch Tod oder Verletzung eines anderen erleidet, ist grundsätzlich dem allgemeinen Lebensrisiko zuzuordnen und somit nach der Lehre vom Schutzzweck der Norm nicht zurechenbar.[220] 75

220 Palandt, Vorb v § 249 BGB, Rn. 40.

Die äquivalente und adäquate Kausalität hingegen liegt vor. Aber hier wird der Verletzungserfolg nur mittelbar durch den Schädiger verursacht und führt damit grundsätzlich nicht zu einer Haftung. Ausnahmsweise besteht in diesem Fall jedoch nach dem Schutzzweck der Norm ein kausaler Verletzungserfolg, wenn nachfolgende Voraussetzungen gegeben sind:[221]

Ausnahme: Schock ist Körperverletzung

Der Schock muss eine Körperverletzung i.S.d. § 823 I BGB darstellen. Dazu muss die Gesundheitsbeschädigung nach Art und Schwere deutlich über das hinausgehen, was Nahestehende als mittelbar Betroffene in derartigen Fällen erfahrungsgemäß als Beeinträchtigungen erleiden.[222]

Dies ist regelmäßig der Fall, wenn eine ärztliche Behandlung erforderlich wird.

hemmer-Methode: Diese Frage gehört also systematisch zur Rechtsgutverletzung, nicht zur Zurechenbarkeit. Die Anforderungen an die Ersatzpflicht sind also hoch. Dies hat der Gesetzgeber zum Anlass genommen, § 844 BGB um einen Absatz 3 zu erweitern, durch welchen ein Anspruch auf eine angemessene Entschädigung für das im Zusammenhang mit dem Tod erlittene seelische Leid zugunsten der Hinterbliebenen geschaffen wird. Gleiches findet sich in § 10 III StVG, § 7 III ProdHaftG.[223]

nahe Angehörige

⇨ Der Anspruch steht nur nahen Angehörigen zu. Darunter fallen auch Verlobte oder Partner einer nichtehelichen Lebensgemeinschaft. Ebenfalls geschützt ist der nasciturus im Falle einer durch den Schock ausgelösten Frühgeburt. Nicht als „naher Angehöriger" gehört ein Tier desjenigen, der den Schock erlitten hat.

verständlicher Anlass

⇨ Der Schock muss im Hinblick auf seinen Anlass verständlich sein. Bei Tod oder schwerer Verletzung eines nahen Angehörigen braucht dabei der Schock nicht durch Beobachtung des schädigenden Ereignisses ausgelöst worden sein. Es genügt bereits die Mitteilung des Todes oder der Verletzung. Nicht ausreichend ist jedoch ein Schock durch die Nachricht von einem unbedeutenden Sachschaden dem Tod eines Hundes oder durch polizeiliche Ermittlungen aufgrund einer falschen Verdächtigung.

dann erst gesteigertes Lebensrisiko gegeben

Unter diesen Voraussetzungen besteht aufgrund der engen persönlichen Bindung ein gesteigertes Lebensrisiko, das vom Schutzzweck der Norm erfasst wird. Sinn und Zweck des § 823 I BGB ist es dann, in diesem Fall auch den Schock als Gesundheitsbeeinträchtigung dem Schutz des § 823 I BGB zu unterstellen.

Bsp.: *Zeuge Z sieht, wie das Kind K vom Autofahrer S an einem Fußgängerüberweg schuldhaft überfahren wird und erleidet dabei einen behandlungsbedürftigen Schock.*

Auch die Mutter G erleidet bei der Nachricht vom Tod ihres Kindes einen schweren Schock, der eine ärztliche Behandlung erforderlich macht.

Z und G verlangen von S den Ersatz der Heilungskosten.

Hier ist der von S verursachte Unfall äquivalent und adäquat kausal für die Gesundheitsverletzungen bei Z und G. Fraglich ist nur die Zurechnung i.R.d. Schutzzwecks der Norm. Zwar liegt bei Z ein Schock vor, der eine ärztliche Behandlung erfordert, jedoch ist Z kein naher Angehöriger von K.

221 Dazu im einzelnen Palandt, Vorb v § 249 BGB, Rn. 40.

222 Zur Konkretisierung der Anforderungen vgl. exemplarisch BGH, **Life&Law 2015, 325 ff.** = **juris**byhemmer. Hier stellt der BGH auch klar, dass ein Miterleben des Unfalls an der Unfallstelle keine notwendige Voraussetzung für den Ersatzanspruch darstellt.

223 Ausführlich zu den Neuerungen Tyroller, **Life&Law 2017, 644 ff.**

Im Gegensatz zur Mutter G fehlt es daher bei Z am Schutzzweck der Norm. Bzgl. der G ist der Schock durch die Todesnachricht auch verständlich, sodass ein Schadensersatzanspruch der Mutter aus § 823 I BGB besteht.[224]

hemmer-Methode: Der vorliegende Fall des Schockschadens darf nicht verwechselt werden mit dem Fall, in welchem ein Unfallbeteiligter selbst einen Schock erleidet.[225] Beim Unfallbeteiligten stellt sich primär die Frage, ob der Schock eine Gesundheitsbeschädigung darstellt; die Frage der Kausalität ist, da im Regelfall zu bejahen, nebensächlich.

Auch wenn durch eine (vor-)vertragliche Pflichtverletzung ein Schock verursacht wird, stellt sich das Zurechnungsproblem nicht. Der (potenzielle) Vertragspartner ist völlig unproblematisch auch vor dem Erleiden eines Schocks geschützt. Sofern dadurch materielle Schäden entstehen, werden diese über § 249 BGB ersetzt. Immaterielle Schäden werden hingegen auch hier nur unter den Voraussetzungen des § 253 II BGB ersetzt, also nur unter der zusätzlichen Voraussetzung der Körperverletzung. Für den Ersatz materieller Schäden muss also weder die Zurechnung vertieft, noch eine Gesundheitsbeeinträchtigung geprüft werden. Maßgeblich ist allein der durch die vertragliche Pflichtverletzung verursachte Schaden.

3. Schadensanlagen

grds. auch bei Schadensneigung

Eine Zurechnung i.R.d. Schutzzwecks der Norm besteht grundsätzlich auch dann, wenn der Verletzungserfolg bzw. der Schaden durch eine zum Schaden neigende Konstitution des Geschädigten ermöglicht oder wesentlich erhöht worden ist.[226] 76

Wer einen Kranken oder Geschwächten verletzt, kann nicht verlangen, so gestellt zu werden, als hätte er einen Gesunden verletzt.[227] Setzt sich ein Geschwächter/Kranker bewusst einer vermeidbaren Gefahr aus, kann jedoch die Haftung des Schädigers dem Umfang nach gemäß § 254 BGB beschränkt sein.[228]

Nach dem Schutzzweck der Norm ist jedoch ausnahmsweise eine andere Beurteilung geboten, wenn es sich um ganz ungewöhnliche, keinesfalls zu erwartende Kausalverläufe handelt.

> **Bsp.:** *Ersetzt werden müssen z.B. die erhöhten Heilungskosten bei Verletzung eines Bluters.[229] Ein völlig ungewöhnlicher Verlauf liegt dagegen vor, wenn ein Tritt auf den Fuß eine Oberschenkelamputation erforderlich macht.[230]*

Berücksichtigung aber i.R.d. Schmerzensgeldanspruches

Bei der Bemessung der Höhe des Schmerzensgeldes kann es nach Ansicht des BGH dagegen durchaus geboten sein, zu berücksichtigen, dass die zum Schaden führende Handlung des Schädigers nur eine bereits vorhandene Schadensbereitschaft in der Konstitution des Geschädigten ausgelöst hat und die Gesundheitsbeeinträchtigungen Auswirkungen dieser Schadensanfälligkeit sind, da der Verletzte nur Anspruch auf ein „angemessenes Schmerzensgeld" hat.[231]

224 Nach BGHZ 56, 163 = jurisbyhemmer.

225 Dazu schon oben Rn. 20 zum Rechtsgut Körper/Gesundheit.

226 BGH, NJW 1996, 2425 = jurisbyhemmer.

227 Palandt, Vorb v § 249 BGB, Rn. 35; BGHZ 20, 139.

228 Vgl. Palandt, Vorb v § 249 BGB, Rn. 37.

229 Palandt, Vorb v § 249 BGB, Rn. 35.

230 OLG Karlsruhe, VersR 66, 741 = jurisbyhemmer.

231 Vgl. BGH, NJW 1997, 455 = jurisbyhemmer.

hemmer-Methode: Unterscheiden Sie diese Fälle von den Anlagefällen, die unter Rn. 108 geschildert sind. Dort geht es darum, ob der (selbe) Schaden auch ohne die schädigende Handlung eingetreten wäre (sog. „sowieso-Schäden"). Hier bedarf es der Verletzungshandlung, jedoch fällt die Gesundheitsbeeinträchtigung besonders extrem aus, weil eine innewohnende (schlummernde) Schadensanlage besteht.

V. Kausalität bei Unterlassen

Unterlassen ⇨ hyp. Betrachtung notw.

Auch ein Unterlassen kann für den Verletzungserfolg kausal gewesen sein. Hierzu gelten prinzipiell die gleichen Grundsätze wie für die Kausalität des Handelns, also Äquivalenztheorie, Adäquanztheorie und Schutzzweck der Norm. Abgestellt wird dabei auf das unterlassene pflichtgemäße Handeln. 77

Zu fragen ist, ob - in einer hypothetischen Situation bei Hinzudenken des pflichtgemäßen Handelns - dieses Handeln den Eintritt des Verletzungserfolges verhindert hätte.

Da bei einer hypothetischen Betrachtung ein absolut sicheres Urteil nicht getroffen werden kann, ist auf die Wahrscheinlichkeit des Erfolgseintrittes abzustellen.

bloße Möglichkeit der Erfolgsverhinderung nicht ausr.

I.S.d. conditio sine qua non ist daher das Unterlassen kausal, wenn ein pflichtgemäßes Handeln den Eintritt des schädigenden Ereignisses mit an Sicherheit grenzender Wahrscheinlichkeit verhindert hätte.[232] 78

Nicht ausreichend ist die bloße Möglichkeit oder eine gewisse Wahrscheinlichkeit der Erfolgsverhinderung.[233]

Adäquanztheorie ⇨ typischerweise geeignete Bedingung?

Adäquat kausal ist das Unterlassen, wenn sich die Verletzung den Umständen nach so zugetragen hat, dass die Vornahme der pflichtgemäßen Handlung als adäquate, typischerweise geeignete Bedingung des Nichteintritts der Verletzung angenommen werden kann.[234]

hemmer-Methode: Zur Wiederholung: Merken Sie, warum das Unterlassen so viele Stolpersteine für die Examensarbeit bietet und damit so prüfungsrelevant ist?

Bearbeiten Sie die Fragen 25 - 29!

E) Rechtswidrigkeit

rechtswidrige Verletzung notwendig

§ 823 I BGB setzt eine „widerrechtliche" Verletzung eines der genannten Rechte bzw. Rechtsgüter voraus. Das Rechtswidrigkeitsurteil hat dabei die Aufgabe, über die Normwidrigkeit des schädigenden Verhaltens zu befinden.[235] Der Schadensersatzanspruch knüpft somit an den objektiven Unwertgehalt des schädigenden Verhaltens an. Dieser Unwertgehalt wird über die Ge- und Verbote der Rechtsordnung definiert. 79

232 BGHZ 34, 206 (215).

233 Vgl. BGHZ 34, 206 (215).

234 Vgl. Kupisch/Krüger, S. 40.

235 Vgl. Palandt, § 823 BGB, Rn. 23.

I. Theorienstreit zur Rechtswidrigkeit

Umstritten ist, ob die Rechtswidrigkeit auf die Verhaltensweise (Handlungsunrecht) oder auf den Erfolg (Erfolgsunrecht) zu beziehen ist.[236] Im Wesentlichen werden dazu drei Meinungen vertreten. 80

1. Lehre vom Erfolgsunrecht

h.M.: Lehre v. Erfolgsunrecht TB indiziert Rw.

Ebenso wie im Strafrecht geht das Gesetz in § 823 I BGB davon aus, dass jede Verletzung eines der genannten Rechte bzw. Rechtsgüter im Regelfall rechtswidrig ist. Dies liegt im Wesen der geschützten Rechte bzw. Rechtsgüter. 81

Ausgangspunkt der Rechtswidrigkeit ist bei dieser klassischen Lehre vom Erfolgsunrecht somit der Verletzungserfolg. Die herrschende Lehre vom Erfolgsunrecht[237] geht daher sowohl bei vorsätzlicher als auch bei fahrlässiger Begehung davon aus, dass der Verletzungserfolg die Rechtswidrigkeit indiziert. Die Rechtswidrigkeit fehlt nur ausnahmsweise, wenn ein Rechtfertigungsgrund vorliegt, wofür der Schädiger darlegungs- und beweispflichtig ist.[238]

anders bei Rahmenrechten

Nur bei den offenen Tatbeständen der Rahmenrechte (Recht am eingerichteten und ausgeübten Gewerbebetrieb, allgemeines Persönlichkeitsrecht) muss die Rechtswidrigkeit positiv festgestellt werden. Hier muss bereits das schadensursächliche Verhalten rechtswidrig sein.[239]

2. Lehre vom Handlungsunrecht

a.A.: Handlungsunrecht ⇨ Verstoß gg. Verhaltensmaßregel

Die in der Literatur[240] vertretene Lehre vom Handlungsunrecht knüpft ihr Rechtswidrigkeitsurteil dagegen an die zum Erfolg führende Handlung an. Eine Rechtsgutverletzung ist danach nur rechtswidrig, wenn der Handelnde gegen eine von der Rechtsordnung aufgestellte spezielle Verhaltensregel (Ge- oder Verbotsnorm) verstoßen oder - subsidiär - die zur Vermeidung des Schadenseintritts generell erforderliche Sorgfalt verletzt hat (Verkehrssicherungspflichten). Eine Handlung, die sich i.R.d. Gesetze hält, kann trotz Kausalität nicht rechtswidrig sein. 82

Streit nur bei Fahrlässigkeit bedeutsam

Praktische Auswirkungen zeigt diese Lehre nur im Bereich der fahrlässigen Begehung. Bei vorsätzlicher Begehung liegt auch hier automatisch ein Verstoß gegen die Gesetze vor, da die Rechtsordnung das vorsätzliche Herbeiführen von Verletzungen schlechthin missbilligt.[241] Nur bei einer fahrlässigen Begehung muss die Rechtswidrigkeit positiv festgestellt werden.

für h.M.:

- *keine Vermischung von Rw. u. Schuld*

Die Lehre vom Handlungsunrecht steht in Widerspruch zur Terminologie des § 823 I BGB. Dieser setzt nach seinem Wortlaut sowohl Rechtswidrigkeit als auch Verschulden voraus. Der klassische dreistufige Aufbau (Tatbestand, Rechtswidrigkeit, Verschulden) ist klarer. Die Lehre vom Handlungsunrecht verlagert innere Elemente des sozialadäquaten (verkehrsgerechten) Verhaltens auf die Ebene der Rechtswidrigkeit. Nach der Lehre vom Handlungsunrecht wird damit dem Grunde nach das Verschulden bereits in der Rechtswidrigkeit geprüft.[242]

236 Palandt, § 823 BGB, Rn. 24.

237 Palandt, § 823 BGB, Rn. 24.

238 Kupisch/Krüger, S. 33; BGHZ 24, 21 ff.

239 Vgl. Palandt, § 823 BGB, Rn. 25; sowie oben Rn. 48 ff.

240 Nipperdey, NJW 1957, 1777; Wiethölter, Der Rechtfertigungsgrund des verkehrsrichtigen Verhaltens, 1960; Palandt, § 823 BGB, Rn. 24; Kupisch/Krüger, S. 34.

241 Kupisch/Krüger, S. 34 m.w.N.

242 Vgl. Palandt, § 823 BGB, Rn. 24.

– *einheitlicher Begriff d. Rechtswidrigkeit im BGB*

Außerdem würde man bei konsequenter Anwendung der Lehre vom Handlungsunrecht bei Anspruchsgrundlagen, bei denen nur Rechtswidrigkeit erforderlich ist, wie z.B. bei Unterlassungs- und Beseitigungsklagen (§ 1004 BGB) und bei Haftung für den Verrichtungsgehilfen (dieser muss nur rechtswidrig handeln), Verschuldensmomente prüfen, obwohl dies nach dem Wortlaut nicht gewollt ist.

3. Differenzierende Lehre nach Art der Verletzung

a.A.: Lehre v. d. Eingriffsqualität

Die von Larenz[243] begründete Lehre von der Eingriffsqualität differenziert nach der Art der Verursachung der Verletzung, nämlich zwischen unmittelbarer und mittelbarer Verursachung. 83

bei unmittelb. Verletzung ⇨ TB indiziert Rw.

Bei unmittelbaren Verletzungen begründet die verletzte Norm als gesetzlich normierter Schutz für das verletzte Rechtsgut das Unrecht. Die Rechtswidrigkeit ist daher - wie bei der Lehre vom Erfolgsunrecht - indiziert, unabhängig davon, ob die Verletzung vorsätzlich oder fahrlässig erfolgte. Unmittelbar ist jede Verletzung, die gewollt ist oder i.R.d. Handlungsablaufes selbst erfolgt.

bei mittelbarer Verletzung ⇨ Feststellg. d. Rw. notw.

Mittelbar ist eine Verletzung, die außerhalb des Handlungsverlaufes liegt und nur eine durch Zwischenursachen vermittelte, entfernte Folge der eigentlichen Verletzungshandlung darstellt. Auch hier ist die Rechtswidrigkeit bei vorsätzlichem Handeln indiziert, da die Rechtsordnung eine vorsätzliche Verletzung in jedem Fall missbilligt.

Bei fahrlässiger Begehung ist dagegen - wie bei der Lehre vom Handlungsunrecht - eine positive Feststellung der Rechtswidrigkeit durch Verstoß gegen eine Ge- oder Verbotsnorm erforderlich.

4. Rechtsprechung

Rspr. folgt grds. d. Lehre vom Erfolgsunrecht

Die Rechtsprechung[244] folgt grundsätzlich der Lehre vom Erfolgsunrecht. In einigen Fällen der mittelbaren Verletzungshandlung, wie z.B. in den Verfolgerfällen bzw. i.R.d. Produzentenhaftung, wurden jedoch auch von der Rechtsprechung ohne Erwähnung der Lehre vom Handlungsunrecht eine objektive Pflichtverletzung bzw. besondere Umstände verlangt, um die Rechtswidrigkeit zu indizieren.[245] 84

Z.T. wird vom Schrifttum[246] die Entscheidung über das verkehrsrichtige Verhalten im Straßenverkehr[247] als Annäherung an die Lehre vom Handlungsunrecht gewertet. Dann fehlt es bei verkehrsrichtigem Verhalten an der Rechtswidrigkeit. Für die Hinwendung der Rechtsprechung zum Handlungsunrecht besteht aber kein Bedürfnis, denn bei verkehrsrichtigem Verhalten fehlt es jedenfalls an dem von § 823 I BGB geforderten Verschulden, sodass auch die Lehre vom Erfolgsunrecht in diesen Fällen zu keinem anderen Ergebnis gelangt.[248]

hemmer-Methode: „Probleme schaffen, nicht wegschaffen!" Im Regelfall wird der Streit in der Klausur nicht entscheidend sein. Stellen Sie ihn aber trotzdem kurz dar! Führen Sie eine Scheindiskussion und entscheiden Sie sich wertkonservativ für die Lehre vom Erfolgsunrecht! Im Ergebnis greift folgende einfache Formulierung: „Die Rechtswidrigkeit wird nach der Lehre vom Erfolgsunrecht indiziert. Rechtfertigungsgründe greifen nicht ein". 85

243 Larenz II, § 72 I c; von Bar, JuS 1988, 169 ff.

244 BGHZ 24, 21 ff.; BGHZ 79, 9; Palandt, § 823 BGB, Rn. 24.

245 OLG Köln, OLGZ 1987, 363 ff.

246 Medicus, BR, Rn. 606.

247 Vgl. Rn. 88.

248 Zu dieser Problematik auch Rn. 88.

Aus diesem Regel-Ausnahme-Prinzip ergibt sich auch die zugrunde liegende Darlegungs- und Beweislastverteilung. Wenn ausnahmsweise ein Rechtfertigungsgrund eingreift, trägt der Schädiger die Beweislast für dessen Vorliegen auch dann, wenn die Beweislastverteilung im Vertragsrecht anders geregelt ist.[249] Im entsprechenden BGH-Fall wurde ein Gärtner mit dem Schreddern von Pflanzen beauftragt. Im Nachgang entstand Streit über den Umfang des Auftrags.
Bestimmte Pflanzen hätten nach Ansicht des Auftraggebers nicht geschreddert werden sollen. Für diese verlangte er Schadensersatz. Der Inhalt des mündlichen Vertrages war zwischen den Parteien streitig. Ein vertraglicher Anspruch scheiterte in dieser Konsequenz, weil der Auftraggeber dem Auftragnehmer keine Pflichtverletzung nachweisen konnte. Bei dem Anspruch aus § 823 I BGB hätte aber der Auftragnehmer beweisen können müssen, dass die Zerstörung der Pflanzen nicht rechtswidrig war. Das konnte er nicht und wurde dementsprechend verurteilt, weil die Rechtswidrigkeit indiziert wird.

5. Rechtswidrigkeit bei Unterlassen

Rw. bei Unterlassen ⇨ Rechtspflicht z. Handeln missachtet?

Die Verletzung eines geschützten Rechts bzw. Rechtsgutes durch Unterlassen ist nur dann rechtswidrig, wenn der Schädiger gegen eine Rechtspflicht zum Handeln verstoßen hat.[250] 86

Zur Rechtspflicht zum Handeln gelten die Ausführungen zur Garantenstellung.[251] Besondere Bedeutung gewinnen hier erneut die Verkehrssicherungspflichten.

II. Rechtfertigungsgründe

1. Übersicht über die Rechtfertigungsgründe

anerkannte Rechtfertigungsgründe

Nach allen vertretenen Ansichten zur Rechtswidrigkeit scheidet dieselbe aus, wenn ein anerkannter Rechtfertigungsgrund eingreift. 87

Als Rechtfertigungsgründe allgemein anerkannt sind:[252]

- ⇨ § 227 I BGB, Notwehr
- ⇨ § 228 BGB, Verteidigungsnotstand
- ⇨ §§ 683, 677 BGB, berechtigte GoA
- ⇨ § 904 BGB, Angriffsnotstand
- ⇨ § 229 BGB, Selbsthilferecht
- ⇨ § 193 StGB, Wahrnehmung berechtigter Interessen
- ⇨ übergesetzlicher Notstand, Schutz des höherwertigen Rechts bei Konflikt mehrerer Rechtsgüter
- ⇨ § 906 BGB, erlaubte Emission (analog bei Verletzung beweglichen Eigentums[253])
- ⇨ Eingriffsermächtigung aus Gesetz bzw. Gewohnheitsrecht: z.B. elterliches Züchtigungsrecht, § 127 StPO Festnahme, polizeilicher Waffengebrauch, Befugnisse des Gerichtsvollziehers (ZPO)

---

249 Vgl. BGH in **Life&Law 2005, 162 ff.**

250 Vgl. Palandt, § 823 BGB, Rn. 26; Kupisch/Krüger, S. 40 ff.

251 Oben Rn. 62 f.

252 Auch Palandt, § 823 BGB, Rn. 28 - 35.

253 BGHZ 92, 148 f; Marburger/Herrmann, JuS 1986, 354 ff. = **juris**byhemmer.

- ⇨ verkehrsrichtiges Verhalten[254]
- ⇨ Einwilligung bei disponiblen Rechtsgütern
- ⇨ mutmaßliche Einwilligung

2. Einzelfragen

a) Verkehrsrichtiges Verhalten

verkehrsrichtiges Verhalten nach Rspr. rechtfertigend

Verhält sich jemand im Straßenverkehr den Anforderungen der StVO entsprechend, kommt eine Haftung nicht in Betracht. Z.T. wird angenommen, dass „jedenfalls" ein Verschuldensvorwurf fehle.[255] 88

Der BGH behandelt das verkehrsrichtige Verhalten als Rechtfertigungsgrund, da er dem Schädiger die Beweislast für die Verkehrsrichtigkeit aufbürdet.[256] Die Rechtswidrigkeit wird also indiziert, der Schädiger muss sich entlasten.

***Bsp.:** Nachdem sich der Schaffner überzeugt hatte, dass niemand mehr einsteigen wollte, und er das Klingelzeichen gegeben hatte, fuhr der Straßenbahnfahrer S an. In diesem Augenblick entschloss sich G mitzufahren und sprang auf die anfahrende Bahn auf. Dabei rutschte er ab und wurde schwer verletzt.*

Hier lehnte der BGH[257] eine Haftung des Straßenbahnfahrers ab, da dieser aufgrund seines verkehrsrichtigen Verhaltens **gerechtfertigt** war. S hatte alles objektiv Erforderliche getan, um einen Unfall zu vermeiden. Die Reaktion des G war nicht vorhersehbar.

b) Einwilligung des Verletzten / ärztlicher Heileingriff

Einwilligung nur bei disponiblen RGütern

Die Einwilligung des Verletzten schließt die Rechtswidrigkeit aus, wenn sie nicht gegen ein gesetzliches Verbot oder die guten Sitten verstößt.[258] Es gelten hier dieselben Grundsätze wie im Strafrecht. Eine Einwilligung in die Verletzung ist danach nur bei disponiblen Rechtsgütern/Rechten möglich, d.h. es darf kein Verstoß gegen ein gesetzliches Einwilligungsverbot oder die guten Sitten vorliegen (z.B. keine Einwilligung in die Tötung aus dem Rechtsgedanken des § 216 StGB). 89

Für die Einwilligung genügt die Einsichts- und Urteilsfähigkeit, sodass auch ein Minderjähriger wirksam einwilligen kann. Die Geschäftsfähigkeit ist nicht erforderlich.

hemmer-Methode: Daher kann ein Minderjähriger unter bestimmten Voraussetzungen auch ein Veto gegen die Einwilligung der gesetzlichen Vertreter einlegen, wenn er über eine ausreichende Urteilsfähigkeit verfügt.[259]

Die Einwilligung muss darüber hinaus freiwillig erfolgen. Möglich ist auch eine mutmaßliche Einwilligung, sofern die Einwilligung z.B. wegen Bewusstlosigkeit des Rechtsgutinhabers nicht einholbar und sonstige Einwilligungsberechtigte, z.B. Verwandte, nicht greifbar sind.

---

254 Vgl. Rn. 88.

255 Vgl. Medicus, BR, Rn. 606.

256 Vgl. BGHZ 24, 21.

257 Beispiel nach BGHZ 24, 21 = **juris**byhemmer.

258 Palandt, § 823 BGB, Rn. 38.

259 BGH, NJW 2007, 217 ff. = **juris**byhemmer.

bei ärztl. Heileingriff umfassende Aufklärung notw.

Auch der ärztliche Heileingriff stellt eine Gesundheits- und Körperverletzung dar. Dieser Eingriff kann jedoch über eine Einwilligung gerechtfertigt sein, vgl. § 630d BGB. Erforderlich ist zusätzlich zu den bereits genannten Voraussetzungen eine umfassende Aufklärung seitens des Arztes über das Wesen, die Bedeutung und die Tragweite des ärztlichen Eingriffs, § 630e BGB.[260] Andernfalls ist die Einwilligung unwirksam, § 630d II BGB.

Der Inhalt und Umfang dieser Aufklärungspflicht ergibt sich aus dem Einzelfall.[261] Der Patient kann aber nur in die Risiken einwilligen, die er kennt.

Fehlt eine umfassende Aufklärung vor einer Operation, so führt eine Verletzung, die nicht von der Einwilligung umfasst wird, auch dann zu Ersatzansprüchen, wenn dem Arzt kein Behandlungsfehler nachzuweisen ist.[262] Die Aufklärung hat durch ein persönliches Gespräch zwischen Patient und Arzt zu erfolgen, vgl. § 630e II BGB. Ein sog. Einwilligungsformular kann dieses Gespräch nicht ersetzen, sondern allenfalls die Beweislast umkehren.

Ist der Patient bewusstlos, so behilft man sich mit der vermuteten Einwilligung. Diese stützte man ursprünglich auf § 683 BGB analog. Mittlerweile gibt es dazu die gesetzliche Regelung des § 630d I S. 4 BGB. Der medizinische Eingriff ist deshalb dann gerechtfertigt, wenn er im objektiv verstandenen Interesse liegt und subjektiv dem mutmaßlichen Willen des Patienten entspricht.[263]

c) Handeln auf eigene Gefahr

Handeln auf eigene Gefahr: Rechtfertigung (-); § 254 BGB

Der von der Rspr. und Lehre[264] entwickelte Tatbestand des Handelns auf eigene Gefahr ist erfüllt, wenn sich jemand bewusst in eine Situation drohender Eigengefährdung begibt. Umstritten war die Einordnung des Problems. Nach der früheren Rspr.[265] lag in dem Handeln auf eigene Gefahr eine konkludente Einwilligung in eine mögliche Schädigung. Die heute ganz h.M.[266] geht dagegen von einer schuldhaften Selbstgefährdung aus, die i.R.d. § 254 BGB als Mitverschulden zu berücksichtigen ist und im Extremfall zum Wegfall der Ersatzpflicht des Schädigers führen kann. *90*

Im Falle der Gefährdungshaftung kann das Handeln auf eigene Gefahr auch Haftungsausschlussgrund sein.[267] Der BGH hat diese Frage zuletzt im Falle der Tierhalterhaftung diskutiert.[268] Der Geschädigte saß als Beifahrer auf einer von zwei Pferden gezogenen Kutsche, welche in einer Kurve umstürzte. Die Vorinstanz ist von einem stillschweigenden Haftungsausschluss ausgegangen.

Der BGH ist dieser Ansicht entgegengetreten und hat mit den Grundsätzen des Handels auf eigene Gefahr wie folgt argumentiert. Eine vollständige Haftungsfreistellung komme nur dann in Betracht, wenn sich der Geschädigte bewusst einer besonderen Gefahr aussetzt, die über die normalerweise mit dem Reiten verbundenen Gefahren hinausgeht.[269]

260 Palandt, § 823 BGB, Rn. 151 ff.; BGH, NJW 1984, 1395; BGH, NJW 1987, 1481.

261 Dazu ausführlich Palandt, § 823 BGB, Rn. 155.

262 BGH, Life&Law 2017, 168 ff.

263 Siehe auch BGHZ 2, 163; BGHZ 34, 358 zur ursprünglichen Entwicklung des Instituts der hypothetischen Einwilligung.

264 Vgl. Deutsch, Rn. 180.

265 RGZ 141, 265; BGHZ 2, 162.

266 Vgl. Palandt, § 254 BGB, Rn. 32; BGHZ 34, 363; BGHZ 43, 77.

267 Vgl. Palandt, § 254 BGB, Rn. 32.

268 NJW-RR 2006, 813 ff.

269 Dazu auch BGH, NJW-RR 2006, 672 f. für die Teilnahme an einem „Rempeltanz“.

Das Bewusstsein der besonderen Gefährdung ist mithin stets Voraussetzung, um ein Handeln auf eigene Gefahr annehmen zu können. Ob dann eine Haftung komplett entfallen kann, ist abhängig von allen Umständen des Einzelfalls zu bestimmen.

Beispiele:

- *Mitfahrt mit Fahrer ohne Führerschein*
- *Mitfahrt mit alkoholisiertem Fahrer*
- *Mitfahrt in nicht zugelassenem Kfz*[270]

d) Sportverletzungen

bes. gefährliche Sportarten/Kampfsportarten: Einwilligung

Bei Sportverletzungen ist zu unterscheiden:[271] Wer an einer besonders gefährlichen Sportart, insbesondere an Kampfsportarten (Boxen, Ringen, Judo, etc.) teilnimmt, willigt in die bei Kämpfen dieser Art üblichen Verletzungen ein.[272] 91

Kampfspiele: § 242 BGB

Haftungsausschluss

Bei sog. Kampfspielen (Fußball, Handball, Eishockey, etc.) verneint der BGH dagegen eine konkludente Einwilligung und stellt stattdessen auf das aus § 242 BGB abgeleitete Verbot des venire contra factum proprium ab: Wer für eine Verletzung Schadensersatz verlangt, die trotz Einhaltung der sportlichen Regeln unvermeidbar war, verstößt demnach gegen Treu und Glauben.[273]

Dies gilt auch bei geringfügigen Regelverstößen, z.B. aus Spieleifer, technischer Überlegenheit oder Übermüdung.[274] Selbst wenn in diesen Fällen ein objektiver Regelverstoß vorliegt, wird ein Anspruch in der Regel am fehlenden Verschulden scheitern. Denn ein objektiver Regelverstoß indiziert nicht ohne weiteres ein schuldhaftes Verhalten.

Wenn allerdings die gebotene Härte und damit die Grenze zur Unfairness überschritten werden, besteht eine Haftung auf Schadensersatz.[275]

Diese Grundsätze gelten nach Ansicht des BGH auch für Sportveranstaltungen im Bereich des Motorsports, welche Wettkampfcharakter haben. Es ist allerdings zu berücksichtigen, dass ein Haftungsausschluss aufgrund widersprüchlichen Verhaltens dann nicht greift, wenn für den Schaden Versicherungsschutz besteht.[276]

hemmer-Methode: Betrachtet man diese Abgrenzung einmal praktisch, wird deutlich, dass es sich stets um Einzelfallentscheidungen handeln wird, bei denen insbesondere das Überschreiten der Grenze zur Unfairness bzw. das Verschulden schwierig zu beweisen sein wird.

anders, wenn Spiel unerlaubt

Diese Grundsätze gelten jedoch nicht, wenn das Spiel wegen seiner Gefährlichkeit als solches bereits unerlaubt war, z.B. Gotcha-Spiel ohne waffenrechtliche Erlaubnis. Schadensersatzansprüche sind hier auch bei Einhaltung der vereinbarten Regeln gegeben. In der Regel wird bei solchen Sportarten aber ein Mitverschulden des Verletzten gegeben sein.[277]

Bearbeiten Sie die Fragen 30 - 34!

270 Weitere Beispiele aus der Rspr. vgl. Palandt, § 254 BGB, Rn. 32 ff.

271 Vgl. zum Ganzen: Palandt, § 254 BGB, Rn. 33.

272 BGHZ 63, 140 = **juris**byhemmer.

273 BGHZ 63, 140 = **juris**byhemmer.

274 BGHZ 63, 140 = **juris**byhemmer.

275 Für die sog. Blutgrätsche vgl. OLG Hamm, NJW-RR 2005, 1477.

276 BGH, **Life&Law 2008, 376 ff.**; aber Achtung: Besteht eine Regressmöglichkeit der Versicherung gegen den Schädiger, kann dies wiederum anders sein! Vgl. dazu OLG Frankfurt, **Life&Law 2006, 443 ff.**

277 Vgl. BGH, NJW 1997, 949.

F) Verschulden

Verschulden bzgl. Verletzungshandlung

Neben der Rechtswidrigkeit des Verhaltens setzt § 823 I BGB auch ein Verschulden (persönliche Verantwortung des Schädigers) i.R.d. haftungsbegründenden Tatbestandes voraus. Das Verschulden muss sich auf die Verletzungshandlung beziehen, nicht auf den eingetretenen Schaden.[278] Das Verschulden bestimmt sich nach § 276 BGB. Danach ist das Verschulden zweistufig zu prüfen: 93

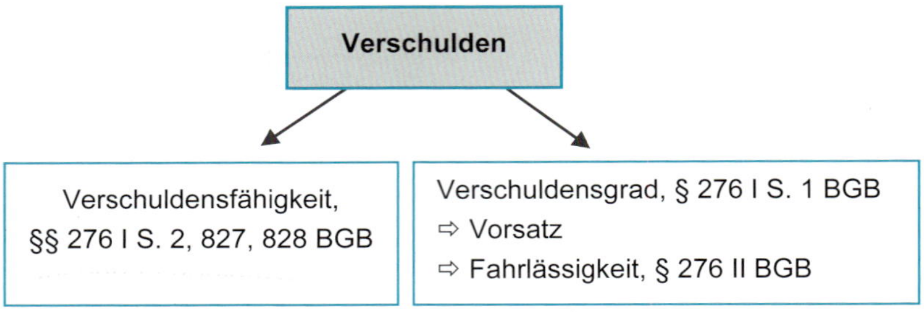

I. Verschuldensfähigkeit, §§ 276 I S. 2, 827, 828 BGB[279]

Verschuldensfähigkeit notw.

Ein Schuldvorwurf ist nur möglich, wenn der Betreffende auch verschuldensfähig ist.

Die Verschuldensfähigkeit richtet sich nach den §§ 827, 828 BGB, auf die § 276 I S. 2 BGB auch außerhalb der deliktischen Haftung verweist.

§ 828 BGB ist durch das am 01.08.2002 in Kraft getretene Gesetz zur Änderung schadensersatzrechtlicher Vorschriften sehr stark modifiziert worden.

Verschuldensunfähigkeit gem. §§ 828 I, 827 BGB

Verschuldensunfähig sind nach § 828 I BGB alle Personen, welche 94
das siebente Lebensjahr noch nicht vollendet haben. Nach § 827 S. 1 BGB sind ebenfalls alle Personen verschuldensunfähig, welche sich im Zeitpunkt der Tat im Zustand der Bewusstlosigkeit oder in einem die freie Willensbestimmung ausschließenden Zustand krankhafter Störung der Geistestätigkeit befunden haben.

Letzteres gilt nach § 827 S. 2 BGB allerdings nicht, wenn dieser Zustand durch den Schädiger selbst mittels „geistiger Getränke oder ähnlicher Mittel“ herbeigeführt worden ist. In diesem Fall ist dem Schädiger Fahrlässigkeit vorzuwerfen. Diese Verantwortlichkeit tritt jedoch nach § 827 S. 2 letzter HS BGB nicht ein, wenn der Schädiger ohne Verschulden in diesen Zustand geraten ist.

hemmer-Methode: § 827 S. 2 BGB ähnelt sehr stark der Figur der actio libera in causa (a.l.i.c.) im Strafrecht!

keine Verschuldensfähigkeit bis Vollendung des zehnten Lebensjahres im Straßenverkehr, § 828 II BGB

Verschuldensunfähig sind des Weiteren Personen, die zwar das siebte, aber noch nicht das zehnte Lebensjahr vollendet haben. Dies jedoch nur dann, wenn der Schaden bei einem Unfall mit einem Kraftfahrzeug, einer Schienenbahn oder einer Schwebebahn einem anderen zugefügt wurde, § 828 II S. 1 BGB.

---

278 Anders im Arbeitsrecht bei der Haftung des AN gegenüber dem AG. Im Rahmen des innerbetrieblichen Schadensausgleichs haftet der AN hier nur, wenn sich das Verschulden auch auf den eingetretenen Schaden bezieht, BAG, NJW 2003, 377 ff.; vgl. auch Rn. 101d.

279 Vgl. dazu auch Tyroller, **Life&Law 2006, 358 (364 f.)**.

Dies rechtfertigt sich dadurch, dass nach neuesten Erkenntnissen Kinder in diesem Alter aufgrund ihrer physischen und psychischen Fähigkeiten regelmäßig nicht in der Lage sind, die besonderen Gefahren des Straßenverkehrs zu erkennen und sich den erkannten Gefahren entsprechend zu verhalten.

Das Gesagte gilt jedoch nicht, wenn der Minderjährige vorsätzlich gehandelt hat, § 828 II S. 2 BGB. Dann richtet sich die Haftung nach der Einsichtsfähigkeit, § 828 III BGB.[280]

Die Privilegierung des § 828 II S. 1 BGB greift aber nur ein, wenn sich bei der gegebenen Fallkonstellation eine typische Überforderungssituation des Kindes durch die spezifischen Gefahren des motorisierten Verkehrs realisiert hat. Daher greift § 828 III BGB, wenn ein parkendes Fahrzeug von einem neunjährigen Kind beschädigt wird.[281]

Für das Nichteingreifen des § 828 II S. 1 BGB trägt der Geschädigte nach allgemeinen Grundsätzen die Beweispflicht, weil es eine für ihn günstige Tatsache darstellt.[282]

Ein Fall von § 828 II BGB ist – anders als im Beispiel zuvor – aber wiederum gegeben, wenn sich das Kfz im Straßenverkehr bewegt und in der Situation des Zusammenstoßes nicht in Bewegung ist. Im entsprechenden Fall hielt das Kfz an einer Kreuzung. Der Minderjährige kam aus einer Seitenstraße, kam von der Spur ab und fuhr in das Kfz. Hier hat der BGH § 828 II S. 1 BGB angewendet. Die Gefahrensituation verlange nicht nach einer konkreten Bewegung. Vielmehr haben Kinder auch Probleme damit, richtig einzuschätzen, ob bzw. wann sich ein Kfz wieder in Bewegung setze. Das gehöre zu den typischen Gefahren des Straßenverkehrs.[283]

hemmer-Methode: Mit der Privilegierung der Kinder gem. § 828 II S. 1 BGB geht keine Verschärfung der Aufsichtspflichten der Eltern einher. Deren Haftung wird daher nicht durch die Neuregelung verschärft.[284]

beschr. Verschuldensfähigkeit gem. § 828 III BGB

Nach § 828 III BGB sind beschränkt verschuldensfähig alle Personen, welche das achtzehnte Lebensjahr noch nicht vollendet haben, sofern sich nicht aus den Absätzen 1 und 2 etwas anderes ergibt. *95*

hemmer-Methode: Hauptgrund für die Änderung des § 828 II BGB war nicht etwa die Befürchtung, Kinder zwischen sieben und zehn Jahren würden allzu oft Unfälle verursachen (Haftungsbegründung) und dadurch mit unangemessenen Ansprüchen überzogen werden. Es ging dem Gesetzgeber vielmehr darum, i.R.d. Mitverschuldens (§ 9 StVG, § 254 BGB) eine Reduzierung der Verantwortlichkeit zu normieren. Einem z.B. Achtjährigen kann daher nicht mehr entgegengehalten werden, er sei z.T. für die Entstehung des Schadens mitverantwortlich. Komplettiert wird der Schutz über § 7 II StVG, der i.R.d. Gefährdungshaftung die Voraussetzungen für den Ausschluss der Haftung durch die Anknüpfung an höhere Gewalt weitestgehend unmöglich macht.
Die Neufassung beseitigt jedoch nicht alle Probleme im Zusammenhang mit der Haftung Minderjähriger. Zu beachten ist nämlich der eingeschränkte sachliche Anwendungsbereich. Das OLG Celle[285] hielt bereits die alte Fassung des § 828 BGB für verfassungswidrig, da das Grundgesetz eine unbeschränkte Haftung Minderjähriger nicht trage.

280 Ebenso ändert die Neufassung des § 828 II BGB nichts an der u.U. eingreifenden Billigkeitshaftung nach § 829 BGB.

281 Vgl. BGH, Urteil in **Life&Law 2005, 159 ff.**; so zuvor schon AG Sinsheim, NJW 2004, 453.

282 BGH, **Life&Law 2009, 809 ff.**

283 BGH, **Life&Law 2007, 594 ff.**

284 Heß, in NJW-Spezial 2005, S. 15 (16); OLG Oldenburg, ZGS 2004, 33 ff.

285 OLG Celle, JZ 1990, 294 ; dazu Canaris in JZ 1990, 679 = **juris**byhemmer.

Damals hat sich das BVerfG noch mit dem Argument aus der Affäre gezogen, § 828 BGB sei vorkonstitutionell und damit nicht überprüfbar.[286] Würde heute ein Fall vorgelegt, etwa die fahrlässige Brandstiftung eines einsichtsfähigen Siebzehnjährigen, so müsste sich das BVerfG in der Sache äußern, da der Gesetzgeber durch die Änderung der Vorschrift deutlich gemacht hat, dass er diese in seinen Willen aufgenommen hat. Hier scheint also das letzte Wort noch nicht gesprochen![287]

Nach § 828 III BGB scheidet eine Verantwortlichkeit aus, wenn der Betreffende bei der Begehung der schädigenden Handlung nicht die zur Erkenntnis der Verantwortlichkeit erforderliche Einsicht hatte. Die erforderliche Einsichtsfähigkeit umfasst die Erkenntnis eines Unwertgehaltes in der Handlung sowie das in irgendeiner Weise Einstehenmüssen für die sich daraus ergebenden Folgen.

Ausschlaggebend ist die intellektuelle Fähigkeit, nicht die individuelle Steuerungsfähigkeit in einer bestimmten Situation.[288] Abzustellen ist bzgl. der Einsichtsfähigkeit auf den Einzelfall.[289]

sonst jeder verschuldensfähig

Alle übrigen Personen sind uneingeschränkt verschuldensfähig.

hemmer-Methode: Die Bedeutung des § 828 III BGB geht weit über das Deliktsrecht hinaus. So ist im Bereicherungsrecht für die Anwendung des § 819 I BGB zu fragen, ob es analog § 166 I BGB auf die Kenntnis der Eltern oder nach § 828 III BGB auf die Einsichtsfähigkeit des Minderjährigen ankommt.[290]
Eine ähnliche Problematik besteht im Eigentümer-Besitzer-Verhältnis, wenn der Minderjährige auf Schadensersatz in Anspruch genommen wird: Hier wird i.R.d. §§ 989, 990 BGB zur Begründung der Bösgläubigkeit wegen der Deliktsähnlichkeit § 828 III BGB entsprechend herangezogen, wenn der Minderjährige sich den Besitz durch Eingriff verschafft hat.[291]

II. Grad des Verschuldens

Verschulden, § 276 I S. 1 BGB

§ 276 I S. 1 BGB unterscheidet nach dem Grad des Verschuldens zwischen Vorsatz und Fahrlässigkeit. § 276 III BGB lässt erkennen, dass der Vorsatz die stärkere Verschuldensform ist. 96

1. Vorsatz

Vorsatz

Der Vorsatz umfasst sowohl den direkten Vorsatz (dolus directus) als auch den bedingten Vorsatz (dolus eventualis). 97

e.A.: Schuldtheorie
⇨ Wissen u. Wollen d. Tat

Nach der (im Strafrecht herrschenden) Schuldtheorie ist der Vorsatz als Wissen und Wollen der Tat vom Schuldvorwurf zu trennen. Fehlt das rechtliche Unrechtsbewusstsein, kann der Vorsatz bestehen bleiben, obwohl der Schuldvorwurf entfällt.

h.M.: Vorsatztheorie
⇨ Wissen u. Wollen d. rw. Erfolges

Im Zivilrecht ganz herrschend ist jedoch die sog. Vorsatztheorie.[292] Danach ist Vorsatz das Wissen und Wollen des rechtswidrigen Erfolges. Zum Vorsatz zählt auch das Bewusstsein der Rechtswidrigkeit, sodass ein Irrtum über die tatsächlichen Umstände des Vorliegens eines Rechtfertigungsgrundes, aber auch ein Rechtsirrtum den Vorsatz ausschließt.[293]

---

286 BVerfG, NJW 1998, 3557 = **juris**byhemmer.

287 Gegen die Verfassungswidrigkeit könnte man anfügen, dass es nun mit dem Privatinsolvenzverfahren eine Möglichkeit bei (nicht auf vorsätzlichem Handeln basierende, § 302 Nr. 1 InsO) Schadensersatzforderungen gegen Minderjährige gibt, die Folgen der Inanspruchnahme abzumildern.

288 BGH, NJW 1984, 1958; Palandt, § 828 BGB, Rn. 6.

289 Palandt, § 828 BGB, Rn. 6.

290 Dazu **Hemmer/Wüst, Bereicherungsrecht, Rn. 509 ff.**

291 **Hemmer/Wüst, Sachenrecht I, Rn. 345 ff.**

292 Palandt, § 823 BGB, Rn. 41; § 276 BGB, Rn. 10; ; RGZ 72, 4; BGHZ 69, 128.

293 Palandt, § 276 BGB, Rn. 11; RGZ 72, 6.

2. Fahrlässigkeit

einfache Fahrlässigkeit
⇨ obj. Maßstab

Fahrlässig handelt nach § 276 II BGB, wer die im Verkehr erforderliche Sorgfalt außer Acht lässt. Dabei haftet der Schädiger grundsätzlich für jede Form der Fahrlässigkeit (leicht, mittel oder grob). 98

Abweichend vom Strafrecht gilt im Zivilrecht kein individueller, sondern ein auf die allgemeinen Verkehrsbedürfnisse ausgerichteter objektiver (typisierter) Sorgfaltsmaßstab.[294]

Fahrlässigkeit liegt danach vor, wenn der Schädiger diejenige Sorgfalt außer Acht gelassen hat, welche von einem Angehörigen seiner Personengruppe (z.B. Berufsgruppe) in der jeweiligen konkreten Situation erwartet wird.[295] Abzustellen ist also auf:

⇨ die typischen Kenntnisse und Fähigkeiten der Personengruppe, welcher der Schädiger angehört,

⇨ den objektiven Einfluss der konkreten Situation auf den Verletzten und

⇨ die subjektiven Kenntnisse und Fähigkeiten des Schädigers, sofern diese die typischen Kenntnisse/Fähigkeiten übersteigen.

hemmer-Methode: Erkennen Sie die examenstypischen Problemfelder! Im Verhältnis Kind-Eltern oder zwischen Ehegatten sind die §§ 1664, 1359 BGB zu beachten! Wegen § 277 BGB haften diese Personen einander regelmäßig nur für Vorsatz und grobe Fahrlässigkeit, wenn die Sorgfalt, die in eigenen Angelegenheiten anzuwenden gepflegt wird, beachtet wurde. Bei leichter Fahrlässigkeit kann also ein Haftungsausschluss vorliegen! Ist noch ein Dritter an der Schädigung beteiligt, so kann es im Innenverhältnis zum gestörten Gesamtschuldnerausgleich kommen. (Vergleichen Sie hierzu: Hemmer/Wüst, Schadensersatzrecht III, Rn. 267 ff.!) Wer dieses Problem nicht kennt, läuft Gefahr, an der Musterlösung vorbeizuschreiben.

VSP als Maßstab

I.R.d. objektiven Sorgfaltsmaßstabes spielen wiederum die Verkehrssicherungspflichten eine Rolle.[296] Sie können den objektiven Maßstab für die Fahrlässigkeitsschuld bilden. Es ist hier zu prüfen, aus welchen subjektiven Gründen die Verkehrssicherungspflichten als das objektiv Erforderliche nicht eingehalten wurden. 99

> ***Bsp.:** Der Hersteller hat seinen Betrieb so einzurichten, dass Konstruktions-, Fabrikations- und Instruktionsfehler weitestmöglich ausgeschaltet werden. Um daraus i.R.d. Produzentenhaftung einen effektiven deliktischen Schutz zu erreichen, muss für den Bereich der Konstruktions- und Fabrikationsfehler eine Beweislastumkehr zu Lasten des Herstellers gelten, da dem Verbraucher mangels Einblicks in den Produktionsablauf ein Verschuldensnachweis kaum gelingen könnte.*

hemmer-Methode: Lassen Sie sich nicht verwirren! Die Verkehrssicherungspflichten werden in der Rechtsprechung und der Literatur an verschiedenen Stellen diskutiert. Für die Klausur wird folgende Prüfungsreihenfolge vorgeschlagen: 100

1. **Liegt bei der Verletzungshandlung ein Unterlassen vor, muss man zur Begründung der Garantenstellung i.d.R. die VSPen heranziehen. Die VSPen begründen nämlich eine Pflicht zum Handeln.**
2. **Die Rechtswidrigkeit ergibt sich (nach h.M.) nicht erst aus dem Verstoß gegen eine VSP, sondern sie ist gemäß der Grundregel bei Erfüllung des objektiven Tatbestandes indiziert. Die VSPen müssen hier also grds. nicht erwähnt werden (Ausnahme: Unterlassen).**

---

294 Vgl. Palandt, § 276 BGB, Rn. 15; BGHZ 39, 283; Kupisch/Krüger, S. 45.

295 Vgl. BGH, NJW 1997, 2756; aufbereitet in **Life&Law 1998, 2 ff.** = **juris**byhemmer.

296 Vgl. hierzu oben Rn. 62c.

3. Die VSPen sind nochmals bei der Prüfung des Verschuldens heranzuziehen. Die VSPen bilden nämlich einen Maßstab für die anzuwendende Sorgfalt (§ 276 II BGB). Hat man die VSP bereits bei der Verletzungshandlung zur Begründung der Garantenstellung herangezogen, so kann im Wesentlichen nach oben verwiesen werden. Beim Verschulden muss aber zusätzlich noch geprüft werden, ob die Verletzung der VSP subjektiv vorwerfbar ist.

3. Billigkeitshaftung nach § 829 BGB

Billigkeitshaftung, § 829 BGB

In bestimmten Fällen kommt trotz fehlender Verantwortlichkeit nach §§ 823 - 826 BGB eine Haftung aus Billigkeitsgründen in Betracht, wenn folgende Voraussetzungen vorliegen: 101

⇨ Schädiger nicht schuldfähig, §§ 827, 828 BGB

⇨ Der Schädiger wäre aus §§ 823 - 826 BGB haftbar, jedoch entfällt eine Haftung mangels Verschuldensfähigkeit nach §§ 827, 828 BGB.

Nach der Rspr.[297] ist § 829 BGB entsprechend anzuwenden, wenn ein Jugendlicher über sieben Jahren nur aus altersgruppenbedingten Gründen nicht haftet, sofern er konkret die erforderliche Einsicht besitzt. Auch im Fall des § 827 S. 1 BGB, in dem begriffstechnisch keine Verletzungshandlung vorliegen kann, kommt u.U. eine Billigkeitshaftung nach § 829 BGB in Betracht.

***Bsp.:** Ein Autofahrer verursacht nach einem Herzanfall im Zustand der Bewusstlosigkeit einen Unfall. Eine Haftung nach § 823 BGB scheidet mangels Verschuldensfähigkeit nach § 827 S. 1 BGB aus. Hier kommt eine Billigkeitshaftung nach § 829 BGB ist Betracht.*

⇨ kein Aufsichtspflichtiger

⇨ Ein Ersatz des Schadens kann auch nicht von einem aufsichtspflichtigen Dritten - etwa nach § 832 BGB - verlangt werden.

⇨ Schadloshaltung d. Verletzten erforderlich

⇨ Die Billigkeit muss unter Berücksichtigung aller Umstände eine Schadloshaltung des Geschädigten erfordern, nicht nur erlauben.[298]

Dabei dürfen dem Schädiger aber nicht Mittel entzogen werden, deren er zum angemessenen Unterhalt sowie zur Erfüllung seiner gesetzlichen Unterhaltspflichten bedarf.

Zu berücksichtigen sind dabei alle Umstände, wie z.B. die wirtschaftliche Lage oder die Verhältnisse der Beteiligten. Nach der Rspr.[299] kann das Bestehen einer Pflichtversicherung oder einer Berufshaftpflichtversicherung einen Billigkeitsanspruch begründen, nicht aber eine private Haftpflichtversicherung.

Daran ändert sich auch nach der Neufassung des § 828 BGB nichts.[300] Die daraus resultierende Besserstellung von Kindern darf nicht dadurch wieder ausgehebelt werden, dass der Anwendungsbereich des § 829 BGB erweitert wird, nur weil eine private Haftpflichtversicherung besteht.

Die h.L.[301] will dagegen bei Bestehen einer Haftpflichtversicherung generell eine Billigkeitshaftung annehmen.

---

297 BGHZ 39, 281 = **juris**byhemmer.

298 Palandt, § 829 BGB, Rn. 4; BGH, NJW 1969, 1762.

299 Vgl. BGHZ 76, 279; bestätigt durch BGH, Life&Law 2017, 309 ff. = **juris**byhemmer.

300 Unter Berufung auf die BGH-Rechtsprechung: LG Heilbronn, NJW 2004, 2391.

301 Vgl. Böhmer, MDR 1963, 22.

hemmer-Methode: Besteht keine zivilrechtliche Verantwortlichkeit des Schädigers, kann auch die akzessorisch haftende Versicherung nicht in Anspruch genommen werden. Wenn die Haftung aus § 829 BGB bejaht wird, steht dahinter also oft die Wertung, dem Geschädigten einen Zugriff auf die solvente Versicherung zu ermöglichen.

4. Gemilderter Verschuldensmaßstab

hemmer-Methode: Lesen Sie zu den vertraglichen und gesetzlichen Haftungsbeschränkungen auch Hemmer/Wüst, Schadensersatzrecht III, Rn. 10 ff.!

a) Vertragliche Haftungsbeschränkung

aus Vertrag

Eine Haftungsbeschränkung aus Vertrag kann sich auch auf §§ 823 ff. BGB erstrecken, wenn andernfalls der Sinn und Zweck der Haftungsmilderung leer laufen würde. Der Schuldmaßstab bei unerlaubten Handlungen darf in den Grenzen des § 276 III BGB vertraglich eingeschränkt werden. Ein solcher Enthaftungsvertrag kann ausdrücklich oder konkludent geschlossen werden.[302] 101a

Dies erfolgt in der Regel durch Freizeichnung, welche dann auch eine unerlaubte Handlung umfassen muss, die gleichzeitig eine Vertragsverletzung darstellt.

Grenzen dieser vertraglicher Freizeichnung können sich aus §§ 309, 307 I, II BGB[303] und § 138 BGB ergeben.

b) Gesetzliche Haftungsbeschränkung

aus Gesetz

Haftungsbeschränkungen können sich auch aus Gesetz ergeben: 101b

BGB-Gesellschaft

⇨ So haftet z.B. der Gesellschafter bei der Erfüllung der ihm obliegenden Verpflichtung nur für diejenige Sorgfalt, die er in eigenen Angelegenheiten anzuwenden pflegt, §§ 708, 277 BGB.

Wichtigste vertragliche Anspruchsgrundlage bei einer Schlechtleistung eines Gesellschafters ist § 280 I BGB, da gesetzliche Gewährleistungsbestimmungen bei der BGB-Gesellschaft fehlen.

I.R.d. § 280 I BGB wird dann der Haftungsmaßstab gem. § 708 BGB gemildert. Der Grundsatz der Normenangleichung gilt auch für die unerlaubte Handlung.

Eheleute

⇨ Bei Eheleuten gilt § 1359 BGB auch i.R.d. unerlaubten Handlung.

Eltern

⇨ Bei Eltern im Verhältnis zu ihren Kindern gilt § 1664 BGB.

Vorerbe

⇨ **Beachten Sie** auch § 2131 BGB im Verhältnis Vorerbe zum Nacherben (vgl. aber §§ 2136, 2137 BGB).

nicht im Straßenverkehr

Achtung: Nach Ansicht der Rspr. gelten die Haftungsbeschränkungen auf diese sog. „diligentia quam in suis“ allerdings nicht im Straßenverkehr, dort sei kein Raum für „individuelle Sorglosigkeit“ (str.). Begründung:

302 Vgl. auch OLG Frankfurt zum stillschweigenden Haftungsverzicht bei Gefälligkeitsvertrag in **Life&Law 1998, 573 ff.**

303 Palandt, § 309 BGB, Rn. 40 ff.

Fehlverhalten im Straßenverkehr betreffe typischerweise auch andere, daher gebe es dort keine „eigenen Angelegenheiten“. Nach Medicus[304] ist aber eine zivilrechtliche Beschränkung der Haftung im Verhältnis zu bestimmten Personen sehr wohl mit der durch das Verkehrsstrafrecht sanktionierten Pflicht zur Anwendung aller Sorgfalt vereinbar.

hemmer-Methode: Immer wenn ein Gemeinschaftsverhältnis in Betracht kommt, ist daran zu denken, dass wegen der persönlichen Verbundenheit und ständigen Nähe keine uneingeschränkte Haftung besteht. Letztlich will der Gesetzgeber nicht den „Krieg“. Außerdem: Wer sich für eine so enge Gemeinschaft entscheidet, muss auch die „Schwächen“ des anderen in bestimmten Grenzen hinnehmen. Deshalb: „Drum prüfe, wer sich ewig bindet“!
Für die Frage der Anwendbarkeit der Haftungsmilderung im Straßenverkehr gilt: Gehen Sie damit flexibel um. Für die Ansicht von Medicus spricht, dass man anderenfalls jeden Haftungsverzicht, auch den vereinbarten, im Straßenverkehr für unwirksam halten müsste. Ist neben dem möglicherweise privilegiert haftenden Schädiger noch ein Zweitschädiger vorhanden, so führt nur die Ansicht von Medicus zur Folgeproblematik des „gestörten Gesamtschuldnerausgleichs“. Wiederum gilt: „Probleme schaffen, nicht wegschaffen!“
Erkennen Sie in diesen Fällen die examenstypischen Problemfelder! So müssen Sie im Verhältnis Kind-Eltern oder zwischen Ehegatten die §§ 1664, 1359 BGB beachten! Wegen § 277 BGB haften diese Personen einander regelmäßig nur für Vorsatz und grobe Fahrlässigkeit. Bei leichter Fahrlässigkeit kann also ein Haftungsausschluss vorliegen!
Merken Sie sich: Nur leichte Fahrlässigkeit führt zur Regressbehinderung und damit zum Folgeproblem. Im Zweifel also klausurtaktisch denken und grobe Fahrlässigkeit ablehnen!

„Uneigennützigkeit“

Achten Sie auch auf Haftungsmilderungen bei uneigennütziger Tätigkeit, vgl. §§ 521, 599, 968, 680, 690 BGB. Wiederum gilt der Grundsatz der Normenangleichung. Der Haftungsmaßstab des Vertragsverhältnisses gilt auch für die unerlaubte Handlung.

Grund: Der selbstlos Handelnde darf nicht über das Deliktsrecht entgegen der gesetzlichen Wertung bestraft werden. Die Haftungsmilderungen würden ansonsten ihren Sinn verlieren.

c) Gefälligkeitsverhältnisse

Rechtsprechung: grds. keine Haftungsmilderung

Bei Gefälligkeitsverhältnissen (z.B. Mitnahme im Pkw) genügt die Uneigennützigkeit nach der Rechtsprechung allein nicht für die analoge Anwendung der §§ 521, 599, 690, 968 BGB. Auch der Beauftragte, der ja ebenfalls unentgeltlich tätig ist, haftet nicht privilegiert.[305] **101c**

Gerade das Auftragsrecht zeigt daher, dass es eben auch Gefälligkeitsverträge gibt, bei denen eine volle Haftung besteht. Der fehlende Rechtsbindungswille kann daher allein eine Haftungsprivilegierung nicht begründen.

a.A.: Literatur

Einen anderen Ausgangspunkt nimmt die Literatur, die aus der gesetzlichen Wertung der Privilegierung gemeinnützig Handelnder schließt, dass bei Gefälligkeitsverhältnissen ohne Treuhandcharakter die Haftungsprivilegierung ebenfalls gelten soll.

Die unbegrenzte Haftung des Auftragsrechts passt nicht für unentgeltliche Tätigkeiten ohne Treuhandcharakter, also insbesondere nicht für die Gefälligkeiten des täglichen Lebens.[306]

304 Medicus, BR, Rn. 930.

305 BGH, Life&Law 2017, 591 ff. = **juris**byhemmer

306 Vgl. zur Haftung im Gefälligkeitsverhältnis auch OLG Frankfurt, NJW 1998, 1232 = §§ 104, 105 SGB VII, in **Life&Law 1998, 573 ff., Heft 9**.

stillschweigender Haftungsausschluss möglich

Die Rechtsprechung kommt aber in unbilligen Fällen über die Figur des „stillschweigenden Haftungsausschlusses“ zum selben Ergebnis, obwohl die Annahme eines solchen im Ergebnis auf eine bloße Fiktion hinausläuft.

Voraussetzung ist jedoch auch nach der Rechtsprechung des BGH, dass der Schädiger, wäre die Rechtslage vorher zur Sprache gekommen, einen Haftungsverzicht gefordert hätte und sich der Geschädigte dem ausdrücklichen Ansinnen einer solchen Abmachung billigerweise nicht hätte versagen dürfen. Daran fehlt es regelmäßig, wenn der Schädiger gegen Haftpflicht versichert ist. Denn eine Haftungsbeschränkung, die nicht den Schädiger, sondern den Haftpflichtversicherer entlastet, entspricht in der Regel nicht dem Willen der Beteiligten.[307]

d) Arbeitsverhältnisse

§§ 104, 105 SGB VII

aa) Besonderheiten ergeben sich auch aus §§ 104, 105 SGB VII. *101d*

Da der Arbeitgeber alleine in die Unfallversicherung zahlt und es unbillig wäre, ihn bei Schädigung des Arbeitnehmers ein zweites Mal zu belasten, kommt ihm die gesetzliche Haftungsfreistellung des § 104 SGB VII zugute. Er haftet damit für einen betrieblich veranlassten Personenschaden seines Arbeitnehmers nur, wenn er entweder vorsätzlich gehandelt hat oder wenn der Arbeitsunfall auf einem nach § 8 II Nr. 1 - 4 SGB VII versicherten Weg eingetreten ist.

Dies gilt entsprechend, wenn ein Arbeitnehmer einen anderen Arbeitskollegen verletzt, vgl. § 105 SGB VII, da sonst die Gefahr bestünde, dass der Arbeitgeber über den Umweg eines Rückgriffs belastet würde.

hemmer-Methode: Häufiges examenstypisches Problem in der Klausur ist, dass neben dem Personenschaden ein Sachschaden (z.B. Uhr des Geschädigten) vorliegt. Für Sachschäden gilt die Haftungsprivilegierung nicht, da solche Schäden nicht von der Unfallversicherung umfasst sind. Allerdings kann der in Anspruch genommene Arbeitskollege häufig Freistellung durch den Arbeitgeber nach den Grundsätzen des innerbetrieblichen Schadensausgleichs (s.u.) verlangen, §§ 670 analog, 257 BGB.

Der Haftungsausschluss gilt auch für den Anspruch auf Schmerzensgeld nach § 253 II BGB, auch wenn die Unfallversicherung dafür nicht aufkommt. Der AN bekommt also bei einem Arbeitsunfall kein Schmerzensgeld. Diese vermeintliche Ungerechtigkeit rechtfertigt sich aus der Überlegung, dass der AN mit der Unfallversicherung einen solventen Anspruchsgegner für die materiellen Schäden hat. Ob eine Inanspruchnahme des schädigenden AN diesbezüglich erfolgreich verliefe, wäre nicht zuletzt wegen der hohen Pfändungsgrenzen beim Arbeitseinkommen nach § 850c ZPO sehr fraglich.

Achtung: Klausurtaktisch kann es sinnvoll sein, einen Haftungsausschluss nicht unmittelbar beim Prüfungspunkt „Verschulden“ anzusprechen. Sollten sich im weiteren Tatbestand des § 823 I BGB noch Probleme ergeben (etwa bei der haftungsausfüllenden Kausalität), sollte man den Tatbestand komplett durchprüfen und am Ende formulieren: *„Möglicherweise besteht aber trotz Verwirklichung des Tatbestandes keine Haftung. Das wäre dann der Fall, wenn zugunsten des Schädigers eine Haftungsprivilegierung eingreift …. “*

307 BGH, a.a.O.

bb) Schädigt ein **AN den AG,** greifen bei Sachschäden die Grundsätze über den innerbetrieblichen Schadensausgleich. Danach ist die Haftung des AN unter bestimmten Voraussetzungen reduziert bzw. entfällt vollständig.

hemmer-Methode: Für Personenschäden gilt auch in diesem Verhältnis der Haftungsausschluss des § 105 I SGB VII; das gilt selbst dann, wenn der AG selbst nicht versichert ist, § 105 II S. 1 SGB VII. Ein Anspruch gegen die Berufsgenossenschaft als Träger der gesetzlichen Unfallversicherung besteht dann insoweit, als der AN nach den Grundsätzen des innerbetrieblichen Schadensausgleichs verantwortlich wäre, § 105 II S. 2 SGB VII.

früher: „gefahrgeneigte Arbeit“

Eine Haftungsbeschränkung fand ursprünglich nur nach den Grundsätzen der sog. „gefahrgeneigten Arbeit“ statt. Danach haftete der Arbeitnehmer für Vorsatz und grobe Fahrlässigkeit voll, bei geringer Schuld (leichte Fahrlässigkeit) schied dagegen eine Haftung aus. Bei mittlerer Fahrlässigkeit fand zwar eine Haftung statt, allerdings war der Schaden in der Regel quotal zu verteilen.[308]

Diese Haftungsbeschränkung findet nun bei jeder betrieblich veranlassten Tätigkeit Anwendung[309] und ist damit nicht mehr auf die gefahrgeneigte Arbeit bzw. Tätigkeit beschränkt.

Dies ist eine Weiterentwicklung der richterrechtlich entwickelten Haftungsmilderung. Sie gilt aber nur für Ansprüche des Arbeitgebers gegenüber dem Arbeitnehmer (sog. innerbetrieblicher Schadensausgleich), nicht aber für Ansprüche Dritter. Im letzteren Fall kommt lediglich ein Freistellungsanspruch gegen den Arbeitgeber in Betracht.

Eine betriebliche Tätigkeit liegt immer schon dann vor, wenn sie arbeitsvertraglich übernommen oder im Interesse des Arbeitgebers ausgeführt wurde. Ausreichend ist indes nicht, dass ein zeitlicher und räumlicher Zusammenhang zur Arbeitsleistung besteht. Auch am Arbeitsplatz ist während der Arbeitszeit eine private Veranlassung denkbar.[310]

In welchem Umfang die Haftung beschränkt ist, hängt von der Abwägung der Schadensrisiken ab. Hierbei sind auch subjektive Umstände (wie z.B. Unerfahrenheit, Übermüdung, Jugendlichkeit) zu berücksichtigen. Im Einzelfall kann ein völliger Fortfall des Schadensersatzanspruchs erfolgen.

hemmer-Methode: Der innerbetriebliche Schadensausgleich (bzw. früher die gefahrgeneigte Arbeit) ist ein „Examensklassiker“, der auch in Zukunft hohe Examensrelevanz besitzen wird! Arbeiten Sie, um in der Klausur optimal vorbereitet zu sein, die Ausführungen in Hemmer/Wüst, Arbeitsrecht, Rn. 580 ff. durch!
<u>Achtung:</u> Prüfungsstandort für diese Problematik ist aber nicht das Verschulden, sondern die Haftungsverteilung nach § 254 BGB analog unter dem Stichwort „Betriebsrisiko“!

5. Verschärfter Verschuldensmaßstab

Haftungsverschärfungen

Haftungsverschärfungen können auch auf Gesetz oder (was häufiger ist) auf Vertrag beruhen. 101e

308 Palandt, § 611 BGB, Rn. 152 ff.

309 BAG, NJW 1995, 210 = jurisbyhemmer.

310 BAG, NJW 2003, 377 ff.

Gesetz

So haftet derjenige, der einem anderen eine Sache durch unerlaubte Handlung entzieht, für jede weitere, auch zufällig eintretende Beeinträchtigung von Eigentum und Besitz, vgl. § 848 BGB. Dabei ist ausnahmsweise der hypothetische Kausalverlauf zu berücksichtigen, vgl. § 848 BGB a.E.

Vertrag

Durch Vertrag können Haftungsprivilegierungen beseitigt oder die Haftung auch für Zufall begründet werden, z.B. § 287 S. 2 BGB. Denken Sie dabei aber an unabdingbare Schutzvorschriften (z.B. § 619 BGB) sowie an die allgemeinen Vorschriften der §§ 134, 138, 242 BGB).

6. Beweislast

Beweislast

Grundsätzlich hat das Verschulden der Geschädigte zu beweisen. In Ausnahmefällen kehrt sich die Beweislast um, so z.B. bei der Produzentenhaftung.[311] *101f*

hemmer-Methode: I.R.d. § 277 BGB gilt: Die Beweislast dafür, dass der Haftende in eigenen Angelegenheiten nicht sorgfältiger zu verfahren pflegt, als im konkreten Fall geschehen, obliegt dem Privilegierten.[312]

Eine i.R.d. §§ 823 ff. BGB beachtliche Beweislastumkehr kann sich auch durch die Erklärung der Anerkennung einer Schuld nach einem Unfall ergeben. Die Erklärung, an einem Unfall allein schuldig zu sein, ist häufig eine Beweislastverbesserung, teilweise wird aber auch eine Beweislastumkehr angenommen.[313]

Bearbeiten Sie die Fragen 35 - 42!

G) Schaden

hemmer-Methode: Lesen Sie hierzu die ausführliche Darstellung in Hemmer/Wüst, Schadensersatzrecht III, Rn. 85 ff.!

Es muss ein ersatzfähiger Schaden eingetreten sein. Ersatzfähig sind nur diejenigen Vermögenseinbußen, welche kausal aus dem Verletzungserfolg entstanden sind. *102*

Schadensermittlung durch Differenzhypothese

Das Vorliegen eines Vermögensschadens bestimmt sich grundsätzlich nach der von Mommsen begründeten Differenzhypothese. Maßgebend ist der Vergleich zweier Vermögenslagen, nämlich der durch das Schadensereignis tatsächlich geschaffenen mit der unter Ausschaltung dieses Ereignisses gedachten.[314]

Ein Vermögensschaden ist gegeben, wenn der jetzige tatsächliche Wert des Vermögens geringer ist als der Wert, den das Vermögen ohne das die Ersatzpflicht begründende Ereignis haben würde.[315]

hemmer-Methode: Es geht also nicht einfach um einen Vergleich „vorher ⇔ nachher", maßgebend ist vielmehr die hypothetische Gegenwart.

311 Vgl. **Hemmer/Wüst, Deliktsrecht II, Rn. 376**.

312 Palandt, § 277 BGB, Rn. 3.

313 Vgl. **Hemmer/Wüst, BGB AT I, Rn. 96 ff.**

314 Vgl. Palandt, Vorb v § 249 BGB, Rn. 10.

315 Vgl. Palandt, Vorb v § 249 BGB, Rn. 10; BGHZ 27, 183; BGHZ 75, 371; BGH, NJW 1986, 2038.

Von der Differenzhypothese wurden i.R.d. Rechtsfortbildung zahlreiche Ausnahmen gemacht (vgl. Kommerzialisierungsgedanke, Lehre vom normativen Schaden, Rechtsprechung zum Ersatz von Gebrauchsvorteilen oder Nutzungsausfall in Hemmer/Wüst, Schadensersatzrecht III, Rn. 131 ff.).

H) Haftungsausfüllende Kausalität

hemmer-Methode: Lesen Sie auch hierzu die ausführliche Darstellung der Schadenszurechnung in Hemmer/Wüst, Schadensersatzrecht III, Rn. 34 ff.!

I. Allgemeines

haftungsausfüllende Kausalität

Der Vermögensschaden muss kausal durch die Rechtsgutverletzung verursacht worden sein, sog. haftungsausfüllende Kausalität. Es muss sich also um „Folgeschäden" der Verletzung handeln. Dabei muss sich das Verschulden des Schädigers jedoch nicht auf den eingetretenen Schaden beziehen, sondern auf den Haftungstatbestand.[316] 103

⇨ dreistufige Prüfung

Um eine angemessene Begrenzung des zuzurechnenden Schadens zu erreichen, wird auch hier die Kausalität in drei Stufen geprüft (Äquivalenz/Adäquanz/Schutzzweck der Norm). 104

Insoweit kann auf die Ausführungen zur haftungsbegründenden Kausalität verwiesen werden.[317] Die größte Klausurrelevanz kommt auch hier wiederum dem Schutzzweck der Norm zu.

hemmer-Methode: Setzen Sie bei Ihrer Examensvorbereitung die Schwerpunkte richtig! Die Kausalität ist in fast jedem Examenstermin Prüfungsstoff. Hier können Sie nicht „auf Lücke" setzen. Häufig stellt sich wie bei der haftungsbegründenden auch bei der haftungsausfüllenden Kausalität nach Bejahung der Adäquanz i.R.d. Schutzbereichs der Norm die Frage, ob es Sinn und Zweck des § 823 I BGB ist, vor Schäden wie dem eingetretenen zu schützen.
Denken Sie in diesem Zusammenhang, wie oben erwähnt, an die Herausforderungsfälle. Ist z.B. die Garage zugeparkt, und wollte der Eigentümer des eingesperrten Pkw lediglich eine Spazierfahrt unternehmen, und lässt er gleichwohl abschleppen (freiwillig, Herausforderungsfall!), so ist der Anspruch des Abschleppunternehmers trotzdem ein zurechenbarer Schaden i.R.d. Schutzzwecks der Norm des § 823 I BGB, da der Besitzer sich verbotener Eigenmacht gem. § 859 BGB mit Gewalt erwehren kann.[318] Denken Sie an den Korrektor, er erwartet die richtige Einordnung der Problematik durch genaue Anwendung der Begriffe „Herausforderung/freiwillig".
Eine ähnliche Problematik ergibt sich, wenn im obigen Fall der Eigentümer des eingesperrten Pkw seinem Freund versprochen hat, ihn zum Flughafen zu bringen. Wegen der Bedeutung des Versprechens handelt es sich um einen Gefälligkeitsvertrag und nicht nur um ein bloßes Gefälligkeitsverhältnis.
Der Eigentümer lässt den Pkw abschleppen; trotzdem wird das Flugzeug nicht mehr rechtzeitig erreicht. Wenn nun der Eigentümer den Freund, da andere Verkehrsmöglichkeiten wegen des dringenden Termins nicht mehr bestehen, mit seinem Pkw an sein Ziel fährt, so stellt sich die Frage, ob die erbrachten Aufwendungen, wie z.B. die Benzinkosten, ersetzbar sind.

316 Zu den Besonderheiten im Arbeitsrecht siehe oben, Rn. 93

317 Vgl oben Rn. 64 ff.

318 **BGH, Life&Law 2009, 511 ff.** (wichtig!). Gleichwohl müssen Sie an einen Verstoß gegen die Schadensminderungsobliegenheit gem. § 254 II S. 1 BGB denken, wenn das Abschleppen nicht verhältnismäßig war. Es gilt nach BGH das Gebot der schonendsten Sanktion. Sollte es sich bei dem Falschparker z.B. um den Nachbarn handeln, von dem man weiß, dass er zu Hause ist, wäre das Abschleppen (lassen) nicht verhältnismäßig.

I.R.d. Schutzbereichs der Norm ist dann eine umfassende Güterabwägung zu treffen: Zuerst ist dann festzustellen, ob der fahrende Freund aus Gefälligkeitsvertrag verpflichtet war. Dies ist wohl abzulehnen. Gleichwohl ist zu bedenken, dass ähnliche Gesichtspunkte wie bei der Drittschadensliquidation i.R.d. Zurechenbarkeit des Schadens zu berücksichtigen sind. Hätte der Eigentümer des eingesperrten Pkw selbst einen Termin wahrnehmen müssen, wären die Aufwendungen sicher ersatzfähig. Zufälligerweise war es hier ein anderer, dem die Nutzungen aus dem Pkw zugutekommen sollten. Es würde aber zu einer unbilligen Entlastung des Schädigers führen, wenn diese zufällige Verlagerung der Nutznießung nicht mehr in den Schutzbereich der Norm fällt.

Zur Wiederholung: Außerhalb der Wahrscheinlichkeit liegt die Freundesfahrt nicht (gering/Wertung). Ist es Sinn und Zweck des § 823 I BGB, auch vor solchen Schäden zu schützen? Dies ist die maßgebliche Frage!

Wenn sich die Frage nach dem Schutzbereich der Norm stellt, handelt es sich um ein wichtiges Problem der Examensarbeit. Denken Sie an den Ersteller der Klausur als imaginären Gegner. Jetzt müssen Sie Farbe bekennen! Gehen Sie flexibel mit dem vorliegenden Problemkreis um. Punkten Sie, indem Sie die maßgeblichen Wertungsaspekte (tatsächliche und rechtliche) zur Sprache bringen. Wie Sie sich letztlich entscheiden, ist häufig nicht so maßgebend. Entscheidend aber ist die Klausurtaktik: Am Ende des Anspruchs öffnen sich die Entscheidungsmöglichkeiten, da die wesentlichen Punkte bereits „abgehakt" sind. Auch bei §§ 823 ff. BGB gilt, wie immer, fallen Sie nicht am Anfang aus der Musterlösung der Klausur heraus.

II. Einzelfälle i.R.d. Schutzzwecks der Norm

Schutzzweck der Norm

Dabei ergeben sich auch hier i.R.d. Schutzzwecks der Norm einige prüfungsrelevante, typische Fallgestaltungen: 105

1. Seelische Reaktionen/psychische Folgeschäden

Der Zurechnungszusammenhang erstreckt sich grundsätzlich auch auf seelische Reaktionen des Verletzten, selbst wenn diese durch eine psychische Labilität wesentlich mitbestimmt sind und hirnorganische Ursachen für die Ausfälle nicht festgestellt werden können.[319]

bei seelischen Reaktionen Zurechnungszusammenhang (+)

Der Grundsatz, dass eine besondere Schadensanfälligkeit des Verletzten dem Schädiger haftungsrechtlich zuzurechnen ist,[320] gilt nämlich grundsätzlich auch für psychische Schäden, die aus einer besonderen Labilität des Betroffenen erwachsen.[321] Das ist bei auftretenden Depressionen, Wesensveränderungen des Verletzten und Neurosen anerkannt. 106

Bei einzelnen neurotischen Krankheiten ist jedoch bzgl. der Ersatzfähigkeit zu differenzieren:[322]

bei Aktualneurose (+)

⇨ Eine Aktualneurose bezeichnet ein neurotisches Verhalten, das unmittelbar aus den Geschehnissen des Unfalls resultiert, z.B. seelische Erschütterungen aufgrund der schrecklichen Unfallfolgen. Diese wird grundsätzlich von der Ersatzpflicht erfasst.[323]

bei Angstneurosen (+)

⇨ Auch Angstneurosen begründen eine Ersatzpflicht.[324]

319 Palandt, Vorb v § 249 BGB, Rn. 37.

320 Vgl. oben, Rn. 76.

321 BGH, NJW 1996, 2425.

322 BGH, NJW 1986, 777 = jurisbyhemmer.

323 BGH, VersR 1968, 397; Palandt, Vorb v § 249 BGB, Rn. 37 = jurisbyhemmer.

324 Vgl. BGH, VersR 1970, 272; Palandt, Vor v § 249 BGB, Rn. 37.

bei Konversionsneurose (+), ggf. § 254 BGB

⇨ Bei einer Konversionsneurose brechen bestehende Konflikte aus Anlass des Unfalls hervor. Die Neurose ist aber nicht auf die Aufgabe der Erwerbstätigkeit gerichtet. Auch hier ist der Schädiger ersatzpflichtig.[325]

In allen Fällen ist jedoch gemäß § 254 BGB zu prüfen, ob die Fehlhaltung durch einen zumutbaren Willensakt oder durch Rehabilitationsmaßnahmen überwunden werden kann.[326] Steht die neurotische Fehlhaltung in einem groben Missverhältnis zum schädigenden Ereignis, ist sie also Ausdruck einer offensichtlich unangemessenen Erlebnisverarbeitung, entfällt eine Ersatzpflicht.[327]

Der BGH hat der haftungsrechtlichen Zurechnung psychischer Folgeschäden in der Vergangenheit verstärkt Grenzen gesetzt:

sog. Bagatellschäden

⇨ So scheidet eine Zurechnung nach BGH z.B. bei einem sog. Bagatellschaden[328] aus. Ein solcher liegt vor, wenn es sich um ein ganz geringfügiges schädigendes Ereignis handelt und die psychische Reaktion des Geschädigten hierauf in grobem Missverhältnis steht und daher nicht mehr verständlich ist. Allerdings sind an die Annahme eines Bagatellfalles strenge Anforderungen zu stellen, da es sich um eine Ausnahme von der grundsätzlichen Schadenszurechnung handelt. Entscheidend für die Beurteilung als Bagatellfall ist die vom Geschädigten erlittene Primärverletzung. Ein Bagatellschaden kann nur bei vorübergehenden, im Alltagsleben typischen und häufig auch aus anderen Gründen als einem besonderen Schadensfall entstehenden Beeinträchtigungen angenommen werden.

Anders kann der Fall allerdings zu beurteilen sein, wenn die Primärverletzung beim Geschädigten nach den eben dargestellten Grundsätzen zwar eine Bagatelle ist, das schädigende Ereignis aber gerade eine spezielle Schadensanlage des Geschädigten trifft. Trotz Vorliegens eines Bagatellschadens ist die haftungsrechtliche Zurechnung eines psychischen Folgeschadens bei entsprechender Schadensanlage dann gerechtfertigt.[329]

bei Rentenneurose aber (-)

⇨ Die Zurechnung psychischer Folgeschäden scheidet nach der Rechtsprechung des BGH auch dann aus, wenn beim Geschädigten eine **sog. Renten- oder Begehrensneurose** vorliegt. In einem solchen Fall wird das Unfallgeschehen als äußerer Anlass genommen, sich wegen eines bereits innerlich bestehenden Konfliktes der Verantwortlichkeit für die eigenständige Lebensführung zu entziehen, z.B. wenn der Verletzte meint, sich aufgrund einer ihm zugesprochenen Unfallrente dem Erwerbsleben nicht mehr stellen zu müssen.[330] Hier entsteht keine Ersatzpflicht, da es dem Zweck des Schadensersatzes widerspricht, wenn gerade durch die Tatsache, dass ein anderer Schadensersatz zu leisten hat, die Wiedereingliederung des Verletzten in den sozialen Lebens- oder Pflichtenkreis erschwert oder unmöglich gemacht wird.[331] Eine Ausnahme gilt nur für Rentenneurosen, welche auf nationalsozialistische Gewaltmaßnahmen zurückzuführen sind.[332]

325 Vgl. BGH, NJW 1997, 805.

326 Palandt, Vorb v § 249 BGB, Rn. 37.

327 Palandt, Vorb v § 249 BGB, Rn. 38; BGH, VersR 1970, 283; einschränkend BGH, NJW 1991, 2348.

328 BGH, NJW 1998, 810; vgl. auch die ausführliche Darstellung der Entscheidung in **Life&Law 1998, 216 ff.** = **juris**byhemmer.

329 BGH, NJW 1998, 810 ff., 812 = **juris**byhemmer.

330 Vgl. BGH, NJW 1997, 1640 = **juris**byhemmer.

331 Palandt, Vorb v § 249 BGB, Rn. 39; BGHZ 20, 142.

332 Vgl. Palandt, Vorb v § 249 BGB, Rn. 39; BGHZ 39, 316.

2. Hypothetische / überholende Kausalität

hypothetische Kausalität Problem d. Zurechnung

Bei der hypothetischen oder überholenden Kausalität geht es um das Problem, ob sich der Schädiger darauf berufen kann, dass der von ihm verursachte Schaden aufgrund eines anderen Ereignisses (sog. Reserveursache) ohnehin eingetreten wäre. Systematisch handelt es sich nicht um ein Problem der Kausalität, sondern der Schadenszurechnung.[333] 107

Das Gesetz bietet hierzu keine Lösung. Auch Rechtsprechung und Lehre haben sich bisher noch nicht auf eine allgemein anerkannte Lösung einigen können. Es lassen sich auch hier verschiedene Fallgruppen unterscheiden:

a) Anlagefälle

Anlagefälle: Ersatz nur des sog. Verfrühungsschadens

In der Fallgruppe der Anlagefälle bestand bei Eintritt des schädigenden Ereignisses bereits eine der geschädigten Person bzw. Sache innewohnende Schadensanlage, die zu dem gleichen Schaden geführt hätte. Hier beschränkt sich nach allgemeiner Meinung[334] die Ersatzpflicht auf die durch den früheren Schadenseintritt bedingten Nachteile. Stand die Sache aufgrund ihrer Anlage bereits kurz vor der Vernichtung, besteht keine bzw. nur eine stark verminderte Ersatzpflicht. 108

> ***Bsp. 1:*** *Bei einem Autounfall zerstört S einen Schuppen, der ohnehin in einem Jahr hätte erneuert werden müssen.*
>
> Hier beschränkt sich die Ersatzpflicht auf den Ausfall der Nutzung des Schuppens für ein Jahr.
>
> ***Bsp. 2:*** *Bei einem Autounfall wird G von S schwer verletzt. Bei der notwendigen Operation wird eine Arteriosklerose entdeckt, die innerhalb kurzer Zeit zur Frühpensionierung des G geführt hätte.*
>
> Hier verwirklicht sich in der zufälligen früheren Entdeckung der Krankheit nur das allgemeine Lebensrisiko, sodass dem S die frühere Pensionierung nicht zur Last gelegt werden kann.

hemmer-Methode: Verwechseln Sie in der Klausur nicht den Fall der schadensgeneigten Konstitution[335] (z.B. Bluterfall) mit den Fällen der innewohnenden Schadensanlage i.R.d. hypothetischen Kausalität. 109

Der Gedanke der Anrechnung lässt sich zudem stützen auf den Wortlaut des § 844 II BGB. Diese Vorschrift normiert, dass Ersatz für entgangenen Unterhalt nur verlangt werden kann, als Unterhalt während der mutmaßlichen Dauer des Lebens des Getöteten von diesem hätte verlangt werden können.

b) Hypothetische Verantwortlichkeit eines Dritten

Die Reserveursache entlastet den Schädiger nicht, wenn sie einen Ersatzanspruch gegen einen Dritten verursacht hätte und dieser dem Geschädigten durch das Schadensereignis entzogen wurde.

> ***Bsp.:*** *S zerschlägt die Fensterscheibe des G, die durch eine durch U verursachte Explosion ohnehin wenig später zerstört worden wäre.*

---

333 Dazu Palandt, Vorb v § 249 BGB, Rn. 55.

334 Palandt, Vorb v § 249 BGB, Rn. 57; RGZ 156, 191; BGHZ 20, 280.

335 Vgl. oben Rn. 76 f.

Dritter als Reserveursache (-)

G scheint hier keinen messbaren Schaden erlitten zu haben, da die Scheibe (hypothetisch) auch ohne das Handeln des S zerstört worden wäre. 110

Ein Schaden liegt aber jedenfalls dann vor, wenn die hypothetische Zerstörung der Scheibe durch die Explosion einen Ersatzanspruch des G gegen U verursacht hätte.

In einem solchen Fall muss die Reserveursache unbeachtlich bleiben, denn der Schädiger haftet für den vom ihm verursachten Schaden und nicht für das Nichtentstehen des Anspruches gegen den Dritten. Daher kann er sich auch nicht darauf berufen, dass der Anspruch gegen den Dritten summenmäßig beschränkt oder gar nicht durchsetzbar gewesen wäre. Der Geschädigte würde sonst mit einem doppelten Insolvenzrisiko belastet.[336]

c) Verbleibende Fälle

verbleibende Fälle str.

In allen übrigen Fällen ist die Lösung umstritten:

BGH: Trennen v. Objekt- u. Folgeschäden

Die Rechtsprechung[337] differenziert nach **Objektschaden** und **Vermögensfolgeschaden**. Der sog. Objektschaden,[338] also der unmittelbar durch das schädigende Ereignis am Rechtsgut entstandene Schaden, ist ersatzfähig, ohne dass spätere Ereignisse zu berücksichtigen wären, die gleichfalls eine Schädigung verursacht hätten. Der Geschädigte erwirbt im Zeitpunkt der Schädigung einen Schadensersatzanspruch gegen den Schädiger, welcher Teil seines Vermögens wird. Dieser entfällt nicht deshalb wieder, weil der Schaden später auf andere Weise eingetreten wäre. 111

Vermögensfolgeschäden,[339] also mittelbare Schäden, die erst im Laufe der Zeit entstehen, sind nur bis zum Eintritt des späteren (hypothetisch schadensstiftenden) Ereignisses ersatzfähig. Insoweit ist die Reserveursache zu berücksichtigen. Entscheidend für die Differenzierung ist der Zeitfaktor. Denn der Vermögensfolgeschaden erhöht sich im Laufe der Zeit. Dann müssen auch Ereignisse Berücksichtigung finden, die sich in diesem Zeitraum schadensmindernd auswirken können.

> ***Bsp.:*** *Bei einem Verkehrsunfall erleidet eine Taxe Totalschaden. Sie wäre drei Tage später bei einem Garagenbrand zerstört worden.*
>
> Der Objektschaden wird ersetzt, der Nutzungsausfallschaden nur für drei Tage.

a.A.: auch bei Objektschaden Reserveursache beachtlich

Die Gegenansicht[340] tritt hingegen für die generelle Beachtlichkeit von Reserveursachen ein. Unter Berufung auf den Ausgleichsgedanken soll die Reserveursache auch bei Objektschäden berücksichtigt werden. 112

dagegen: bestehender Anspruch erlischt nicht

Gegen diese Ansicht spricht, dass sie nicht aufzeigen kann, wieso der einmal entstandene Schadensersatzanspruch wieder erlöschen soll.[341]

336 Zum Ganzen Palandt, Vorb v § 249 BGB, Rn. 58; Medicus, BR, Rn. 848.
337 Vgl. Palandt, Vorb v § 249 BGB, Rn. 60 f.
338 Vgl. Palandt, Vorb v § 249 BGB, Rn. 61.
339 Palandt, Vorb v § 249 BGB, Rn. 626.
340 Palandt, Vorb v § 249 BGB, Rn. 56, 60 ff.
341 Palandt, Vorb v § 249 BGB, Rn. 56, 61 f.

Generell gilt jedoch, dass eine Reserveursache dann nicht mehr zu berücksichtigen ist, wenn der Schadensersatzanspruch gegen den Schädiger bereits durch Erfüllung erloschen ist. Entsprechendes gilt, wenn der Anspruch durch ein Urteil oder in einem Vergleich bereits festgestellt wurde.[342]

d) Rechtmäßiges Alternativverhalten

bei rechtm. Alternativverhalten nach h.M. (+)

Im Falle des rechtmäßigen Alternativverhaltens wendet der Schädiger ein, dass der Schaden durch ihn selbst auch dann entstanden wäre, wenn er sich rechtmäßig verhalten hätte.[343] Dieser Einwand des rechtmäßigen Alternativverhaltens ist nach der nunmehr h.M.[344] grundsätzlich beachtlich. Ein Schaden fällt dann nicht mehr unter den Schutzzweck der Norm, wenn er auch bei einem rechtmäßigen Verhalten des Schädigers eingetreten wäre. 113

Jedoch trägt dafür der Schädiger die Beweislast. Entscheidend ist also, ob die verletzte Norm gerade den eingetretenen Schaden verhindern sollte. Fehlt dieser Pflichtwidrigkeitszusammenhang, hat die Berufung auf das rechtmäßige Alternativverhalten Erfolg.[345]

Maßgeblich ist also eine Schutzzweckbetrachtung.

> ***Bsp.:*** *Erteilt ein Patient dem Chefarzt einer Klinik eine Einwilligung für einen operativen Eingriff und wird die OP dann aber vom Oberarzt durchgeführt, stellt sich die Frage, ob der Patient auch mit der Operation durch den Oberarzt einverstanden gewesen wäre, wenn man ihn vorher ausdrücklich danach gefragt hätte, so dass es ebenfalls zum Eingriff in die körperliche Integrität gekommen wäre. Das lässt der BGH nicht gelten, weil es mit dem Sinn und Zweck des Einwilligungserfordernisses nicht vereinbar wäre. Denn sich darauf berufen zu können, gäbe Ärzten faktisch einen Freibrief in der Auswahl des Operateurs, wenn die Einwilligung zuvor nur für einen konkreten Arzt erteilt wurde.*[346]

3. Vorhaltekosten

> ***Bsp.:*** *Ein Verkehrsunternehmen hält neben den eingesetzten Bussen weitere Ersatzbusse in Bereitschaft. Diese dienen dazu, bei etwaiger Beschädigung der eingesetzten Busse den Betrieb aufrecht zu erhalten. A beschädigt bei einem von ihm verschuldeten Verkehrsunfall einen Linienbus. Das Verkehrsunternehmen verlangt neben den Reparaturkosten anteiligen Ersatz für die Bereithaltung der Ersatzbusse. Zu Recht?*

P.: kausale Verknüpfung (-)

Das Problem des Ersatzes von Vorhaltekosten liegt darin begründet, dass diese Kosten bereits vor Eintritt des schädigenden Ereignisses tatsächlich entstanden sind, es an einer kausalen Verknüpfung daher eigentlich fehlt. Denkt man sich das schädigende Ereignis weg, bleibt es bei den entstandenen Kosten. Zu einem Ersatzanspruch kann man daher nur durch eine wertende Betrachtung gelangen.

> Der BGH hat einen Anspruch bejaht, soweit die Reservehaltungskosten mit Rücksicht auf fremdverschuldete Ausfälle messbar erhöht sind.[347] Der BGH legt dabei die Erwägung zugrunde, welche Schäden ohne die Vorsorgemaßnahme entstanden wären. Ein Ersatzanspruch wegen entgangener Gebrauchsvorteile entfällt dann jedoch.

---

342 Dazu Palandt, Vorb v § 249 BGB, Rn. 63.

343 Palandt, Vorb v § 249 BGB, Rn. 64; Medicus, BR, Rn. 852.

344 Palandt, Vorb v § 249 BGB, Rn. 66.

345 Vgl. Medicus, BR, Rn. 852.

346 BGH; Life&Law 2017, 168 ff., = **juris**byhemmer.

347 BGHZ 70, 201.

keine Geltung für Vorhaltekosten bei Ladendiebstählen

Diese Erwägungen scheinen auf den ersten Blick auch auf die Konstellation übertragbar zu sein, in denen ein Ladeninhaber zur besseren Aufklärung von (bzw. zur besseren Abschreckung vor) Ladendiebstählen Überwachungs- und Sicherungsmaßnahmen ergreift. Hier steht der BGH jedoch auf dem Standpunkt, dass allgemeine und **ohne Bezug zum konkreten Schadensfall** getroffene Vorkehrungen zur Verhinderung von Rechtsverletzungen von demjenigen getragen werden müssen, der sie zu seinem Schutz freiwillig auf sich nimmt.[348]

hemmer-Methode: Als maßgebliches Unterscheidungskriterium zieht der BGH die Frage heran, ob die Maßnahmen schadensmindernd sind, also letztlich dem Schädiger zugutekommen. Dann soll eine Ersatzfähigkeit gegeben sein. Bei Ladendiebstählen ist das gerade nicht der Fall. Die ergriffenen Maßnahmen sollen den Zugriff Dritter auf das Eigentum verhindern, während der Einsatz eines Ersatzbusses eine Aufwendung darstellt, die infolge einer vom bereits Geschädigten selbst vorgenommenen erlaubten Restitution entstehen (§ 249 BGB). Daher ist dieses Problem untrennbar im Zusammenhang mit dem Umfang des Schadens (dazu unten) zu betrachten.

4. Fangprämien

Einen „echten" Fall der Kausalität stellt demgegenüber die Frage nach der Ersatzfähigkeit sog. Fangprämien dar. Diese erhält ein eingesetzter Ladendetektiv dann, wenn er einen Ladendieb ergreift. Hier liegt Kausalität i.S.d. Äquivalenztheorie vor.

Ohne den Diebstahl wäre die Prämie nicht angefallen, auch wenn sie auf der Vereinbarung mit dem Ladeninhaber beruht. Auch die Adäquanz solcher Prämien wird bei der heutzutage sehr verbreiteten Regelung nicht mehr ernstlich bestritten.

Also ist i.R.d. Schutzzwecks der Norm die Frage nach der Ersatzfähigkeit zu beantworten. Nach h.M. dienen die Prämien dazu, den bereits entstandenen Schaden wiedergutzumachen, sie haben also eine gewisse Rechtsverfolgungsfunktion.

Allerdings wird ein ertappter Ladendieb, der beispielsweise nur einen geringwertigen Gegenstand gestohlen hat, einwenden, die Prämie sei im Verhältnis zum drohenden Ausfall mit der Forderung aus § 823 BGB zu hoch angesetzt. Rechtsverfolgungskosten dienen nämlich der Sicherung und Durchsetzung eines **konkreten** Schadensersatzanspruchs.

Nach Auffassung des BGH müssen sich die Prämien – soweit sie ersetzt werden sollen – daher in einem angemessenen Rahmen halten.[349] Die Beurteilung richtet sich nach dem jeweiligen Einzelfall. Eine Rechtsverfolgungspauschale lehnt der BGH daher ab.

I) Art / Inhalt / Umfang des Schadens

Art/Inhalt/Umfang: §§ 249 ff., 842 ff. BGB

Art, Inhalt und Umfang des ersatzfähigen Schadens bestimmen sich nach den Regelungen der §§ 249 - 254 BGB.[350] Diese werden im Deliktsrecht ergänzt durch die Sondervorschriften der §§ 842, 843 BGB, die im Verhältnis zu den §§ 249 ff. BGB, insbesondere zu § 252 BGB, nur klarstellende Funktion haben. 114

348 BGH, NJW 1973, 96.

349 BGHZ 30, 154; 75, 238 beurteilt allerdings auch bei geringwertigen Sachen eine Prämie von (ehemals) 50,- DM als angemessen.

350 Vgl. dazu **Hemmer/Wüst, Schadensersatzrecht III, Rn. 85 ff.**

§ 842 BGB: auch mittelbarer Schaden

Nach § 842 BGB erstreckt sich der Umfang der Ersatzpflicht auf „die Nachteile, welche die Handlung für den Erwerb oder das Fortkommen des Verletzten herbeiführt“. Damit wird klargestellt, dass neben dem Vermögensschaden, der unmittelbar aus der Verletzung der Person herrührt, auch der mittelbare Vermögensschaden ersatzfähig ist, soweit er kausal durch den Verletzungserfolg verursacht worden ist.

Zu den Nachteilen für das Fortkommen zählen auch Erwerbsaussichten.

Zu berücksichtigen sind die in Zukunft mit Wahrscheinlichkeit zu erwartenden Einnahmen aus der Berufs- und Erwerbstätigkeit. Die Regelung entspricht weitgehend dem § 252 BGB, nach welchem auch der entgangene Gewinn zu ersetzen ist.

§ 843 BGB: Geldrente, Höhe gem. § 287 ZPO

§ 843 BGB regelt die Art des Schadensersatzes bei Aufhebung oder Minderung der Erwerbsfähigkeit durch Verletzung des Körpers oder der Gesundheit. Danach ist dem Verletzten grundsätzlich eine Geldrente zu gewähren (§ 843 I BGB). Die Bestimmung der Erwerbsminderung kann für die Zukunft nur hypothetisch erfolgen. *115*

Da ein Beweis der Schadenshöhe nicht möglich ist, wird die Rente vom Gericht nach freiem Ermessen gemäß § 287 ZPO festgesetzt.[351] Ausnahmsweise kann bei wichtigem Grund statt der Geldrente eine Abfindung in Kapital verlangt werden (§ 843 III BGB).

Gemäß § 843 IV BGB wird der Ersatzanspruch nicht dadurch ausgeschlossen, dass ein Dritter dem Verletzten Unterhalt zu gewähren hat. § 843 IV BGB ist Ausdruck des allgemeinen Rechtsgedankens, dass bei Schadensersatzleistungen die Unterhaltsgewährung durch einen Dritten unberücksichtigt bleibt, und muss daher weit ausgelegt werden.[352]

(Zu den §§ 249 ff. BGB und insbesondere den mit dem Schadensbegriff verbundenen Problemen wird auf das gesonderte Skript Hemmer/Wüst, Schadensersatzrecht III verwiesen!)

hemmer-Methode: Hingewiesen sei an dieser Stelle kurz auf eine Änderung i.R.d. § 249 BGB. Nach dessen Abs. 2 (= § 249 S. 2 BGB a.F.) können Reparaturkosten auch fiktiv abgerechnet werden, soweit diese den Wiederbeschaffungswert nicht um mehr als 30 % übersteigen. Die Neufassung des § 249 II BGB stellt klar, dass die in diesen 30 % enthaltene Umsatzsteuer in Zukunft nur noch abgesetzt werden kann, wenn und soweit sie tatsächlich angefallen ist.
Entgegen einem weit verbreiteten Irrtum hat der Gesetzgeber damit nicht die Möglichkeit der fiktiven Abrechnung insgesamt gestrichen, sondern nur in der Höhe beschränkt.

J) Mitverschulden, § 254 BGB

Mitverschulden, § 254 BGB

Eine Einschränkung erfährt der Umfang der Haftung des Schädigers durch ein Mitverschulden des Geschädigten gemäß § 254 BGB.[353] *116*

351 Lesenswert in diesem Zusammenhang BGH, NJW 98, 1633.

352 Larenz II, § 72 I.

353 Ein nur gesetzlich vermutetes Verschulden (hier: § 832 BGB) darf im Rahmen des § 254 BGB nur berücksichtigt werden, wenn es nachgewiesen ist, BGH, Life&Law 2012, 553 ff. = jurisbyhemmer.

Der Schadensersatzanspruch eines Radfahrers, der im Straßenverkehr bei einem Verkehrsunfall Kopfverletzungen erlitten hat, die durch das Tragen eines Schutzhelms zwar nicht verhindert, wohl aber hätten gemildert werden können, ist nicht wegen Mitverschuldens gemindert, §§ 9 StVG, 254 I BGB. Das hat der BGH jedenfalls für Unfälle bis 2011 entschieden.[354] Es mag jedoch sein, dass sich in Zukunft unabhängig von einer gesetzlich normierten Helmpflicht daran etwas ändert. Das hat der BGH für den Fall angedeutet, dass das Helmtragen Bestandteil des allgemeinen Verkehrsbewusstseins wird, so dass sich auch eine ungeschriebene Rechtspflicht ergeben kann, bei deren Verletzung eine Anspruchskürzung stattfindet.

hemmer-Methode: Im Klausuraufbau ist das Mitverschulden erst am Ende der Prüfung festzustellen und der bestehende Schadensersatzanspruch anteilig zu kürzen. Ein grober Fehler ist eine Prüfung des § 254 BGB i.R.d. Verschuldens!
Zu den Einzelheiten wird auf Hemmer/Wüst, Schadensersatzrecht III, Rn. 241 ff. verwiesen!

Bearbeiten Sie die Fragen 43 - 48!

354 BGH, Life&Law 2014, 719 ff. = **juris**byhemmer.

§ 3 DER HAFTUNGSGRUND DES § 823 II BGB

A) Einführung

I. Einordnung der Regelung des § 823 II BGB

§ 823 II BGB i.V.m. Schutzgesetz

§ 823 II BGB bildet den zweiten Grundtatbestand des Deliktsrechts. Ebenso wenig wie § 823 I BGB stellt § 823 II BGB eine deliktsrechtliche Generalklausel dar. 117

Auch hier werden nur bestimmte Rechtsgüter geschützt, die sich jedoch im Gegensatz zu den enumerativ aufgezählten Rechtsgütern und Rechten in § 823 I BGB aus besonderen, dem Schutz des einzelnen dienenden Gesetzen ergeben, auf welche § 823 II BGB generell Bezug nimmt. Regelmäßig sieht das betroffene Schutzgesetz nicht selbst eine Schadensersatzverpflichtung vor, sondern dient der Sanktion eines gesetzwidrigen Verhaltens in sonstiger Hinsicht.

Erst in Verbindung mit § 823 II BGB ergibt sich eine Schadensersatzpflicht. § 823 II BGB ist somit eine schadensersatzbegründende Norm, die hinsichtlich ihrer Voraussetzungen im Einzelnen auf den Verstoß gegen ein anderes Gesetz - das Schutzgesetz - verweist.[355]

wichtig bei Vermögensschäden, da hier § 823 I BGB (-)

§ 823 II BGB i.V.m. einem Schutzgesetz bildet eine selbstständige Anspruchsgrundlage und tritt neben den Anspruch aus § 823 I BGB in Anspruchskonkurrenz.[356] Häufig bildet § 823 II BGB nur eine zu § 823 I BGB hinzutretende Haftungsnorm. Eigenständige Bedeutung entfaltet § 823 II BGB jedoch in den Fällen, in welchen kein Rechtsgut oder Recht des § 823 I BGB verletzt ist. Da der Kreis der durch Schutzgesetze geschützten Rechtspositionen größer ist, wird insoweit die deliktische Haftung durch § 823 II BGB erweitert.[357] Von besonderer Bedeutung ist dies in den Fällen der reinen Vermögensschädigung. Das Vermögen als solches wird nämlich durch § 823 I BGB gerade nicht geschützt.[358] 118

> **Bsp.:** *Autohändler G verkauft S einen gebrauchten Pkw. G sichert S wider besseren Wissens zu, dass der Wagen unfallfrei sei. Bei einer durch einen Sachverständigen durchgeführten Untersuchung wird ein Unfallschaden festgestellt, welcher den Wert gegenüber einem unfallfreien Fahrzeug um 1000,- € mindert.*
>
> Neben vertraglichen Schadenersatzansprüchen aus § 437 Nr. 3, 311a II BGB; §§ 280 I, 241 II, 311 II BGB steht hier dem S auch ein Schadensersatzanspruch aus § 823 II BGB i.V.m. § 263 StGB zu. Ein Anspruch aus § 823 I BGB entfällt hingegen, da nur das Vermögen des S, nicht aber ein Recht/Rechtsgut i.S.d. § 823 I BGB, insbesondere nicht das Eigentum, verletzt ist.

II. Aufbauschema

Aufbauschema

119

1. Vorliegen eines Schutzgesetzes
2. Verstoß gegen das Schutzgesetz
3. Haftungsbegründende Kausalität
4. Rechtswidrigkeit

355 Zum Ganzen Kupisch/Krüger, S. 64.

356 Kupisch/Krüger, S. 64.

357 Kupisch/Krüger, S. 64.

358 Vgl. oben Rn. 58.

5. Verschulden, §§ 823 II S. 2, 276 BGB
6. Schaden
7. Haftungsausfüllende Kausalität
8. Evtl. Mitverschulden, § 254 BGB

B) Verletzung eines Schutzgesetzes

I. Übersicht

Für das Vorliegen einer Schutzgesetzverletzung empfiehlt sich folgende Prüfung: 120

Prüfungsschema

1. Vorliegen einer Ge- oder Verbotsnorm im materiellen Sinn mit Individualschutzzweck (sog. Schutzgesetz)
2. Persönlicher Schutzbereich
3. Sachlicher Schutzbereich
4. Voraussetzungen des Schutzgesetzes selbst

hemmer-Methode: Die angebotenen Schemata sind nur Prüfungsvorschläge und dienen der Orientierung. In der Klausur sind regelmäßig nur die problematischen Punkte innerhalb eines Schemas auszuführen. Ein stures Durchprüfen aller Punkte führt dagegen zu Punktabzügen, da regelmäßig - aus Zeitgründen - die eigentlichen Probleme nicht entsprechend behandelt werden (Verkennung der Schwerpunkte der Arbeit!).

II. Im Einzelnen

1. Vorliegen eines Schutzgesetzes[359]

Schutzgesetz ⇨ auch Schutz des Einzelnen bezweckt

Ein Schutzgesetz i.S.d. § 823 II BGB stellt jede Rechtsnorm im materiellen Sinn dar, die nach ihrem Zweck zumindest auch den Schutz eines Einzelnen verfolgt. Zudem muss das Gesetz zum Zeitpunkt des Verstoßes bestanden haben.[360] 121

a) Jede Rechtsnorm

jede Rechtsnorm, nicht aber Handelsbrauch

Ein Schutzgesetz kann jede Rechtsnorm in materiellem Sinne sein, Art. 2 EGBGB. Es muss kein Gesetz im formellen Sinn vorliegen.[361] Auch Rechtsnormen ohne Gesetzescharakter, wie z.B. Verordnungen, Satzungen oder Gewohnheitsrecht, können Schutznormen darstellen,[362] sofern sie ein Ge- oder Verbot enthalten. 122

359 Vgl. die Zusammenstellung der Schutzgesetze in Palandt, § 823 BGB, Rn. 61 ff.

360 Deutsch, Rn. 112.

361 Palandt, § 823 BGB, Rn. 56a.

362 Vgl. Honsell, JA 1983, 101 (102f.); Palandt, § 823 BGB, Rn. 56a.

Keine Schutznorm hingegen sind mangels spezieller staatlicher Ermächtigung z.B. bloße Vereinssatzungen oder Handelsbräuche.[363] Die Schutznorm kann aus dem Zivilrecht, dem öffentlichen Recht oder dem Strafrecht stammen. Auch kommt es nicht darauf an, wie die Sanktion der Schutznorm beschaffen ist oder ob die Norm überhaupt eine Sanktion aufweist.[364]

VSP als Schutznorm str. nach h.M. (-)

Umstritten ist, ob auch die allgemeinen Verkehrssicherungspflichten als Schutznormen i.S.d. § 823 II BGB anzusehen sind. Dies wird von einer Mindermeinung[365] bejaht, von der h.M.[366] jedoch zu Recht abgelehnt:

Andernfalls würde der Tatbestand des § 823 II BGB aufgrund der Weite der Verkehrssicherungspflichten zu einer deliktischen Generalklausel ausgedehnt.

b) Individualschutz

gezielter Individualschutz ⇨ Schutzzweck d. Norm

Den Schutz eines anderen bezweckt die Norm nur, wenn ihr Inhalt nach dem Willen des Gesetzgebers in Form eines bestimmten Ge- oder Verbotes zumindest neben anderen Zwecken - wie dem Schutz der Allgemeinheit - auch einem gezielten Individualschutz dient und gegen eine näher bestimmte Art der Schädigung eines im Gesetz festgelegten Rechtsgutes oder Individualinteresses gerichtet ist.[367] 123
Dieser Individualschutz darf nicht bloß als Reflex des Schutzes der Allgemeinheit bestehen.[368]

Wesentlich für das Vorliegen eines Schutzgesetzes ist, dass es der Intention des Schutzgesetzes entspricht, dem Geschädigten über § 823 II BGB einen Schadensersatzanspruch zu gewähren.[369] Dies gilt auch für den Fall, dass dem Schutzgesetz eine Sanktionsanordnung völlig fehlt.

Im Einzelnen ist das Vorliegen eines Schutzgesetzes mit Hilfe der Lehre vom Schutzzweck der Norm - also mit einer wertenden, umfassenden Würdigung der Norm sowie des Regelungszusammenhangs - zu ermitteln.[370]

Einzelfälle

Ein Individualschutz wurde von der Rspr. in folgenden Fällen angenommen bzw. abgelehnt:[371] 124

§ 315b StGB (+)

⇨ § 315b StGB schützt neben der Sicherheit des Straßenverkehrs auch den einzelnen Verkehrsteilnehmer vor Verletzungen von Körper, Gesundheit und Leben sowie vor Verletzungen des Eigentums (letzteres erst ab einem bestimmten Wert der Sache).[372]

§ 323c StGB (-)

⇨ Kein Schutzgesetz stellt hingegen § 323c StGB dar, der lediglich die öffentliche Sicherheit und die humanitäre Solidarität schützen will.[373]

§ 264 StGB (+)

⇨ Der in § 264 StGB sanktionierte Subventionsbetrug will nach BGH[374] nicht nur die staatliche Planungs- und Dispositionsfreiheit schützen, sondern auch das staatliche Vermögen.

363 Vgl. Kupisch/Krüger, S. 66, Fn. 12.
364 Kupisch/Krüger, S. 66.
365 Mertens, AcP 178, 227 (230).
366 Vgl. Larenz II, § 72 I d; Honsell, JA 1983, 101 (103).
367 Definition nach Palandt, § 823 BGB, Rn. 57.
368 Vgl. Kupisch/Krüger, S. 65/66.
369 Palandt, § 823 BGB, Rn. 57.
370 BGH, NJW 1980, 1792; Larenz II, § 72 II; Honsell, JA 1983, 101 (103) = **juris**byhemmer.
371 Auch Palandt, § 823 BGB, Rn. 69.
372 Honsell, JA 1983, 101 (103).
373 Dütz, NJW 1970, 1825; Kupisch/Krüger, S. 66, Fn. 14.
374 BGHZ 106, 204 = **juris**byhemmer.

§ 267 StGB (-)

⇨ Kein Schutzgesetz ist die in § 267 StGB bestrafte Urkundenfälschung. Hier soll nur die Sicherheit und Zuverlässigkeit des Rechtsverkehrs geschützt werden,[375] nicht aber das Vermögen des Einzelnen.

§§ 153 ff. StGB (+)

⇨ Anders dagegen die Aussagedelikte, die nach BGH[376] nicht nur die Rechtspflege, sondern auch das Vermögen des Einzelnen schützen.

StVO (+)

⇨ Das Verbot des Parkens auf Gehwegen nach der StVO dient auch dem Schutz der Fußgänger vor Verletzungen durch ein parkendes Fahrzeug.[377]

§ 20 I StVO ist ein Schutzgesetz für alle Fußgänger, die im räumlichen Bereich eines an einer Haltestelle haltenden Linienomnibusses, einer Straßenbahn oder eines gekennzeichneten Schulbusses unachtsam die Fahrbahn überqueren.[378]

bei § 858 BGB str.

⇨ Nach BGH[379] ist auch § 858 BGB Schutzgesetz i.S.d. § 823 II BGB (str.). Problematisch ist dies insbesondere deshalb, weil bei § 823 I BGB nur der berechtigte Besitz als sonstiges, eigentümerähnliches Recht anerkannt ist. Da über § 858 BGB die tatsächliche Sachherrschaft geschützt wird, wird die Differenzierung im Rahmen des § 823 I BGB insoweit teilweise aus den Angeln gehoben.

c) Persönlicher und sachlicher Schutzbereich

persönlicher u. sachlicher Schutz

Weiter muss das Schutzgesetz gerade eine Person wie den Verletzten (persönlicher Schutzbereich) vor Schäden wie dem erlittenen (sachlicher Schutzbereich) schützen.[380] Diese Voraussetzungen sind zusätzlich neben dem generellen Individualschutz des „Gesetzes“ zu prüfen.[381] **125**

__Bsp.:__ So stellt § 248b StGB, der den unbefugten Gebrauch eines Fahrzeuges sanktioniert, nur ein Schutzgesetz zugunsten des Fahrzeughalters bzw. berechtigten Fahrers, nicht aber zugunsten anderer Verkehrsteilnehmer dar, die bei einem Unfall zu Schaden gekommen sind.[382]

Auch muss der erlittene Schaden dem Interesse entsprechen, welches von der Norm geschützt werden soll (sachlicher Schutzbereich).[383]

__Bspe.:__ § 319 StGB (Baugefährdung) dient dem Schutz von Leib und Leben von Passanten, nicht aber des Vermögens oder des Eigentums des Bauherrn.[384]

Halteverbote im Rahmen von Baustellen (§§ 12, 45 StVO) schützen nicht das Vermögen eines Bauunternehmers oder eines von diesem beauftragten weiteren Unternehmens.[385]

375 BGHZ 100, 13 = **juris**byhemmer.

376 Vgl. BGH, LM § 823 BGB Nr. 8.

377 LG Karlsruhe, NJW-RR 1987, 479 = **juris**byhemmer.

378 BGH, NJW 2006, 2110 = **juris**byhemmer.

379 BGHZ 79, 232; **Life&Law 2009, 511 ff**.

380 Medicus, BR, Rn. 622.

381 Kupisch/Krüger, S. 67.

382 Vgl. BGHZ 22, 293 (296); Honsell, JA 1983, 101 (105).

383 Kupisch/Krüger, S. 69.

384 BGHZ 39, 366 (267 f.) = **juris**byhemmer.

385 BGH, NJW 2004, 356 = **juris**byhemmer.

Kündigt AN aufgrund Beleidigungen seiner Kollegen (§ 185 StGB), kann er nicht den Verdienstausfall geltend machen, weil dies nicht vom Schutzbereich des Beleidigungstatbestandes gedeckt ist.[386] Dazu würde allenfalls ein Schmerzensgeld wegen Ehrverletzungen gehören.

2. Verletzung des Schutzgesetzes

bzgl. TB, Rw. u. Schuld Schutzgesetz beachten

Die Schadensersatzpflicht nach § 823 II BGB wird nur ausgelöst, wenn sämtliche Voraussetzungen des Schutzgesetzes erfüllt sind. So müssen z.B. bei einem Schutzgesetz aus dem Strafgesetzbuch Tatbestand, Rechtswidrigkeit und Schuld gegeben sein. Dagegen spielt das eventuelle Erfordernis eines Strafantrags keine Rolle. *126*

C) Rechtswidrigkeit

Rechtswidrigkeit nach h.M. durch TB indiziert

Wie auch bei § 823 I BGB führt nur eine rechtswidrige Schutzgesetzverletzung zu einer deliktischen Haftung i.S.d. § 823 II BGB. Die Rechtswidrigkeit folgt bei § 823 II BGB schon aus dem objektiven Verstoß gegen das Schutzgesetz, sofern nicht ein Rechtfertigungsgrund vorliegt.[387] Die Rechtswidrigkeit wird also auch hier nach ganz h.M.[388] indiziert. *127*

D) Verschulden

Verschulden:

- *§§ 827 ff. BGB, nicht aber JGG*

Voraussetzung ist auch bei § 823 II BGB eine schuldhafte Verletzung des Schutzgesetzes. Das Verschulden richtet sich nach den §§ 276, 827, 828 BGB. Insoweit kann grds. auf die Ausführungen zu § 823 I BGB verwiesen werden.[389] *128*

Wichtig ist dies vor allem in Hinblick auf die Verletzung strafrechtlicher Schutznormen, wie z.B. § 223 StGB, da dann bzgl. der deliktischen Haftung nach § 823 II BGB i.V.m. § 223 StGB für die Frage des Verschuldens nicht das JGG gilt,[390] sondern die §§ 827, 828 BGB.

- *nur bzgl. Verletzung v. Schutzgut, bzgl. Schaden (-)*

Das Verschulden muss sich nach h.M.[391] nur auf die Schutzgesetzverletzung beziehen, nicht aber auf den Eintritt des Schadens bzw. der Folgeschäden.

- *Maßstab ist Schutznorm ⇨ ggf. Vorsatz notw.*

Der Grad des Verschuldens bemisst sich nach dem verletzten Schutzgesetz.[392] So kann ein Schadensersatz wegen Sachbeschädigung über § 823 II BGB i.V.m. § 303 StGB nur bei einer vorsätzlichen Beschädigung gewährt werden. Bei § 263 StGB als Schutzgesetz muss zusätzlich die Bereicherungsabsicht gegeben sein.

aber mind. Fahrlässigkeit notw., § 823 II S. 2 BGB

Setzt das Schutzgesetz - wie etwa § 858 BGB - überhaupt kein Verschulden voraus, so muss gemäß § 823 II S. 2 BGB i.V.m. § 276 I BGB dennoch wenigstens ein fahrlässiger Verstoß vorliegen, um eine deliktische Haftung nach § 823 II BGB zu begründen.[393]

386 BAG, NZA 2007, 1167 = **juris**byhemmer.

387 Kupisch/Krüger, S. 67.

388 Honsell, JA 1983, 101 (107).

389 Vgl. oben Rn. 93.

390 Hierzu das Skript, **Hemmer/Wüst, Strafrecht AT**.

391 Vgl. BGH, NJW-RR 1987, 1311; BGHZ 34, 381; a.A.: Kupisch/Krüger, S. 68/69.

392 So h.M.: Kupisch/Krüger, S. 68.

393 Zur Beweislast diesbezüglich vgl. Palandt, § 823 BGB, Rn. 60.

E) Haftungsausfüllender Tatbestand

haftungsausfüllende Kausalität

Hier gelten im Wesentlichen die Ausführungen zu § 823 I BGB. Ersatzfähig sind auch hier grundsätzlich nur Vermögensschäden. Art, Inhalt und Umfang des Schadens bestimmen sich nach den §§ 249 ff., 842, 843 BGB. *129*

für Schaden kausale Schutzgesetzverletzung

Der eingetretene Schaden muss kausal durch die Schutzgesetzverletzung verursacht worden sein (haftungsausfüllende Kausalität). Auch hier gelten die Äquivalenz- und Adäquanztheorie sowie die Lehre vom Schutzzweck der Norm. Unter die Schadensersatzverpflichtung gemäß § 823 II BGB fallen nur Schäden, die an einer durch das Schutzgesetz geschützten Rechtsposition eingetreten sind, deren Eintritt also nach Sinn und Zweck des Schutzgesetzes gerade verhindert werden sollte. *130*

hemmer-Methode: Wenn § 823 II BGB i.V.m. einem Schutzgesetz in Betracht kommt, ist wiederum an das Korrektiv des Schutzbereichs der Norm zu denken. Es gelten dabei ähnliche Überlegungen wie beim sachlichen Schutzbereich des Schutzgesetzes.
Beispielhaft für die Problematik des Schutzbereichs des § 263 StGB ist die Fallkonstellation, dass der Käufer eines Gebrauchtwagens, nachdem er diesen bei einem von ihm verschuldeten Unfall zerstört hat, von dem arglistigen Verkäufer den Kaufpreis über § 823 II BGB i.V.m. § 263 StGB zurückverlangt. Der BGH[394] lässt die bloße Adäquanz genügen und lässt den Anspruch nicht am fehlenden Rechtswidrigkeitszusammenhang scheitern.
Dagegen spricht aber, dass es nicht Sinn und Zweck des § 263 StGB ist, vor verschuldeten Unfällen zu schützen, die mit der arglistigen Täuschung in keinerlei Zusammenhang stehen.[395]

§ 254 BGB bei Mitverschulden

Auch hier kommt eine Minderung oder ein Ausschluss des Schadensersatzanspruches aufgrund Mitverschuldens des Verletzten nach § 254 BGB in Betracht.

Bearbeiten Sie die Fragen 49 - 55!

394 BGHZ 57, 137 = **juris**byhemmer.

395 In diesem Sinne Medicus, BR, Rn. 230.

§ 4 DIE HAFTUNGSGRÜNDE DER §§ 824 - 826 BGB

A) Kreditgefährdung, § 824 BGB

I. Einführung

1. Einordnung der Regelung des § 824 BGB

§ 824 BGB kein Spezialgesetz

§ 824 BGB stellt gegenüber §§ 823 I, 826, 823 II BGB i.V.m. §§ 185 ff. StGB keine Spezialregelung dar.[396] Alle genannten Anspruchsgrundlagen sind nebeneinander anwendbar (Anspruchskonkurrenz). So kann z.B. eine vorsätzliche Kreditgefährdung zugleich einen Eingriff in das allgemeine Persönlichkeitsrecht i.S.v. § 823 I BGB darstellen. 131

Schutz d. Geschäftsehre u. wirtschaftl. Wertschätzung

§ 824 BGB schützt die wirtschaftliche Wertschätzung von Personen und Unternehmen vor unmittelbaren Beeinträchtigungen, die durch die Verbreitung unwahrer Behauptungen über sie herbeigeführt werden.[397] Er bildet somit eine wesentliche Ausdehnung des Schutzes der Geschäftsehre und der wirtschaftlichen Wertschätzung.[398]

bei Gewerbebetrieb ist § 823 I BGB subsidiär

Bzgl. unwahrer Tatsachen verdrängt § 824 BGB das nur subsidiär eingreifende Recht am eingerichteten und ausgeübten Gewerbebetrieb i.R.d. § 823 I BGB. Das Recht am eingerichteten und ausgeübten Gewerbebetrieb kann nur bei abträglichen Werturteilen oder der Veröffentlichung von wahren Tatsachen ohne ausreichenden Grund betroffen sein, da dann § 824 BGB tatbestandlich nicht eingreift.

hemmer-Methode: Vergessen Sie nicht, dass das Recht am eingerichteten und ausgeübten Gewerbebetrieb i.R.d. § 823 I BGB nur subsidiär eingreift! Der Schutz des allgemeinen Persönlichkeitsrechts über § 823 I BGB wird jedoch nicht vom Eingreifen des § 824 BGB verdrängt. Hier kommt allenfalls eine Subsidiarität zu spezielleren Regelungen (§ 12 BGB, §§ 22 ff. KUrhG, UrhG, BDSG) in Betracht. 132

2. Aufbauschema

Aufbauschema

133

1. Behaupten oder Verbreiten einer unwahren Tatsache
2. Objektive Geeignetheit zur Herbeiführung von Nachteilen für Kredit, Erwerb oder Fortkommen eines anderen
3. Haftungsbegründende Kausalität
4. Rechtswidrigkeit
5. Verschulden
6. Schaden
7. Haftungsausfüllende Kausalität

396 Palandt, § 824 BGB, Rn. 1.

397 Palandt, § 824 BGB, Rn. 1; BGH, NJW 1978, 2151.

398 Palandt, § 824 BGB, Rn. 1.

II. Voraussetzungen des § 824 I BGB

1. Unwahre Tatsachen

Behauptung unwahrer Tatsachen, Abgrenzung zu Werturteil

§ 824 BGB fordert die Behauptung unwahrer Tatsachen. Gegensatz zur Tatsache ist ein Werturteil. Die Abgrenzung zwischen Tatsache und Werturteil richtet sich danach, ob die Äußerung einer objektiven Klärung zugänglich ist und als etwas Geschehenes grundsätzlich dem Beweis offen steht. Eine Tatsachenbehauptung kann wahr oder unwahr sein und ist dem Wahrheitsbeweis daher in vollem Umfang zugänglich. Ein Werturteil kann dagegen je nach Betrachter nur als falsch abgelehnt oder als richtig akzeptiert werden.[399] Werturteil und Tatsachenbehauptung können allerdings auch in einer Äußerung zusammentreffen. In diesem Fall ist der Schwerpunkt nach dem Inhalt der Äußerung, wie die angesprochenen Verkehrskreise ihn nach dem Gesamtzusammenhang verstehen, zu ermitteln.[400] Eine Tatsachenbehauptung kann bereits in der Äußerung eines Verdachts, einer Vermutung, einer Möglichkeit oder einer Frage liegen.[401] *134*

Unwahrheit: Sicht d. durchschnittlichen Empfängers

Die Unwahrheit einer Tatsachenbehauptung beurteilt sich aus der Sicht des durchschnittlichen Empfängers.[402] Werden unwahre und wahre Tatsachen vermischt, kommt es darauf an, ob der Kern des Berichts zu einem falschen Bild über die betroffene Person führt.[403] *135*

2. Kreditgefährdung

Gefährdung wirtschaftl. Interessen

Die Tatsachenbehauptung muss geeignet sein, den Kredit eines anderen zu gefährden oder sonstige erhebliche Nachteile für den Erwerb oder das Fortkommen herbeizuführen. Geschützt ist insoweit nur die Gefährdung und unmittelbare Beeinträchtigung wirtschaftlicher Interessen.[404] Die Ehrenrührigkeit der Tatsache ist nicht erforderlich, wohl aber eine Beeinträchtigung der wirtschaftlichen Wertschätzung. *136*

konkreter Angriff notw.

Geschützt ist die Kreditgefährdung eines Anderen. Dieser Andere muss dabei konkret angegriffen worden sein, wobei allerdings auch ein konkludenter Angriff genügen kann. Erforderlich ist somit eine erkennbare Beziehung zur Person des Geschädigten, seinem Betrieb, seinen Geschäftsmethoden oder seinen gewerblichen Erzeugnissen.[405] Nicht ausreichend ist daher ein sog. allgemeiner Systemvergleich.

> **Bsp.:**[406] *In einem Leserbrief behauptet S, dass einige Gemeinden mit den neuen Elektronenorgeln nicht zufrieden seien und diese im Vergleich zu herkömmlichen Pfeifenorgeln weniger brauchbar seien. G, Hersteller von Elektronenorgeln, verweist auf zahlreiche zufriedene Kunden und verlangt von S Schadensersatz aufgrund seines Umsatzrückganges nach dem Leserbrief.*
>
> Hier scheitert ein Anspruch aus § 824 BGB, da S seine Aussage nur allgemein auf Elektronenorgeln bezog, nicht aber speziell auf die der Firma G.

399 Dazu Palandt, § 824 BGB, Rn. 2.

400 Palandt, § 824 BGB, Rn. 4; BGH, NJW 1988, 1589.

401 Vgl. Palandt, § 824 BGB, Rn. 4, 5; BGH, NJW 1988, 1589; BGH, NJW 1979, 102.

402 Palandt, § 824 BGB, Rn. 7; BGH, VersR 1988, 1181 (1183).

403 Palandt, § 824 BGB, Rn. 4; BGH, NJW 1987, 1403.; 2016, 1584.

404 Palandt, § 824 BGB, Rn. 8.

405 Vgl. BGH, JZ 1964, 509; Larenz II, § 73 I.

406 Nach BGH, JZ 1964, 509.

Kausalität d. Angriffs für Schaden

Die Geeignetheit einer Äußerung zur Kreditgefährdung liegt vor, wenn die Äußerung kausal für die Kreditgefährdung ist. Hierzu gelten die allgemeinen Regeln.

3. Rechtswidrigkeit

Rechtswidrigkeit

Die Äußerung muss auch rechtswidrig gewesen sein. Hierzu gelten die Ausführungen zu § 823 I BGB.[407] *137*

§ 824 II BGB lässt nicht bloß die Rechtswidrigkeit entfallen, sondern den Anspruch als solchen.

4. Verschulden

Vorsatz o. Fahrlässigkeit

Die Kreditgefährdung kann vorsätzlich oder fahrlässig i.S.d. § 276 I BGB begangen werden. Nach dem Wortlaut des § 824 BGB genügt bereits die fahrlässige Unkenntnis der Unwahrheit der Tatsache. *138*

5. § 824 II BGB

§ 824 II BGB ⇨ berechtigtes Interesse; Abwägung notw.

§ 824 II BGB lässt die Ersatzpflicht entfallen, wenn dem Mitteilenden die Unwahrheit der Mitteilung unbekannt ist und er oder der Empfänger an der Mitteilung ein berechtigtes Interesse haben. Hier ist eine Interessenabwägung zwischen dem Interesse an der Mitteilung und der Schutzwürdigkeit des angegriffenen Rechtsgutes erforderlich, wobei auch das Verhalten des Angegriffenen vor dem Angriff zu berücksichtigen ist.[408] *139*

B) Bestimmung zu sexuellen Handlungen, § 825 BGB

I. Einführung

§ 825 BGB, Bestimmung zur Beiwohnung

Die Bestimmung zu sexuellen Handlungen nach § 825 BGB ist in der Praxis und auch in der Klausur weitgehend bedeutungslos, weil der Tatbestand meist auch unter § 823 I BGB (allgemeines Persönlichkeitsrecht) und/oder § 823 II BGB i.V.m. §§ 177 ff. StGB fällt. Es besteht dann Anspruchskonkurrenz mit § 823 I BGB. An dieser geringen Bedeutung werden auch die Änderungen in der Formulierung durch das Schadensersatzrechtsreformgesetz nichts ändern. *140*

II. Aufbauschema

1. Bestimmung einer anderen Person zur Vornahme oder Duldung sexueller Handlungen durch
   - **a)** Hinterlist oder
   - **b)** Drohung
   - **c)** oder unter Missbrauch eines Abhängigkeitsverhältnisses
2. Haftungsbegründende Kausalität (Vornahme/Duldung sexueller Handlungen)
3. Schaden (wichtig: § 253 II BGB)
4. Haftungsausfüllende Kausalität (Vornahme/Duldung sexueller Handlungen)

---

407 Vgl. oben Rn. 79 ff.

408 Palandt, § 824 BGB, Rn. 9; BGHZ 31, 308.

III. Voraussetzungen

Unbescholtenheit nicht notw.

Nicht erforderlich ist die Unbescholtenheit des/der Geschädigten. Auch Alter oder Familienstand sind unerheblich. Es genügt jede Einwirkung auf die Willensbildung auch ohne Gewaltanwendung.[409] 141

Hinterlist

Hinterlist bedeutet ein vorbedachtes, die wahre Absicht verdeckendes Handeln zu dem Zweck, den unvorbereiteten Zustand des Opfers zur Verwirklichung des Vorhabens zu benutzen, z.B. durch Verabreichung berauschender Getränke.[410]

Drohung

Eine Drohung liegt in jedem Inaussichtstellen eines Übels, das zur Willensbeeinflussung geeignet ist.[411]

Abhängigkeit: Ausnutzen v. Überlegenheit

Das bloße Bestehen eines Abhängigkeitsverhältnisses genügt nicht. Erforderlich sind die Ausnutzung der auf wirtschaftlichen oder anderen Gründen beruhenden tatsächlichen Überlegenheit zum Zweck der Willensbeeinflussung des Opfers und der ursächliche Zusammenhang zwischen Abhängigkeitsverhältnis und Gestattung der Beiwohnung.[412]

§ 253 II BGB

Der Schadensersatzanspruch umfasst sowohl den Vermögensschaden als auch über § 253 II BGB den Nichtvermögensschaden unter dessen Voraussetzungen. Da § 253 II BGB ausdrücklich die sexuelle Selbstbestimmung nennt, kann daher Schmerzensgeld auch unterhalb der Schwelle zur Körperverletzung verlangt werden.

C) Sittenwidrige vorsätzliche Schädigung, § 826 BGB

I. Einführung

1. Einordnung

§ 826 BGB ist AuffangTB

§ 826 BGB bildet neben §§ 823 I, II, 824 BGB den dritten Grundtatbestand der deliktischen Haftung. Er bildet eine wichtige Ergänzung zu den beschränkten Tatbeständen der §§ 823, 824 BGB und ist deshalb von großer praktischer Bedeutung.[413] Im Gegensatz zu den §§ 823, 824 BGB dient § 826 BGB nicht dem Schutz bestimmter, individuell bezeichneter Rechtsgüter, sondern stellt einen Auffangtatbestand, eine Generalklausel dar. 142

auch Vermögen geschützt

Sanktioniert wird jedwede vorsätzlich erfolgte, sittenwidrige Schädigung eines anderen, egal an welchem Rechtsgut, sodass auch eine Beschädigung des Vermögens als solchem unter den Voraussetzungen des § 826 BGB ersatzfähig ist.[414]

Neben §§ 242, 226 BGB stellt § 826 BGB den Ausgangspunkt allgemeiner Rechtseinrichtungen, wie z.B. dem Einwand unzulässiger Rechtsausübung dar.[415]

§ 138 BGB vor § 826 BGB prüfen

In der Klausur ist § 138 BGB regelmäßig vor § 826 BGB zu prüfen, wenn der Schaden gerade in dem Vorhandensein eines Vertrages besteht. Scheitert dieser Vertrag nämlich an § 138 BGB, fehlt es für § 826 BGB möglicherweise an einem ersatzfähigen Schaden.

409 Dazu näher Palandt, § 825 BGB, Rn. 2, 3.

410 Vgl. Palandt, § 825 BGB, Rn. 4.

411 Vgl. Palandt, § 825 BGB, Rn. 5.

412 Palandt, § 825 BGB, Rn. 6.

413 Vgl. Palandt, § 826 BGB, Rn. 1.

414 Palandt, § 826 BGB, Rn. 3.

415 Palandt, § 826 BGB, Rn. 1; RGZ 166, 117.

Davon abgesehen steht der Anwendbarkeit des § 826 BGB aber grds. nicht entgegen, dass das anstößige Rechtsgeschäft unwirksam, schikanös oder treuwidrig ist, §§ 226, 242 BGB.[416]

hemmer-Methode: Ein guter Klausuraufbau ist kein Formalismus, sondern hilft, Fehler zu vermeiden. Prüfen Sie immer zuerst vertragliche Ansprüche, dann vertragsähnliche Ansprüche (GoA, §§ 311 II, III, 241 II, 280 BGB) und schließlich Ansprüche aus dem Eigentum. Danach können Sie ohne zwingende Reihenfolge Bereicherungs- und Deliktsansprüche prüfen. Dann ergibt es sich ganz automatisch, dass § 138 BGB vor § 826 BGB zu prüfen ist.
Gehen Sie vor jeder Examensarbeit gedanklich die Prüfungsreihenfolge durch! 143

2. Aufbauschema

Aufbauschema

1. Sittenwidrige Schädigungshandlung 144
2. Schaden
3. Kausalität Handlung/Schaden
4. Vorsatz bzgl. Sittenwidrigkeit und Schaden
5. Art/Umfang des Schadens, §§ 249 ff. BGB
6. Evtl. Mitverschulden, § 254 BGB

II. Voraussetzungen

1. Sittenwidrige Schädigung

Sittenwidrigkeit: nicht nur vorsätzl. Schädigung

Der Schaden muss in einer gegen die guten Sitten verstoßenden Weise herbeigeführt worden sein. Nicht schon jede vorsätzliche Schadenszufügung ist als solche sittenwidrig. Hinzukommen müssen weitere Umstände, welche das vorsätzliche schädigende Verhalten als moralisch verwerflich erscheinen lassen.[417] 145

Begriff entspricht dem in § 138 BGB

Maßstab für das Vorliegen einer sittenwidrigen Schädigungshandlung ist das Anstandsgefühl aller billig und gerecht Denkenden.[418] Insoweit entspricht der Begriff der Sittenwidrigkeit in § 826 BGB dem in § 138 BGB.[419]

Entscheidend sind dabei die Moralgrundsätze des Durchschnittsmenschen, nicht die Durchsetzung besonders hoher moralischer Anforderungen oder laxer Moralvorstellungen.[420]

zeitgemäße Moralvorstellungen

Dabei ist es Aufgabe der Gerichte, die im Laufe der Zeit sich ändernden Moralvorstellungen mit zu steuern.[421]

Der Begriff der Sittenwidrigkeit ist somit aufgrund der sich wandelnden Moralvorstellungen flexibel.

416 Palandt, § 826 BGB, Rn. 3.
417 Kupisch/Krüger, S. 71.
418 Palandt, § 826 BGB, Rn. 4.
419 Palandt, § 826 BGB, Rn. 4.
420 Kupisch/Krüger, S. 71 f.
421 Kupisch/Krüger, S. 72.

Sittenwidrigkeit wegen Zweck, Mittel o. Folgen

Die Sittenwidrigkeit kann sich aus dem mit der Handlung verfolgten Zweck, dem zur Durchsetzung verwendeten Mittel, der dabei gezeigten Gesinnung oder den entstandenen Folgen ergeben.[422] Zur Beurteilung der Sittenwidrigkeit sind dabei die gesetzlichen Bestimmungen, die dem Gesetz immanenten Wertungen sowie die allgemeingültigen Moralvorstellungen heranzuziehen.

Zeitpunkt d. Handlung ist diesbzgl. maßgebl.

Maßgeblicher Zeitpunkt für die Beurteilung des Vorliegens der Sittenwidrigkeit ist die Vornahme der Schädigungshandlung. Somit sind die zu diesem Zeitpunkt geltenden Moralvorstellungen anzuwenden.[423]

2. Vorsatz

dolus eventualis ausr., nicht aber grobe Fahrlässigkeit

Der Schädiger muss mit Wissen und Wollen der Tat, also vorsätzlich gehandelt haben. 146
Dabei verlangt § 826 BGB keinen qualifizierten Vorsatz. Dolus eventualis ist ausreichend. Ein bloß grob fahrlässiges Verhalten genügt dagegen nach dem ausdrücklichen Wortlaut des § 826 BGB nicht. Damit steht jedoch nicht in Widerspruch, dass das Merkmal der Sittenwidrigkeit in manchen Fällen in einem grob fahrlässigen, gewissenlosen Verhalten zu sehen ist.[424]

Vorsatz bzgl. der Tatumstände ausreichend

Der Vorsatz muss sich zum einen auf die Sittenwidrigkeit beziehen. Dabei genügt jedoch, dass der Täter die Sittenwidrigkeit der die Tat begründenden Umstände kennt. Nicht erforderlich ist der Schluss des Täters von diesen Umständen auf das Vorliegen der Sittenwidrigkeit, also ein Bewusstsein des Täters, sittenwidrig zu handeln.[425]

aber auch bzgl. Schadenseintritt notw.

Der Schaden gehört bei § 826 BGB - anders als bei §§ 823, 824 BGB - bereits zum haftungsbegründenden Tatbestand. Daher muss sich der Vorsatz auch auf den Schaden beziehen.[426] Ausreichend ist dabei, dass der Täter weiß und will (oder billigend in Kauf nimmt), dass ein Schaden eintritt. Der Schadensverlauf im Einzelnen oder der genaue Umfang bzw. die Höhe des Schadens müssen dagegen nicht vom Vorsatz umfasst sein, sofern dem Schädiger nur die Richtung, in der sich sein Verhalten zum Schaden anderer auswirken konnte, und die Art des möglicherweise eintretenden Schadens, bewusst war.[427] Im Gegensatz zu § 823 BGB muss sich hier der Vorsatz aber auch auf mögliche Folgeschäden beziehen.[428]

Vorsatz bei § 826 BGB
Kein qualifizierter Vorsatz/ Eventualvorsatz ausreichend

Bzgl. Sittenwidrigkeit →
- Kennen der wesentlichen Tatumstände, welche die Sittenwidrigkeit begründen
- Kein Bewusstsein der Sittenwidrigkeit erforderlich

Bzgl. Schaden → Ausreichend ist, dass der Täter weiß und will (oder billigend in Kauf nimmt), dass ein (Folge-) Schaden eintritt.

422 Larenz II, § 72 IV; Palandt, § 826 BGB, Rn. 4 ff.
423 BGH, NJW 1983, 2692 = jurisbyhemmer.
424 Palandt, § 826 BGB, Rn. 10.
425 Kupisch/Krüger, S. 72; Palandt, § 826 BGB, Rn. 11.
426 Medicus, BR, Rn. 623; Palandt, § 826 BGB, Rn. 11.
427 Kupisch/Krüger, S. 73; Palandt, § 826 BGB, Rn. 11.
428 Kupisch/Krüger, S. 73 f.

III. Fallgruppen aus der Rechtsprechung[429]

1. Arglistige Täuschung / rechtswidrige Drohung, § 123 BGB

Fallgruppen: z.B. § 123 BGB

Bei arglistiger Täuschung oder rechtswidriger Drohung i.S.d. § 123 BGB kann der Getäuschte bzw. Bedrohte den Vertrag anfechten und auf diese Weise eine Befreiung von seinen vertraglichen Pflichten erreichen. Der Ausgleich erfolgt nach Anfechtung über Bereicherungsrecht. 147

wichtig nach Fristablauf v. § 124 BGB

Dasselbe Ergebnis lässt sich auch über einen Schadensersatzanspruch nach § 826 BGB erreichen. Eigenständige Bedeutung gewinnt dieser Anspruch, wenn die Voraussetzungen der §§ 123, 124 BGB nicht gegeben sind, insbesondere nach Fristablauf.[430] 148

Die Vertragsauflösung erfolgt über § 249 I BGB und die Differenzhypothese. Da der Getäuschte ohne die Täuschungshandlung den Vertrag regelmäßig nicht abgeschlossen hätte, gelangt man auf diesem Weg zur Rückgängigmachung des Vertrages.

hemmer-Methode: Lernen Sie problemorientiert! Die Anfechtung kann wegen Verfristung scheitern. Über andere Bestimmungen kann möglicherweise dennoch die Wirkung der Anfechtung herbeigeführt werden. So kann nach h.M. über §§ 280 I, 311 II, 241 II BGB i.V.m. § 249 I BGB ein Anspruch auf Vertragsaufhebung bestehen, da die Haftung für vorvertragliche Pflichtverletzungen das Vermögen schützt, während die §§ 119 ff. BGB die freie Willensbildung gewährleisten sollen.[431]
Dasselbe Problem stellt sich insbesondere im Verhältnis von §§ 823 ff. BGB zu § 123 BGB.
So kann ein abgenötigter Vertragsschluss gem. § 823 II BGB i.V.m. § 240 StGB bzw. § 826 BGB i.V.m. § 249 I BGB zu einem Anspruch auf Vertragsaufhebung führen. Bedeutung erlangen diese Anspruchsgrundlagen, wenn die Ausschlussfrist des § 124 BGB verstrichen ist, da für deliktische Ansprüche gem. § 195 BGB eine dreijährige Verjährungsfrist gilt. Wie im Verhältnis der vorvertraglichen Haftung zur Anfechtung, so sind wohl auch §§ 823 ff. BGB neben der Anfechtung anwendbar, da geschütztes Rechtsgut bei §§ 823 ff. BGB wiederum das Vermögen ist, nicht die Willensfreiheit.

2. Vertragsbruch

Vertragsbruch allein nicht ausr. ⇨ bes. Umstände notw.

Die Nichterfüllung eines Vertrages ist nur dann sittenwidrig, wenn besondere Umstände hinzukommen.[432] Auch das Verleiten zum Vertragsbruch allein stellt noch kein sittenwidriges Verhalten dar.[433] 149

Ein die Sittenwidrigkeit begründender besonderer Umstand liegt aber z.B. dann vor, wenn der Vertragsbruch durch Anbieten einer höheren Gegenleistung unter gleichzeitiger Freistellung von möglichen Schadensersatzansprüchen des Erstkontrahenten herbeigeführt wird.[434] Der Dritte handelt dann sittenwidrig, wenn er aktiv am Vertragsbruch mitwirkt.[435]

429 Diese (anerkannten) Fallgruppen dienen als Richtschnur für die Beurteilung ähnlicher Fälle entscheidend sind aber stets nicht nur die abstrakten Merkmale, sondern die gesamten Umstände des Einzelfalls, BVerfG, NJW 2015, 3083 ff.

430 Vgl. Palandt, § 826 BGB, Rn. 15; BGHZ 42, 37 (42).

431 Vgl. zu dieser Frage auch BGH, NJW 1998, 302 = **Life&Law 1998, 146**.

432 Palandt, § 826 BGB, Rn. 22.

433 Kupisch/Krüger, S. 72.

434 RG, JW 1931, 2238.

435 BGH, NJW 1969, 1295 = jurisbyhemmer.

Bsp.: H hat einen großen Posten Stahlträger, den er gerne komplett veräußern würde. G ist an den Stahlträgern interessiert, kann aber nur ein Drittel der vorhandenen Menge übernehmen. H ist damit einverstanden. G will die Träger am nächsten Morgen abholen.

Wenige Stunden später kommt S zu H und ist bereit, den ganzen Posten zu einem höheren Preis zu erwerben. S braucht die Träger dringend und bietet H in Kenntnis des Vertrages mit G an, eventuelle Schadensersatzansprüche des G gegen H zu übernehmen. H ist einverstanden. S nimmt die Träger sofort mit.

G kann hier von S Schadensersatz nach § 826 BGB verlangen. Dieser kann - und wird regelmäßig - in Geld bestehen. Bei § 826 BGB ist aber gem. § 249 BGB auch Naturalrestitution möglich, sodass G dann Übereignung eines Drittels der Träger verlangen könnte.

hemmer-Methode: Denken Sie in Problemfeldern! Die Verleitung zum Vertragsbruch ist auch das Hauptargument für die Sittenwidrigkeit einer Globalzession des Geldkreditgebers (Bank) nach § 138 BGB beim Zusammentreffen mit einem verlängerten Eigentumsvorbehalt des Warenkreditgebers. An sich geht wegen des Prioritätsprinzips die im verlängerten Eigentumsvorbehalt enthaltene Vorausabtretung der Forderung aus dem Warenverkauf ins Leere, weil diese schon an die Bank abgetreten wurde. Die Globalzession ist aber nach § 138 BGB nichtig, wenn die Bank weiß, dass die Vereinbarung eines verlängerten Eigentumsvorbehalts branchenüblich ist, und den Darlehensnehmer auf diese Weise zwingt, die Vorausabtretung gegenüber dem Warenlieferanten zu verheimlichen. Verhindert werden kann diese Sittenwidrigkeit nur durch eine dingliche Verzichtsklausel! 150

3. Verweigerung der Aufnahme in einen Verein

Verein bzgl. Aufnahme grds. autonom

Grundsätzlich kann ein Verein Zweck und Aufgabe selbst bestimmen und frei über die Aufnahme von Mitgliedern entscheiden. In bestimmten Fällen stellt jedoch die Verweigerung der Aufnahme als Mitglied eine sittenwidrige Schädigung i.S.d. § 826 BGB dar, sodass das abgewiesene Mitglied über § 249 BGB seine Aufnahme verlangen kann.[436] 151

Ausnahme bei Monopolstellung Anspruch auf Aufnahme aus § 826 BGB

Ausnahmsweise liegt ein solcher Aufnahmeanspruch bei Idealvereinen mit Monopolstellung vor.[437] Hat der Verband zwar keine echte Monopolstellung, aber eine erhebliche wirtschaftliche oder soziale Machtstellung, kann er ebenfalls zur Aufnahme eines Bewerbers verpflichtet werden, wenn dieser die Aufnahmebedingungen erfüllt und zur Verfolgung oder zur Wahrung wesentlicher Interessen auf die Mitgliedschaft angewiesen ist.[438]

4. Durchbrechung der Rechtskraft

Durchbrechung d. Rechtskraft mögl.

Zur Aufhebung der Rechtskraft eines Urteils bietet die ZPO verschiedene Möglichkeiten an: Abänderungsklage (§ 323 ZPO), Nichtigkeitsklage (§ 579 ZPO) und Restitutionsklage (§ 580 ZPO). Diese Möglichkeiten betreffen jedoch nur bestimmte Spezialfälle. 152

Auch die Vollstreckungsabwehrklage schafft nicht in allen Fällen Abhilfe, insbesondere dann nicht, wenn eine Einwendung des Schuldners bereits im Erkenntnisverfahren hätte berücksichtigt werden können, § 767 II ZPO. Die ZPO gewährleistet daher nicht in jedem Fall, dass aus einem materiell unrichtigen Titel keine Zwangsvollstreckung mehr stattfindet.

436 Medicus, BR, Rn. 627.

437 Vgl. Palandt, § 826 BGB, Rn. 49, sowie § 25 BGB, Rn. 11; BGH, NJW 1969, 316.

438 Palandt, § 25 BGB, Rn. 11; Medicus, BR, Rn. 627; BGH, NJW 1998, 2818 = **Life&Law 1998, 777 ff.**

Gerade im Mahnverfahren besteht die Gefahr, dass der Gläubiger unter Ausnutzung der Unerfahrenheit des Schuldners schnell zu einem rechtskräftigen Vollstreckungsbescheid gelangt.[439]

z.B. bei Urteilsmissbrauch Anspruch aus §§ 826, 249 BGB

Die Rspr.[440] hat daher den Urteilsmissbrauch als sittenwidriges Verhalten i.S.d. § 826 BGB anerkannt. Der Urteilsmissbrauch kann in zwei Konstellationen auftreten: einmal als sittenwidriges Erschleichen eines unrichtigen Titels, zum anderen als sittenwidriges Ausnutzen eines später als unrichtig erkannten Titels. In diesen Fällen kann der Vollstreckungsschuldner aufgrund von § 826 BGB Leistungsklage auf Unterlassung der Vollstreckung aus dem Titel erheben. Der Schadensersatzanspruch umfasst dabei nach § 249 BGB die Rückgabe bzw. das Nichtausnutzen des unrichtigen Titels.

aber nur in extremen Ausnahmefällen

Um die materielle Rechtskraft als eine der tragenden Grundsätze des Zivilrechts nicht auszuhöhlen, muss diese Durchbrechung der Rechtskraft über § 826 BGB jedoch auf krasse Ausnahmefälle beschränkt bleiben. 153

Voraussetzungen für einen Anspruch aus § 826 BGB sind:[441]

1. Unrichtiger Titel
2. Kenntnis der Unrichtigkeit durch den, der von dem Urteil Gebrauch macht
3. Besondere Umstände, welche die Sittenwidrigkeit begründen

z.B. bei Erschleichen v. Titel (Bestechung etc.)

Im Fall des Erschleichens eines Titels liegen diese besonderen Umstände in der Herbeiführung eines Urteils oder der Rechtskraft durch eine rechts- oder sittenwidrige Handlung im Bewusstsein der Unrichtigkeit, z.B. durch Bestechung eines Zeugen oder gezielte, missbräuchliche Anwendung des Mahnverfahrens.[442] 154

ggf. bei Ausnutzen v. unrichtigem Titel

Wird ein erst später als unrichtig erkannter Titel dennoch ausgenutzt, liegt Sittenwidrigkeit nur dann vor, wenn es mit dem Gerechtigkeitsgedanken schlechthin unvereinbar wäre, dass der Vollstreckungsgläubiger seine formelle Rechtsstellung unter Missachtung der materiellen Rechtslage zu Lasten des Schuldners ausnutzt.

Die Kasuistik der Rspr. in diesem Bereich ist umfangreich.[443]

hemmer-Methode: Die Literatur kritisiert diese Rechtsprechung wegen der entstehenden Rechtsunsicherheit. Die materielle Rechtskraft hat gerade den Zweck, eine sichere, unumstößliche Rechtslage zu gewährleisten. Zudem seien die Rechtsbehelfe der ZPO ausreichend. Insbesondere könnte auch eine Analogie zu § 580 ZPO Abhilfe schaffen. 155

Bearbeiten Sie die Fragen 56 - 63!

439 Vgl. allerdings § 688 II Nr. 1 ZPO, der die Durchsetzung eines sittenwidrigen Ratenkredits verhindern soll.

440 Palandt, § 826 BGB, Rn. 52 ff. m.w.N.; OLG Düsseldorf, NJW 1985, 153.

441 Auch Braun, JuS 1992, 177 (182).

442 Weitere Beispiele s. Palandt, § 826 BGB, Rn. 53.

443 Palandt, § 826 BGB, Rn. 52 ff.

§ 5 MITTÄTER, TEILNEHMER UND BETEILIGTE, § 830 BGB

A) Einführung

I. Einordnung der Regelung des § 830 BGB

§ 830 BGB behandelt drei Fälle der Beteiligung mehrerer an einer unerlaubten Handlung.[444] Über § 830 BGB haftet jeder der Betroffenen, ohne dass festgestellt zu werden braucht, ob gerade er durch sein Verhalten den Schaden verursacht hat.[445] 156

§ 830 BGB, drei Fallgruppen

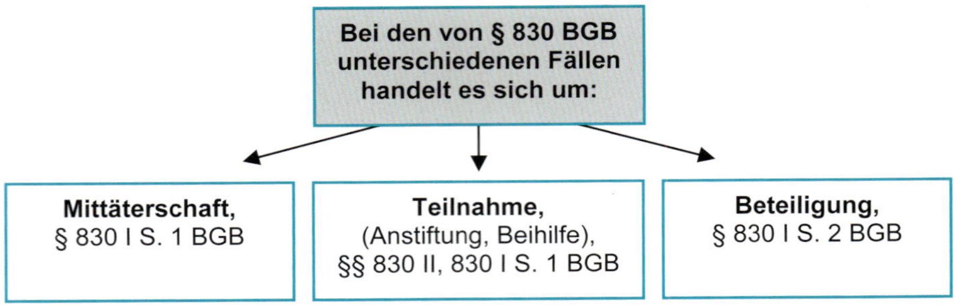

nach h.M. selbstständige Anspruchsgrundlagen

Nach inzwischen ganz h.M.[446] handelt es sich bei § 830 BGB in allen drei Fallgruppen um selbstständige Anspruchsgrundlagen. Dies gilt insbesondere für § 830 I S. 2 BGB, der von der früheren Rspr.[447] als bloße prozessuale Beweisregel bezeichnet wurde.

hemmer-Methode: Häufiger Klausurfehler ist es, § 830 I S. 2 BGB i.R.d. haftungsbegründenden oder haftungsausfüllenden Kausalität zu prüfen. Mit Hilfe von § 830 I S. 2 BGB können zwar Zweifel sowohl bei der haftungsbegründenden als auch bei der haftungsausfüllenden Kausalität überwunden werden.[448] Jedoch handelt es sich nicht um eine Beweislastregel für die Kausalität, sondern um eine eigenständige Anspruchsgrundlage! 157
Merken Sie sich aber: § 830 I S. 2 BGB greift nicht ein, wenn schon nicht nachweisbar ist, dass eine Handlung vorliegt, die zum Verletzungserfolg geführt hat.

grds. gilt Verursachungsprinzip; Ausnahme: § 830 I S. 2 BGB

Die deliktische Haftung folgt grundsätzlich dem Verursachungsprinzip, d.h. es muss die Kausalität sowohl zwischen Handlung und Erfolgseintritt als auch zwischen Erfolgseintritt und Schaden vorliegen, um die Haftung des Schädigers zu begründen. In Ausnahme dazu verzichtet § 830 I S. 2 BGB unter seinen Voraussetzungen aber gerade auf den Nachweis der Kausalität.[449] 158

Anders dagegen § 830 I S. 1 BGB: Hier wird nicht auf den Nachweis der Kausalität des Verhaltens eines Mittäters verzichtet, sondern die Haftung beruht darauf, dass das Verhalten eines Mittäters dem anderen zugerechnet wird. Verzichtet wird hier nur auf den Nachweis, wessen Verhalten im Einzelnen zu dem Schadenseintritt geführt hat.[450]

---

444 Palandt, § 830 BGB, Rn. 1.
445 BGHZ 72, 355.
446 Palandt, § 830 BGB, Rn. 1.
447 MüKo, § 830 BGB, Rn. 2.
448 Vgl. Kupisch/Krüger, S. 127 f.
449 Vgl. Kupisch/Krüger, S. 124.
450 Kupisch/Krüger, S. 123; a.A.: MüKo, § 830 BGB, Rn. 3, 8.

II. Aufbauschema

insgesamt drei Anspruchsgrundlagen

§ 830 BGB enthält insgesamt drei Anspruchsgrundlagen, die alle zur selben Rechtsfolge führen. 159

Aufbauschema

Aufbauschema für § 830 I S. 1, II BGB

1. Verletzungserfolg (RG-Verletzung bzw. Schutzgesetzverletzung, §§ 823 I, II)
2. Unerlaubte Handlung
   a) als Mittäter, § 830 I S. 1 BGB, oder
   b) als Anstifter/Gehilfe, § 830 II BGB
3. Kausalität

Aufbauschema für § 830 I S. 2 BGB

1. Verletzungserfolg (RG-Verletzung bzw. Schutzgesetzverletzung, §§ 823 I, II)
2. Unerlaubte Handlung als Beteiligte
   a) selbstständige Beteiligung
   ⇨ Haftung mit Ausnahme der Kausalität
   b) Rechtsgutverletzung mit Sicherheit durch einen der Beteiligten verursacht oder durch alle
   c) bei keinem der Beteiligten lässt sich die haftungsbegründende oder -ausfüllende Kausalität nachweisen

stets Gesamtschuldner, § 840 BGB

In allen Fällen haften die Mittäter, Teilnehmer oder Beteiligten gem. § 840 BGB als Gesamtschuldner, d.h. der Geschädigte kann von jedem Schädiger den vollen Betrag fordern, insgesamt aber natürlich nur einmal. Der Innenausgleich zwischen den Schädigern erfolgt nach § 426 BGB.

B) Die Haftung von Mittätern und Teilnehmern, § 830 I S. 1, II BGB

I. Mittäterschaft, § 830 I S. 1 BGB

§ 830 I S. 1 BGB: jeder Schädiger verpflichtet

Nach § 830 I S. 1 BGB ist von mehreren in Betracht kommenden Schädigern jeder einzelne zum Schadensersatz verpflichtet, wenn der Schaden auf einer gemeinschaftlich begangenen unerlaubten Handlung beruht. 160

gemeinschaftliches Zusammenwirken notw.

Gemeinschaftliche Begehung i S.d. § 830 I S. 1 BGB hat dabei dieselbe Bedeutung wie die Mittäterschaft gemäß § 25 II StGB im Strafrecht.[451] Voraussetzung ist ein bewusstes und gewolltes, also vorsätzliches Zusammenwirken mehrerer zur Herbeiführung eines bestimmten Erfolges.[452] Neben der Kenntnis der Tatumstände muss daher der Wille des Einzelnen gegeben sein, die Tat als Mittäter auszuführen. Darüber hinaus ist auch eine Beteiligung an der Tatausführung erforderlich.

451 Palandt, § 830 BGB, Rn. 3; Kupisch/Krüger, S. 120.

452 Palandt, § 830 BGB, Rn. 3; BGH, NJW 1972, 40; vgl. dazu auch die Entscheidung in **Life&Law 1999, 356 ff.**.

Zurechnung ohne weitere Kausalitätsprüfung

Nach § 830 I S. 1 BGB haften die Mittäter dem Geschädigten auf Schadensersatz ohne Rücksicht darauf, ob ein bestimmtes Verhalten des jeweils in Anspruch Genommenen als Ursache für den eingetretenen Verletzungserfolg gegeben ist bzw. nachgewiesen werden kann.[453] Ebenso wie im Strafrecht wird die i.R.d. gemeinsamen Tatplans liegende Handlung eines Mittäters dem anderen zugerechnet. Diese Regelung rechtfertigt sich aus dem Gedanken, dass jeder Mittäter die Handlung des anderen in seinen Willen aufgenommen hat.[454]

⇨ Kausalität (+), nur Nachweis nicht notw.

§ 830 I S. 1 BGB wird teilweise[455] als Ausnahme zum Verursachungsprinzip angesehen. Dies ist jedoch zu Recht[456] abzulehnen. § 830 I S. 1 BGB verzichtet nicht auf das Erfordernis der Kausalität zwischen Handlung und Verletzungserfolg bzw. Verletzungserfolg und Schaden. Verzichtet wird lediglich auf den Nachweis, welcher der Beteiligten konkret durch seine Handlung den Verletzungserfolg bzw. Schaden herbeigeführt hat, da die Handlung eines Mittäters dem anderen zugerechnet wird. Er hilft somit dem Geschädigten, dem kein Nachteil daraus entstehen darf, dass er durch mehrere Täter geschädigt wurde. 161

⇨ keine eigenhändige Begehung notw.

Für die Haftung des Einzelnen ist es unerheblich, ob er den Schaden eigenhändig verursacht und wie viel er selbst zum entstandenen Schaden beigetragen hat. Dies gilt auch für das Schmerzensgeld.[457]

bei Demonstration aber i.d.R. Rollenverteilung (-)

Die schlichte Teilnahme an einer gewalttätigen Demonstration macht noch nicht haftbar. Hinzukommen muss der auf eine Rechtsgutsverletzung gerichtete Wille des Demonstrationsteilnehmers, der auch als solcher erkennbar geworden sein muss.[458] Der Teilnehmer muss dabei schadensstiftende Ausschreitungen zumindest billigend in Kauf nehmen.[459] Der einzelne Teilnehmer muss wissen, dass neben ihm andere unter dem gleichen Bewusstsein des gemeinsamen einverständlichen Handelns aktiv sind (sog. übereinstimmende Rollenverteilung).[460] 162

anders bei Förderung in Entschluss u. Tat

Ausreichend in diesem Zusammenhang ist bereits eine psychische oder intellektuelle Mittäterschaft, weil die Gewaltanwendung bei Demonstrationen nicht mehr durch Art. 5, 8 I GG gedeckt ist.[461] Dies kann z.B. durch Solidarisierung mit gewalttätigen Demonstranten an Ort und Stelle geschehen, sofern das Verhalten des Einzelnen darauf ausgerichtet und geeignet ist, die Gewalttäter in ihren Entschlüssen und Taten zu fördern und zu bestärken.[462]

> **Bsp. 1:** *A und B werfen mit Steinen auf die Glashäuser der Gärtnerei des G, weil ihnen das Klirren der Scheiben Vergnügen bereitet. Dabei geht eine Scheibe zu Bruch. Es kann nicht mehr geklärt werden, wessen Stein den Schaden herbeigeführt hat.*
>
> Hier haften A und B als Mittäter nach § 830 I S. 1 BGB.
>
> **Bsp. 2:** *Bei einer Demonstration gegen den Bau eines Kernkraftwerkes kommt es zu gewalttätigen Ausschreitungen der Demonstranten gegen die Polizei. S, der sich bislang friedlich beteiligt hat, mischt sich nun unter die Steine werfenden militanten Demonstranten.*

453 Kupisch/Krüger, S. 123.
454 Kupisch/Krüger, S. 123.
455 MüKo, § 830 BGB, Rn. 3, 8.
456 Vgl. Kupisch/Krüger, S. 123 f.
457 Vgl. Palandt, § 830 BGB, Rn. 3.
458 Palandt, § 830 BGB, Rn. 3; OLG Celle, VersR 1982, 598; lesenswert auch BGH, NJW 1998, 377.
459 Palandt, § 830 BGB, Rn. 3.
460 BGHZ 89, 383 = **juris**byhemmer.
461 Palandt, § 830 BGB, Rn. 3; BGHZ 8, 288 dazu Kornblum, JuS 1986, 600.
462 BGHZ 89, 395; OLG Hamm, VersR 1985, 505 = **juris**byhemmer.

Polizist G wird im Laufe der Ausschreitungen von einem Stein am Kopf verletzt. Von den tätlich gewordenen Demonstranten kann nur S ermittelt werden.

Obwohl sich nicht nachweisen lässt, dass S den fraglichen Stein geworfen hat, muss er sich das Verhalten der anderen Demonstranten zurechnen lassen und haftet G aus § 830 I S. 1 BGB.

II. Anstifter und Gehilfen, § 830 II, I S. 1 BGB

Mittäter, Anstifter u. Gehilfen

§ 830 II BGB stellt Anstifter und Gehilfen den Mittätern gleich. Qualitativ besteht hinsichtlich der Form der Verursachung kein Unterschied zwischen dem Willen eines Mittäters oder eines Anstifters bzw. Gehilfen.[463] 163

Haupttat notw.

Hinsichtlich der Anstifter- und Gehilfeneigenschaft gelten auch hier die in §§ 26, 27 StGB definierten strafrechtlichen Begriffe.[464] Erforderlich ist also die - zumindest bedingt - vorsätzliche Unterstützung einer fremden, vorsätzlichen und rechtswidrigen Haupttat.

Nicht unter § 830 BGB fallen Hehler (§ 259 StGB) und Begünstigender (§ 258 StGB). Jedoch ist das Zivilgericht nicht an eine diesbezügliche rechtliche Qualifizierung im Strafurteil gebunden. Es kann vielmehr eigenständig Mittäterschaft oder Beihilfe annehmen.[465]

C) Die Haftung von Beteiligten, § 830 I S. 2 BGB

Beteiligte sind Gesamtschuldner, § 830 I S. 2 BGB

Nach § 830 I S. 2 BGB haften mehrere Beteiligte wie in § 830 I S. 1 BGB als Gesamtschuldner, wenn sich nicht mehr ermitteln lässt, wer von mehreren Beteiligten den Schaden durch seine Handlung verursacht hat. 164

I. Handeln als Beteiligte

1. Selbstständige Beteiligung

selbstständige Beteiligung

Es muss eine selbstständige Beteiligung mehrerer in der Weise vorliegen, dass jeder Beteiligte bei unterstellter Kausalität aus unerlaubter Handlung haften würde. 165

⇨ nicht bei Mittäter u. fahrl. Nebentäter

Keine Beteiligung i.S.d. § 830 I S. 2 BGB liegt zwingenderweise vor in den Fällen der Mittäterschaft (§ 830 I S. 1 BGB) sowie der Anstiftung oder Beihilfe (§ 830 II, I S. 1 BGB).[466] Darüber hinaus scheidet eine Beteiligung im Fall der fahrlässigen Nebentäterschaft aus, d.h. wenn mehrere Täter durch selbstständige Einzelhandlungen ohne bewusstes Zusammenwirken einen Schaden mitverursacht haben.[467] Jeder Nebentäter haftet für die Folgen seines rechtswidrigen Verhaltens nach allgemeinen Zurechnungsregelungen. 166

hemmer-Methode: Lesen Sie, gerade wenn § 830 BGB in Betracht kommt, den Sachverhalt besonders genau. Lässt sich bei keinem der Beteiligten die haftungsbegründende oder die haftungsausfüllende Kausalität nachweisen, so ist § 830 I S. 2 BGB anwendbar, auch wenn der eine Beteiligte vom Handeln des anderen nichts wusste. Regelmäßig enthält der Sachverhalt eindeutige Hinweise, dass sich die Kausalität nicht mehr nachweisen lässt.

463 Kupisch/Krüger, S. 124.

464 Palandt, § 830 BGB, Rn. 4.

465 BGHZ 8, 288 = jurisbyhemmer.

466 Palandt, § 830 BGB, Rn. 6.

467 Palandt, § 830 BGB, Rn. 6, 1; BGHZ 30, 203.

2. Ersatzpflicht

⇨ alle Voraussetzungen bis auf Kausalität notw.

Jeder der Beteiligten müsste bei unterstellter Kausalität aus unerlaubter Handlung ersatzpflichtig sein. Bis auf die Kausalität müssen also alle übrigen haftungsbegründenden und -ausfüllenden Voraussetzungen vorliegen. 167

entspr. Anwendung u.a. bei Gefährdungshaftung

Der Begriff der unerlaubten Handlung ist dabei weit auszulegen. Eine unerlaubte Handlung liegt in jeder Verletzung einer Haftungsnorm der §§ 823 ff. BGB. Entsprechend anwendbar ist § 830 I S. 2 BGB auch auf ein schadensstiftendes Verhalten außerhalb des Anwendungsbereichs der unerlaubten Handlung mit gleicher Beweisnot für den Verletzten.[468] Hauptanwendungsfälle sind die Gefährdungshaftung (insb. § 7 I StVG), Ausgleichsansprüche nach § 906 II S. 2 BGB sowie Entschädigungsansprüche aus enteignendem und enteignungsgleichem Eingriff.[469]

3. Sachlich, räumlich, zeitlich einheitlicher Vorgang

örtl. u. zeitl. Zusammenhang; weite Auslegung

Rspr. und h.M.[470] verlangen, dass die Handlungen der Beteiligten einen einheitlichen, örtlich und zeitlich zusammenhängenden Vorgang bilden (sog. objektive Verbindung der mehreren Handlungen). Diese Voraussetzung wird inzwischen weit ausgelegt. So ist § 830 I S. 2 BGB immer anwendbar, wenn wegen des Zusammenhangs mehrerer Ereignisse ihre Ursächlichkeit für den Schaden nicht mehr feststeht.[471] Auch ein subjektiver Zusammenhang zwischen den Beteiligten ist dann nicht erforderlich. Bei zeitlich aufeinanderfolgenden Handlungen kann ebenfalls ein einheitlicher Vorgang gegeben sein. 168

II. Verursachung durch die Beteiligten

Verursachung wenigstens durch einen Beteiligten

Es muss feststehen, dass die Rechtsgutsverletzung bzw. der Schaden mit Sicherheit entweder durch den einen oder den anderen Beteiligten oder aber eventuell durch alle Beteiligten verursacht worden ist. 169

⇨ nicht bei mögl. Selbstverursachung

So greift § 830 I S. 2 BGB nicht, wenn der Geschädigte seinen Schaden selbst verursacht haben kann.[472]

> ***Bsp.:*** *Ein Autofahrer verliert aufgrund eines selbst verschuldeten Fahrfehlers die Kontrolle über sein Fahrzeug und wird aus dem Fahrzeug herausgeschleudert. In der Folge wird er von einem anderen Fahrzeug überrollt. Unklar bleibt, ob der Tod des Fahrers bereits durch das Herausschleudern oder erst durch das Überfahren verursacht wurde.*
>
> Hier haftet der überfahrende Fahrer nicht nach § 830 I S. 2 BGB.

Haftung auch bei von unbeteiligtem Dritten gesetzter Mitursache

Eine Haftung mehrerer Beteiligter nach § 830 I S. 2 BGB entfällt jedoch nicht, wenn ein Dritter außerhalb des sachlich, räumlich und zeitlich einheitlichen Vorgangs eine haftungsbegründende Ursache gesetzt hat.[473]

---

468 Vgl. Palandt, § 830 BGB, Rn. 13.

469 Palandt, § 830 BGB, Rn. 13.

470 Kupisch/Krüger, S. 128; BGHZ 25, 271 ff.; BGH, NJW 1971, 506.

471 BGHZ 55, 95; Medicus, BR, Rn. 791 = **juris**byhemmer.

472 BGHZ 60, 177 (181); BGHZ 67, 14 (20) = **juris**byhemmer.

473 Palandt, § 830 BGB, Rn. 8 ff.; BGHZ 67, 14.

Bsp.: A und B bringen C durch Schubsen zu Fall. C fällt dabei in die von D nicht abgesicherte Baugrube. Wessen Stoß zum Fall des C geführt hat, kann nicht geklärt werden.

Hier haftet D nach § 823 I BGB aus Unterlassen wegen Verletzung seiner Verkehrssicherungspflichten. A und B haften dagegen aus § 830 I S. 2 BGB. Da das Verhalten des D in keinem Zusammenhang mit A und B steht, scheidet dieser aus dem Kreis der Beteiligten aus.

Im Falle der Gefährdungshaftung kommt es auf eine Verursachung durch eine Verletzungshandlung nicht an, so dass sich die Frage nach der Anwendbarkeit des § 830 I S.2 BGB stellt. In einem konkreten Fall hatte eines von mehreren schwarzen Schafen, welche unter einheitlicher Aufsicht standen, aber verschiedenen Haltern gehörten, einen Passanten umgestoßen, welcher dadurch Verletzungen erlitt. Das Schaf welchen Halters „Täter" war, ließ sich nicht ermitteln. Das OLG München hat die Vorschrift des § 830 I S.2 BGB analog angewendet.[474]

III. Kein Nachweis der Kausalität

1. Sinn und Zweck des § 830 I S. 2 BGB

kausale Handlung darf nicht nachweisbar sein

Welcher der Beteiligten die Rechtsgutsverletzung bzw. den Schaden durch seine Handlung tatsächlich ganz oder teilweise verursacht hat, darf nicht mehr feststellbar sein. 170

⇨ Anspruch soll nicht an Beweisbarkeit scheitern

§ 830 I S. 2 BGB entbindet den Geschädigten vom Nachweis der Kausalität. Es soll eine Beweisschwierigkeit des Geschädigten überwunden werden. Dessen Ersatzanspruch soll nicht allein daran scheitern, dass nicht mit voller Sicherheit festgestellt werden kann, welcher von mehreren Beteiligten den Schaden tatsächlich oder zu welchem Anteil verursacht hat.[475]

Zweck ist nicht zusätzlicher Anspruchsgegner, sondern wenigstens einer

§ 830 I S. 2 BGB dient allerdings nicht dazu, Beweisschwierigkeiten zu überwinden, um dem Geschädigten zu einem weiteren Anspruchsgegner zu verhelfen. § 830 I S. 2 BGB will nur Beweisprobleme überwinden, wenn der Geschädigte ansonsten leer ausginge.[476]

Ausnahme zu Verursachungsprinzip

Durch den Verzicht auf das Vorliegen der Kausalität stellt § 830 I S. 2 BGB eine echte Ausnahme zu dem im Deliktsrecht geltenden Verursachungsprinzip dar.[477] 171

hemmer-Methode: Vergessen Sie nicht: § 830 I S. 2 BGB ist keine bloße Beweislastregelung, sondern eine eigenständige Anspruchsgrundlage!

2. Urheberzweifel

Urheberzweifel

§ 830 I S. 2 BGB findet zum einen in den Fällen des sog. Urheberzweifels (= alternative Kausalität) Anwendung.[478] Hier lässt sich i.R.d. haftungsbegründenden Kausalität nicht mehr aufklären, wessen Handlung die Rechtsgutsverletzung überhaupt herbeigeführt hat. 172

---

474 Life&Law 2013, 170 ff. = jurisbyhemmer.

475 Palandt, § 830 BGB, Rn. 7; BGHZ 55, 86.

476 Kupisch/Krüger, S. 127.

477 Kupisch/Krüger, S. 124.

478 Palandt, § 830 BGB, Rn. 8.

3. Anteilszweifel

Anteilszweifel

Zum anderen findet § 830 I S. 2 BGB auch in den Fällen der sog. Anteilszweifel (= kumulative Kausalität) Anwendung.[479] Hier bestehen i.R.d. haftungsausfüllenden Kausalität Zweifel über den von den Beteiligten jeweils verursachten Schadensumfang. 173

4. Ausschluss bei erwiesener Haftung

a) Grundsatz

bei erwiesener Kausalität Haftung (-)

Eine Haftung nach § 830 I S. 2 BGB scheidet aus, wenn einer der „Beteiligten" aufgrund nachweisbarer Kausalität bereits aus einer anderen Rechtsnorm haftet.[480] 174

§ 830 I S. 2 BGB will den Geschädigten nur davor schützen, dass er leer ausgeht, ihm aber nicht einen zusätzlichen Anspruchsgegner bieten.

> **Bsp.:** *Dem Radfahrer R wird von Autofahrer A die Vorfahrt genommen. Dabei wird R gestreift und zu Fall gebracht. Der hinter A fahrende B überrollt R mit seinem Pkw. Es kann nicht mehr geklärt werden, ob die Verletzungen des R durch den Fall oder das Überrollen verursacht worden sind.*
>
> Hätte A den R nicht zu Fall gebracht, hätte auch B den R nicht überrollen können. Das Verhalten des A ist daher in jedem Fall kausal für den eingetretenen Schaden. Auch unterbricht das Verhalten des B den Kausalzusammenhang nicht. Unklar ist lediglich, ob B noch zusätzliche Verletzungen verursacht hat oder nicht. Die Kausalität des Verhaltens des A steht jedoch fest. Somit haftet A dem R für die Knochenbrüche bereits nach § 823 I BGB. Eine Haftung des B aus § 823 I BGB scheidet mangels beweisbarer Kausalität aus. Eine Haftung des B aus § 830 I S. 2 BGB ebenso, da die Haftung des A bereits feststeht.

hemmer-Methode: Erkennen Sie die in der Klausur angelegten Fallen, die der Notendifferenzierung dienen! Wie Sie aus dem Beispiel ersehen können, bedeutet nicht jede Unklarheit im Schadensverlauf auch ein Nichtfeststehen der Kausalität i.S.d. § 830 I S. 2 BGB! Denken Sie daran: Sobald der eingetretene Schaden einem von mehreren Schädigern zurechenbar ist, entfällt eine Anwendung von § 830 I S. 2 BGB. 175

b) Ausnahmen

nach alter Rspr. auch bei Insolvenz

Nach früherer Ansicht des BGH[481] war § 830 I S. 2 BGB trotz erwiesener Haftung eines „Beteiligten" anwendbar, wenn dieser „Beteiligte" insolvent oder nicht mehr feststellbar war. Hier sei ein erhebliches Interesse des Geschädigten an einer entsprechenden Anwendung des § 830 I S. 2 BGB zu bejahen. Könnte sich in diesen Fällen der zweite Schädiger, der in einer zur Herbeiführung des Schadens geeigneten Weise in die Rechtssphäre des Geschädigten eingegriffen hat, darauf berufen, dass der Schaden möglicherweise bereits durch den ersten Schädiger verursacht worden und zu vertreten sei, so würde dies dem Sinn des § 830 I S. 2 BGB widersprechen.[482] 176

479 Vgl. Palandt, § 830 BGB, Rn. 9; Kupisch/Krüger, S. 128.

480 Kupisch/Krüger, S. 127; BGHZ 67, 14 (20); BGHZ 72, 355 (361).

481 BGHZ 33, 268; BGHZ 55, 86.

482 BGHZ 55, 90 = jurisbyhemmer.

nunmehr h.M. (-), gerade nicht Sinn u. Zweck

Dem wurde von der h.L. und der neuen Rspr.[483] zu Recht widersprochen. Diese Auslegung ist gerade nicht mit dem Sinn und Zweck des § 830 I S. 2 BGB zu vereinbaren. § 830 I S. 2 BGB soll dem Geschädigten nur aus seiner Beweisnot helfen, wenn sich überhaupt nicht mehr aufklären lässt, wie sich der Schaden auf die verschiedenen potenziellen Verursacher verteilt. Nicht abgenommen werden soll dem Geschädigten jedoch das Unauffindbarkeits- oder Insolvenzrisiko. Dass der Schädiger insolvent ist, ist ein Risiko, das ein jeder Gläubiger zu tragen hat. Darüber hilft auch § 830 I S. 2 BGB nicht hinweg. 177

Bearbeiten Sie die Fragen 64 - 74!

483 BGHZ 67, 14; BGHZ 72, 355; Medicus, BR, Rn. 792.

§ 6 HAFTUNG FÜR VERRICHTUNGSGEHILFEN, § 831 BGB

A) Einführung

I. Einordnung der Regelung des § 831 BGB

§ 831 BGB; vermutetes eigenes Verschulden

§ 831 BGB stellt eine eigenständige Anspruchsgrundlage auf Schadensersatz gegen den Geschäftsherrn für eine Handlung seines Verrichtungsgehilfen dar. Die Haftung des Geschäftsherrn gründet sich auf die Vermutung seines eigenen Verschuldens bei der Auswahl und/oder Überwachung des Verrichtungsgehilfen oder bei der Beschaffung der erforderlichen Vorrichtungen oder Gerätschaften.[484] Darüber hinaus enthält § 831 BGB die Vermutung des ursächlichen Zusammenhangs zwischen dem Verschulden des Geschäftsherrn und einem dem Dritten zugefügten Schaden.[485] 178

Abgrenzung zu § 278 BGB

§ 831 BGB und § 278 BGB betreffen beide die Haftung bei Handlungen von Dritten. Beide Vorschriften sind aber streng voneinander abzugrenzen:[486] 179

§ 831 BGB	§ 278 BGB
1. Selbständige, deliktische Anspruchsgrundlage	**1.** Zurechnungsnorm für Verschulden
2. Haftung für eigenes Verschulden	**2.** Zurechnung fremden Verschuldens
3. Unabhängig von Schuldverhältnissen	**3.** Sonderverbindung zwischen Geschädigtem und Schädiger erforderlich
4. Weisungsabhängiger Verrichtungsgehilfe	**4.** Weisungs(un)abhängiger Erfüllungsgehilfe
5. Exkulpation möglich	**5.** Keine Exkulpation möglich

hemmer-Methode: Vermeiden Sie überflüssige Fehler, die den Korrektor verärgern! § 831 BGB ist eine eigenständige Anspruchsgrundlage und keine Zurechnungsnorm wie § 278 BGB. Es ist daher in der Klausur falsch, § 831 BGB i.R.d. Verschuldens bei § 823 BGB zu prüfen! § 831 BGB hat eigene Voraussetzungen, welche vom Grundschema des § 823 I BGB abweichen. Zeigen Sie in der Klausur schon zu Beginn der Prüfung, dass Sie § 831 BGB als selbstständige Anspruchsgrundlage prüfen.

bei § 278 BGB Sonderverbindung notw.

Natürlich können § 831 BGB und § 278 BGB nebeneinander Anwendung finden, wenn eine Handlung gleichzeitig die Verletzung einer schuldrechtlichen Pflicht und einen Verstoß gegen die §§ 823 ff. BGB enthält. Hier haftet der Schädiger regelmäßig aus Vertrag und aus Delikt. Die Ansprüche aus Vertrag und aus Delikt stehen dabei nebeneinander in Anspruchskonkurrenz. 180

Bsp.: Eigentümer E hat den Bauunternehmer B mit der Errichtung seines Hauses beauftragt. Als sich E nach dem Baufortschritt erkundigen will, wirft der Arbeiter A des B aus Unachtsamkeit eine Schubkarre mit frischem Zement um.

484 Palandt, § 831 BGB, Rn. 1; RGZ 151, 297.

485 Vgl. Palandt, § 831 BGB, Rn. 1.

486 Vgl. Kupisch/Krüger, S. 85 f.

Dabei wird der Anzug des E beschädigt. Zudem erleidet E schwere Prellungen am linken Bein. E macht Schadensersatzansprüche gegen B geltend, da A vermögenslos ist.

Hier haftet B zum einen aus §§ 280 I, 241 II BGB i.V.m. § 278 BGB, da ihm das Verschulden des Erfüllungsgehilfen A zugerechnet wird. Daneben haftet B auch aus § 831 BGB, da A als Verrichtungsgehilfe des B den E rechtswidrig geschädigt hat (sofern nicht B den Entlastungsbeweis nach § 831 I S. 2 BGB führen kann).

Abwandlung: *E wurde bei seiner Besichtigung von seinem Bekannten F begleitet. Auch F erleidet Schäden an seiner Kleidung, die er von B ersetzt verlangt.*

Hier entfällt eine Haftung des B aus §§ 280 I, 241 II BGB i.V.m. § 278 BGB, da zwischen F und B keine schuldrechtliche Sonderverbindung besteht und der Werkvertrag mangels Leistungsnähe des F keine Schutzwirkung für ihn entfaltet. B haftet jedoch wie oben aus § 831 BGB, da dieser Anspruch unabhängig vom Vorliegen einer Sonderverbindung gegeben ist.

hemmer-Methode: § 831 BGB bietet die Möglichkeit der Exkulpation und daher nur relativ schwachen Schutz. Dies erforderte ein Ausweichen in das Vertragsrecht. Vor diesem Hintergrund sind insbesondere die Institute der vorvertraglichen Haftung und des Vertrags mit Schutzwirkung zu sehen, die den Zweck verfolgen, den Geschäftsherrn als solventen Schuldner vertraglich haften zu lassen, und eine Exkulpation i.R.d. § 831 BGB zu vermeiden. 181
Denken Sie daher vor der Prüfung des § 831 BGB immer an die vertragliche (z.B. §§ 634 Nr. 3, 636, 280 ff. BGB, §§ 280 I, 241 II, 282 BGB) oder vertragsähnliche Haftung (z.B. §§ 280 I, 241 II, 311 II BGB, GoA). Die Zurechnung für Fremdverschulden des Erfüllungsgehilfen erfolgt in diesen Fällen über § 278 BGB.
Neben § 831 BGB kommt jedoch auch eine Haftung des Geschäftsherrn nach § 823 I BGB direkt in Betracht, wenn diesem gleichzeitig eine Verletzung eigener Verkehrs-, Aufsichts- oder Organisationspflichten anzulasten ist. Hierbei ist i.R.d. gesamtschuldnerischen Innenausgleichs aber § 840 II BGB zu beachten, welcher häufig von den Grundsätzen des innerbetrieblichen Schadensausgleichs überlagert wird.

§ 31 BGB ist ebenfalls Zurechnungsnorm

Auch § 31 BGB ist wie § 278 BGB bloße Zurechnungsnorm und keine Anspruchsgrundlage. Es gelten die obigen Ausführungen zu § 278 BGB entsprechend. 182

hemmer-Methode: § 31 BGB kann aber i.R.d. § 831 BGB von Bedeutung sein. Hat z.B. der Geschäftsführer einer GmbH einen Verrichtungsgehilfen schlecht ausgewählt, so wird der GmbH als juristischer Person das Verhalten von zwei Personen zugerechnet: einmal als eigenes Verschulden nach § 31 BGB das Organverschulden des Geschäftsführers (nachlässige Auswahl des Verrichtungsgehilfen), zum anderen das rechtswidrige Verhalten des Verrichtungsgehilfen. Anspruchsgrundlage ist dann § 831 BGB. Dieselbe Fallkonstellation kommt bei einer KG oder OHG und nach h.M. auch bei der GbR[487] in Betracht, da § 31 BGB für die unbeschränkt persönlich haftenden Gesellschafter entsprechend gilt. 183

487 BGH, **Life&Law 2003, 385 ff.**

II. Aufbauschema

1. Verrichtungsgehilfe
2. Tatbestandsmäßige, rechtswidrige Handlung i.S.d. §§ 823 ff. BGB
3. In Ausführung der Verrichtung
4. Keine Exkulpation nach § 831 I S. 2 BGB

B) Voraussetzungen des § 831 I BGB

I. Verrichtungsgehilfe

Verrichtungsgehilfe

Verrichtungsgehilfe ist, wer mit Wissen und Wollen des Geschäftsherrn in dessen Interesse tätig wird und dabei dessen Weisungen unterworfen ist.[488] 184

- *Bestellung notw.*

Zu einer Verrichtung bestellt ist, wem von einem anderen, in dessen Einflussbereich er sich allgemein oder im konkreten Fall befindet und zu dem er in einem gewissen Abhängigkeitsverhältnis steht, eine Tätigkeit übertragen worden ist.[489]

- *Weisungsrecht*

Wesentlich ist hier die Weisungsabhängigkeit des Verrichtungsgehilfen vom Geschäftsherrn. Das Weisungsrecht braucht dabei nicht ins Einzelne zu gehen. Ausreichend ist, dass der Geschäftsherr die Tätigkeit des Handelnden jederzeit beschränken, untersagen oder nach Zeit und Umfang bestimmen kann.[490] Keine Verrichtungsgehilfen sind demnach Personen, die über ihre Person frei verfügen und Zeit und Umfang ihrer Tätigkeit selbst bestimmen können.[491]

> ***Bsp.:***[492] *Überlässt ein Arbeitgeber einem Bauunternehmer einen Baggerführer für nicht näher festgelegte Abbrucharbeiten, so ist der Baggerführer bei der Ausführung dieser Tätigkeit Verrichtungsgehilfe des Bauunternehmers und – mangels tatsächlicher Einflussmöglichkeiten vor Ort – nicht seines Arbeitgebers.*

- *soziale Abhängigkeit (-), aber Wissen + Wollen (+)*

Nicht erforderlich für die Eigenschaft als Verrichtungsgehilfe ist eine echte soziale Abhängigkeit des Gehilfen vom Geschäftsherrn (im Gegensatz zum Besitzdiener nach § 855 BGB).[493] Ebenso unerheblich ist es, ob die Tätigkeit tatsächlicher oder rechtlicher Natur, entgeltlich oder unentgeltlich, ausdrücklich oder stillschweigend übertragen und ob sie mit Vertretungsmacht verbunden ist oder nicht.[494] Insbesondere ist also zwischen Geschäftsherrn und Verrichtungsgehilfen kein Vertrag erforderlich.

Ausschlaggebend ist allein, dass der Verrichtungsgehilfe die Tätigkeit mit Wissen und Wollen und im Interesse des Geschäftsherrn übernommen hat.

---

488 Esser/Weyers, § 110 I 1a; Kupisch/Krüger, S. 86.

489 Palandt, § 831 BGB, Rn. 5; BGH, WM 1989, 1047.

490 Palandt, § 831 BGB, Rn. 5; BGHZ 45, 311 (313).

491 Palandt, § 831 BGB, Rn. 5; RGZ 92, 345.

492 OLG Düsseldorf, NJW-RR 1998, 382; vgl. auch die ausführliche Darstellung der Entscheidung in **Life&Law 1998, 232 ff.** = **juris**byhemmer.

493 BGH, NJW 1956, 1715 für den Fall eines selbstständigen Generalvertreters.

494 Palandt, § 831 BGB, Rn. 5; RGZ 92, 346; BGH, FamRZ 1964, 84.

Verrichtungsgehilfen sind:

⇨ Vertrauensarzt im Verhältnis zur Krankenkasse[495]

⇨ Assistenzarzt im Verhältnis zum Krankenhaus[496]

⇨ Krankenschwester im Verhältnis zum Krankenhaus[497]

Keine Verrichtungsgehilfen sind:[498]

⇨ Gerichtsvollzieher im Verhältnis zum Vollstreckungsgläubiger

⇨ Jagdgast im Verhältnis zum Jagdherrn[499]

⇨ Kassenarzt im Verhältnis zur Krankenkasse[500]

⇨ Taxifahrer im Verhältnis zum Fahrgast[501]

⇨ Selbstständige Bauunternehmer und Handwerksmeister,[502] anders der Architekt.

Ehegatten grds. (-) Ausnahmen mögl.

Ein Ehegatte ist nicht als Verrichtungsgehilfe des anderen Ehegatten anzusehen, wenn er nur aufgrund der ehelichen Lebensgemeinschaft tätig wird.[503] Dagegen kann § 831 BGB in Betracht kommen, wenn er aufgrund einer besonderen Bestellung eine weisungsgebundene Tätigkeit für den anderen Ehegatten ausübt.[504] 185

***Bsp. 1:** Übernimmt ein Ehegatte die Verwaltung des Vermögens des anderen, so ist er Verrichtungsgehilfe.*[505] 185a

Ehegatten – Außengesellschaft bürgerlichen Rechts

In den Mittelpunkt aktueller Diskussionen gerät man, wenn die Ehegatten gemeinsam eine BGB-Außengesellschaft betreiben. Hier war nach bisheriger Rechtsprechung des BGH[506] zur Haftungsverfassung der GbR strittig, ob ein Mitgesellschafter für fremdes deliktisches Handeln haftet:

***Bsp. 2:** Ehemann M und Ehefrau F betreiben gemeinsam eine kleine Tankstelle. Sie haben Einzelgeschäftsführung und –vertretung vereinbart. F, die den Reparaturauftrag angenommen hat, schraubt das Bremsventil am Wagen des K nicht richtig zu, sodass die Bremsen ausfallen und K einen Unfall erleidet. Von wem kann K Schadensersatz für die Krankenhauskosten und Schmerzensgeld verlangen?* 186

I. Ansprüche gegen die GbR

1. Anspruch auf Ersatz der Krankenhauskosten/Schmerzensgeld aus §§ 634 Nr. 3, 636, 280 I, 249 I, 253 II BGB:

a) Aufgrund ihrer Vereinbarung betreiben M und F eine kleine Tankstelle. Sie verfolgen damit einen gemeinsamen Zweck, der über die eheliche Lebensgemeinschaft hinausgeht. Da beide nach außen tätig werden, handelt es sich um eine Außengesellschaft bürgerlichen Rechts.

495 RGZ 131, 73.; vgl. für den Praxisvertreter BGH, **Life&Law 2009, 446 ff.**

496 BGH, VersR 1960, 19.

497 BGH, NJW 1959, 2302 = **juris**byhemmer.

498 Weitere Beispiele Palandt, § 831 BGB, Rn. 6.

499 Vgl. RGZ 128, 39.

500 Vgl. RGZ 131, 67.

501 RG, JW 1935, 35.

502 RG, JW 1935, 35.

503 BGHZ 45, 311; Medicus, BR, Rn. 795, 811.

504 RGZ 91, 363; Medicus, BR, Rn. 811.

505 RGZ 91, 363; Medicus, BR, Rn. 811.

506 BGH, NJW 2001, 1056 ff.; ausführlich in **Life&Law 2001, 216 ff.**

b) Es könnte bereits fraglich sein, ob gegenüber der GbR Verbindlichkeiten bestehen können. Nach der älteren individualistischen Theorie können nur die Gesellschafter in ihrer gesamthänderischen Gebundenheit Träger von Rechten und Pflichten sein, nicht aber die GbR. Nach der neuesten Rechtsprechung, die in der Dogmatik der Lehre von der Teilrechtsfähigkeit folgt, kann die GbR hingegen jede Rechtsposition einnehmen, soweit nicht gewichtige Gründe dagegen sprechen. Sie ist insoweit rechtsfähig.[507]

c) Der Vertrag wurde hier – evtl. aufgrund eines unternehmensbezogenen Geschäfts – von der alleinvertretungsberechtigten F für die GbR abgeschlossen, §§ 709, 714 BGB. Die fehlerhafte Ausführung der Reparatur des Pkw stellt sich als Schlechtleistung des Werkvertrages dar, aus der eine Schadensersatzpflicht hinsichtlich des Unfallschadens erwächst. Das Verschulden der F ist der GbR über § 31 BGB analog zuzurechnen.

2. Anspruch auf Krankenhauskosten/Schmerzensgeld, §§ 823 I, 249 I, 253 II BGB

Daneben[508] könnte ein Anspruch des K gegen die GbR auf die Krankenhauskosten/Schmerzensgeld aus § 823 I BGB bestehen. Problematisch ist, ob das Verletzungsverhalten der F der GbR zuzurechnen ist. § 278 BGB scheidet als Zurechnungsnorm aus, da F i.R.d. § 823 BGB nicht in „Erfüllung einer Verbindlichkeit“ handelte. Allerdings könnte eine Zurechnung nach dem Rechtsgedanken des § 31 BGB erfolgen: F ist danach wie ein Organ der GbR zu behandeln. Deren Handeln und Verschulden ist der GbR nach h.M. zuzurechnen.

II. Ansprüche gegen F

1. Anspruch aus §§ 634 Nr. 3, 636, 280 I BGB des Werkvertrages

Nach der Doppelverpflichtungstheorie haftet F wegen der Verletzung eigener vertraglicher Pflichten, da sie den Werkvertrag auch im eigenen Namen abgeschlossen hat (§§ 133, 157 BGB).

Nach der Akzessorietätstheorie ergibt sich die Haftung der F für alle gegen die Gesellschaft bestehenden Ansprüche aus § 128 HGB analog. Dies entspricht der neuen Rechtsprechung des BGH.[509]

2. Anspruch aus Delikt

Zudem haftet F für die deliktische Schädigung unmittelbar aus §§ 823 I, 253 II BGB auf Schmerzensgeld, bzw. gem. § 823 I BGB auf Ersatz der Krankenhauskosten.

III. Ansprüche gegen M

1. Anspruch aus §§ 634 Nr. 3, 636, 280 I, 249 I, 253 II BGB des Werkvertrages

Nach der Doppelverpflichtungstheorie haftet M als mitverpflichteter Vertragspartner des Werkvertrages unter Durchbrechung des Grundsatzes des § 425 II BGB für das Verschulden seiner Mitgesellschafterin aus § 280 I BGB.

Nach der Akzessorietätstheorie haftet auch M für alle gegen die Gesellschaft bestehenden Ansprüche analog § 128 HGB.

507 BGH, NJW 2001, 1056 ff.

508 Der Ersatz der Krankenhauskosten kann auch auf die Anspruchsgrundlage des § 823 I BGB gestützt werden.

509 BGH, NJW 2001, 1056 = **juris**byhemmer.

2. Anspruch aus §§ 823, 249 I, 253 II BGB[510]

Problem: Haftung für fremdes deliktisches Handeln

Dagegen lässt sich eine Haftung des M für die deliktischen Ansprüche nach der Doppelverpflichtungslehre weder über § 31 BGB noch über § 831 BGB begründen: Über § 31 BGB kann nur eine Zurechnung zur Gesellschaft erfolgen und § 831 BGB ist mangels Weisungsgebundenheit des handelnden Gesellschafters nicht einschlägig. Hier betreiben M und F die Tankstelle als BGB-Gesellschaft. Als gleichberechtigte Gesellschafterin unterliegt F nicht den Weisungen des M. Mangels Verpflichtungstatbestandes schuldet M demnach insbesondere kein Schmerzensgeld.

Nach der jetzt herrschenden Akzessorietätslehre haftet hingegen ein Gesellschafter einer GbR analog § 128 S. 1 HGB auch für gesetzliche Verbindlichkeiten.[511] Allerdings wird auch nach der Akzessorietätslehre teilweise eine teleologische Reduktion des § 128 S. 1 HGB für fremde deliktische Handlungen vertreten[512]. Eine solche Haftung sei dem Zivilrecht fremd. Folgt man dieser Ansicht, so scheidet ein Anspruch aus §§ 823, 249 I, 253 II BGB gegenüber M aus.

hemmer-Methode: Mit der aktuellen Rechtsprechung des BGH erlangt die Verbindung der Haftungsverfassung der GbR mit Deliktsrecht große Examensrelevanz. Daher haben wir diesen klassischen Fall hier ausführlich dargestellt. Verfolgen Sie die aktuelle Entwicklung. Die Rechtsprechung zur GbR befindet sich nach wie vor im Fluss!

II. Unerlaubte Handlung des Verrichtungsgehilfen

unerlaubte Handlung d. Gehilfen

Der Verrichtungsgehilfe muss eine tatbestandsmäßige und rechtswidrige unerlaubte Handlung i.S.d. §§ 823 ff. BGB begangen haben. Es muss also der objektive Tatbestand einer Haftungsnorm i.S.d. §§ 823 ff. BGB verwirklicht worden sein.[513] Da die Haftung des § 831 I BGB an das vermutete eigene Verschulden des Geschäftsherrn anknüpft, ist ein Verschulden des Verrichtungsgehilfen bei seiner unerlaubten Handlung nicht erforderlich.[514] 187

Verschulden nicht notw.

Sofern das Verschulden des Verrichtungsgehilfen Teil des objektiven Tatbestands der unerlaubten Handlung ist, wie z.B. bei § 826 BGB oder § 823 II S. 2 BGB, bzw. wenn das Schutzgesetz eine besondere Verschuldensform voraussetzt, ist das Verschulden des Verrichtungsgehilfen ausnahmsweise Voraussetzung für einen Anspruch gegen den Geschäftsherrn gem. § 831 I BGB.

Eine Mindermeinung[515] verlangt dagegen generell ein Verschulden des Verrichtungsgehilfen, da der Geschäftsherr nicht für ein Verhalten des Verrichtungsgehilfen verantwortlich sein soll, für das dieser selbst mangels Verschulden nicht haftbar ist. Mit obiger Begründung der h.M. ist diese Ansicht zu Recht abzulehnen. Ansonsten müsste i.R.d. § 831 BGB eine doppelte Verschuldensprüfung (hinsichtlich des Verrichtungsgehilfen und des Geschäftsherrn) stattfinden. Fehlt jedoch ein Verschulden des Verrichtungsgehilfen, wird der Geschäftsherr regelmäßig die Ursächlichkeit seines Auswahlverschuldens widerlegen können.[516]

510 Daneben kommt auch hier der Ersatz der Krankenhauskosten aus § 823 I BGB in Betracht.

511 So jetzt ausdrücklich der BGH, **Life&Law 2003, 385 ff.**; vgl. auch K. Schmidt, NJW 2003, 1897 ff.

512 Altmeppen, NJW 1996, 1017 ff.; NJW 2003, 1553 ff.

513 Kupisch/Krüger, S. 86; Westermann, JuS 1961, 385.

514 So h.M.: Kupisch/Krüger, S. 87; Palandt, § 831 BGB, Rn. 1; RGZ 142, 368; BGH, NJW 1971, 31 (32); Westermann, JuS 1961, 385.

515 V. Caemmerer, Wandlungen des Deliktsrechts, Gesammelte Schriften, S. 537; Wolff, JuS 1963, 333 Anm. 2.

516 BGH, NJW 1971, 31 (32) = **juris**byhemmer.

Deliktsfähigkeit d. Gehilfen nicht Voraussetzung

Der Gesetzgeber wollte mit dem Verzicht auf das Verschulden des Verrichtungsgehilfen gerade auch der Möglichkeit vorbeugen, dass der Geschäftsherr deliktsunfähige Personen als Verrichtungsgehilfen einsetzt.[517] Auf die Deliktsfähigkeit des Verrichtungsgehilfen kommt es i.R.d. § 831 I BGB nicht an.

hemmer-Methode: Die Haftung des Geschäftsherrn aus § 831 I BGB entfällt somit nicht, wenn der Verrichtungsgehilfe deliktsunfähig nach §§ 827, 828 BGB ist. Die Haftung entfällt aber, wenn der Geschäftsherr selbst deliktsunfähig ist. § 829 BGB ist in diesem Fall jedoch entsprechend anwendbar.[518] 188

III. In Ausführung der Verrichtung

in Ausführung einer Verrichtung

Die Haftung des Geschäftsherrn nach § 831 I S. 1 BGB tritt nur ein, 189
wenn der Verrichtungsgehilfe in Ausführung der Verrichtung gehandelt hat. In Ausführung der Verrichtung liegt jede Tätigkeit des Verrichtungsgehilfen, wenn erstens ein adäquater Zusammenhang zwischen der Bestellung und der Verrichtung besteht und zweitens ein unmittelbarer innerer Sachzusammenhang mit der eigentlich übertragenen Tätigkeit gegeben ist.[519]

⇨ Zusammenhang mit anvertrauten Aufgaben

Es ist also nicht erforderlich, dass es sich bei der schädigenden Handlung gerade um eine Tätigkeit handelt, zu welcher der Geschäftsherr den Verrichtungsgehilfen bestellt hat. Vielmehr genügt es, dass die Handlung in den Kreis oder allgemeinen Rahmen der dem Verrichtungsgehilfen anvertrauten Aufgaben fällt.[520] Es muss nur ein unmittelbarer innerer Zusammenhang zwischen der ihm aufgetragenen Verrichtung nach ihrer Art und ihrem Zweck und der schädigenden Handlung bestehen.[521]

bei Abweichen v. Weisungen Einzelfall maßgeblich

Selbst ein bewusstes und eigenmächtiges Zuwiderhandeln gegen die Weisungen des Geschäftsherrn oder eine willkürliche oder irrtümliche Überschreitung der Grenzen des Auftrages stellt das Handeln des Verrichtungsgehilfen noch nicht außerhalb des Kreises der ihm aufgetragenen Verrichtung.[522] Ob bei einer Abweichung von Weisungen die Handlung noch im Kreis der aufgetragenen Verrichtung liegt, ist jeweils nach dem Einzelfall zu beurteilen.[523]

nicht aber „bei Gelegenheit"

Nicht ausreichend ist es, wenn der Verrichtungsgehilfe nur bei Gelegenheit der ihm aufgetragenen Tätigkeit geschädigt hat.[524] Hier haftet lediglich der Verrichtungsgehilfe aus den §§ 823 ff. BGB, nicht aber der Geschäftsherr aus § 831 BGB. Entscheidend für die Abgrenzung von Handeln „bei Gelegenheit" und „in Ausführung" ist das jeweilige Verhältnis der Tätigkeit zum übertragenen Aufgabenkreis.

hemmer-Methode: Beachten Sie: Dieselbe Haftungsbeschränkung gilt auch bei sonstiger Einschaltung von Hilfspersonen, so bei

- **§ 278 BGB „zur Erfüllung"**
- **§ 31 BGB „in Ausführung"**
- **§ 839 BGB, Art. 34 GG „in Ausübung".**

517 Kupisch/Krüger, S. 87.

518 Palandt, § 831 BGB, Rn. 1; § 827 BGB, Rn. 1, § 829 BGB. Rn. 1.

519 Vgl. BGH, MDR 1958, 680; BGH, NJW 1971, 31; BGH, NJW-RR 1989, 723; Kupisch/Krüger, S. 87; Palandt, § 831 BGB, Rn. 9 = jurisbyhemmer.

520 BGHZ 11, 151; BGH, WM 1977, 1169; Palandt, § 831 BGB, Rn. 9.

521 BGH, NJW 1971, 31 (32); Palandt, § 831 BGB, Rn. 9 = jurisbyhemmer.

522 BGH, VersR 1963, 1076; BGHZ 49, 19; Palandt, § 831 BGB, Rn. 9 = jurisbyhemmer.

523 Vgl. Palandt, § 831 BGB, Rn. 9.

524 Kupisch/Krüger, S. 87; Palandt, § 831 BGB, Rn. 9.

Bsp. 1: Der angestellte Lkw-Fahrer L nimmt trotz ausdrücklichen Verbots seines Arbeitgebers A seinen Bekannten B mit. Er fährt einen kleinen Umweg, um B nach Hause zu bringen. Dabei verletzt er bei einem Unfall B und den unbeteiligten Fußgänger F. B und F verlangen von A Schadensersatz aus § 831 I S. 1 BGB.

Auch die Fahrt auf der Umwegstrecke steht noch im inneren Zusammenhang mit der dem L übertragenen Aufgabe. Daher haftet A dem F. Die Mitnahme des B widersprach jedoch dem ausdrücklichen Verbot des A. Dies schließt den inneren Zusammenhang aus. A haftet daher nicht auch dem B. B kann sich nur an L halten.[525]

Bsp. 2: Bei Malerarbeiten beschmiert der Malergeselle G des Meisters M einen wertvollen Tisch des Eigentümers E mit Farbe. Als G beim vergeblichen Versuch, die Farbe zu entfernen, in der Schublade des Tisches eine teure Uhr findet, nimmt er diese mit. E verlangt von M Schadensersatz für Uhr und Tisch aus § 831 BGB.

Hier liegt die Beschädigung des Tisches noch im übertragenen Aufgabenkreis, nicht aber der Diebstahl der Uhr. Letzterer erfolgt nur bei Gelegenheit der Verrichtung. E kann sich daher nur wegen des Tisches an M halten. Hinsichtlich der Uhr muss er von G Ersatz verlangen.[526]

hemmer-Methode: Aber keine Regel ohne Ausnahme. Nicht jeder Diebstahl erfolgt nur bei Gelegenheit der Verrichtung. Ein innerer Zusammenhang und damit „in Ausführung der Verrichtung" liegt dann vor, wenn dem Verrichtungsgehilfen auch eine Obhuts- und Überwachungspflicht übertragen worden ist. So haftet z.B. ein Juwelier für seinen Angestellten, wenn dieser beim Reinigen und Neuschnüren einer Perlenkette eine Perle verschwinden lässt.

IV. Exkulpation nach § 831 I S. 2 BGB

1. Übersicht

vermutetes Verschulden

§ 831 I S. 1 BGB stellt eine Haftung für eigenes Verschulden des Geschäftsherrn dar. Dabei enthält § 831 I BGB hinsichtlich Kausalität und Verschulden eine doppelte Vermutung zugunsten des Geschädigten: Dieser muss somit lediglich die tatbestandsmäßige und rechtswidrige Schädigung durch den Verrichtungsgehilfen bei Ausführung der Verrichtung beweisen. Grund für diese Regelung ist, dass der Geschädigte regelmäßig keinen Einblick in die Sphäre des Geschäftsherrn hat und somit ein Verschuldensnachweis nur schwerlich möglich wäre.[527] Daher soll ihm der Nachweis sorgfaltswidrigen Verhaltens des Geschäftsherrn erspart bleiben. 190

⇨ bzgl. doppelter Vermutung Exkulpation mögl.

Der Geschäftsherr kann diese doppelte Vermutung jedoch widerlegen und sich exkulpieren, wenn er nachweist,[528]

⇨ dass er den Verrichtungsgehilfen ausreichend ausgewählt, angewiesen, beaufsichtigt oder mit den erforderlichen Vorrichtungen oder Gerätschaften versehen hat, § 831 I S. 2 Alt. 1 BGB (Verschuldensvermutung), oder

⇨ dass die Verletzung der Pflichten für die Schädigung nicht ursächlich geworden ist, § 831 I S. 2 Alt. 2 BGB (Kausalitätsvermutung).

525 Nach BGH, NJW 1965, 391 = JZ 1965, 139 = jurisbyhemmer.

526 Nach BGHZ 11, 151.

527 Kupisch/Krüger, S. 89.

528 Kupisch/Krüger, S. 88 f.; zur Kritik am Entlastungsbeweis Diederichsen, ZRP 1968, 60.

2. Auswahl- und Überwachungsverschulden

Der Geschäftsherr muss bei Auswahl und Überwachung seiner Verrichtungsgehilfen die im Verkehr erforderliche Sorgfalt beachten.[529]

a) Auswahlverschulden

bzgl. Auswahlverschulden Art d. Verrichtung maßgeblich

Das Maß der bei der Auswahl zu stellenden Anforderungen richtet sich nach der Art der Verrichtung. Je verantwortungsvoller und schwieriger die Tätigkeit ist, umso größer ist die vom Geschäftsherrn zu beachtende Sorgfaltspflicht. Dies gilt insbesondere dann, wenn die Tätigkeit mit besonderen Gefahren verbunden ist (z.B. Arzt, Kranwagenführer). Hier muss der Verrichtungsgehilfe nicht nur die nötige Sachkunde und technische Geschicklichkeit für die Ausübung seines Berufes aufweisen, sondern auch die erforderlichen charakterlichen Eigenschaften wie Besonnenheit und Verantwortungsgefühl besitzen, die eine leichtfertige Gefährdung des Verkehrs und der Mitmenschen ausschließen.[530] Bei diesen Tätigkeiten genügt es in der Regel nicht, dass sich der Geschäftsherr nur Zeugnisse vorlegen lässt. Der Geschäftsherr muss auch Erkundigungen beim früheren Arbeitgeber einholen.[531] 191

verkehrsrichtiges Verhalten d. Fahrers

Der Geschäftsherr als Halter eines Kfz kann sich, wenn sein angestellter Fahrer gemäß § 18 StVG haftet, nur durch den Nachweis entlasten, dass sich der Fahrer verkehrsrichtig verhalten hat.[532] Umstritten ist dagegen die Haftung des Geschäftsherrn aus § 831 BGB, wenn die Schadenszufügung durch den Verrichtungsgehilfen feststeht, aber nicht mehr festzustellen ist, ob sich der Verrichtungsgehilfe verkehrsrichtig verhalten hat, andererseits jedoch verkehrsrichtiges Verhalten auch nicht auszuschließen ist. 192

⇨ Beweislast des Halters

Nach Rspr. und h.L.[533] muss der Geschädigte nur die Verletzung eines der in § 823 I BGB geschützten Rechtsgüter durch den Verrichtungsgehilfen nachweisen. Nach der Lehre vom Erfolgsunrecht wird dann die Rechtswidrigkeit des Handelns des Verrichtungsgehilfen indiziert. Das verkehrsrichtige Verhalten wird von der Rspr.[534] als Rechtfertigungsgrund behandelt, welchen der Schädiger bzw. hier der Geschäftsherr nachzuweisen hat.

Gelingt dem Geschäftsherrn der Nachweis des verkehrsrichtigen Verhaltens des Verrichtungsgehilfen nicht, so geht diese Nichtbeweisbarkeit zu Lasten des Geschäftsherrn. Es ist daher in diesem Fall von der Rechtswidrigkeit des Verhaltens des Verrichtungsgehilfen auszugehen.

Nach a.A.,[535] die der Lehre vom Handlungsunrecht folgt, geht dagegen die Nichtbeweisbarkeit zu Lasten des Geschädigten, da es dann einer ausdrücklichen Feststellung der Rechtswidrigkeit bedarf.

> **Bsp.:** *L, Lkw-Fahrer bei A, verletzt bei einer Fahrt den Radfahrer R. Es lässt sich nicht mehr aufklären, ob sich L bei diesem Unfall verkehrsrichtig verhalten hat oder ob ein Fahrfehler des L vorlag. R fordert von A u.a. Schmerzensgeld aus §§ 831, 253 II BGB. Nach der Rspr. geht die Nichtbeweisbarkeit zu Lasten des A, sodass ein Anspruch des R besteht.*

---

529 Palandt, § 831 BGB, Rn. 10.

530 RG, JW 1908, 405; zum Ganzen Palandt, § 831 BGB, Rn. 10, 12.

531 Vgl. RG, JW 1935, 2043; BGH, VersR 1984, 67; Palandt, § 831 BGB, Rn. 12.

532 Palandt, § 831 BGB, Rn. 18; BGH, DB 1971, 1809.

533 BGHZ 24, 21; BGH, NJW-RR 1987, 1048 = **juris**byhemmer.

534 BGHZ 24, 21; vgl. oben Rn. 88 = **juris**byhemmer.

535 Kupisch/Krüger, S. 91.

b) Überwachungsverschulden

bzgl. Überwachungsverschulden Wiederholung in regelmäßigen Abständen

Nach h.M.[536] ist für den Nachweis der sorgfältigen Überwachung eine fortgesetzte Prüfung geboten, ob der Gehilfe (noch) zu den Verrichtungen befähigt ist. 193

ständige Kontrollpflicht

Daraus ergibt sich für den Geschäftsherrn auch bei sorgfältiger Auswahl bei der Anstellung eine ständige Kontrollpflicht. Infolgedessen ist bei längeren Zwischenräumen zwischen Anstellung und Schadenszufügung der Nachweis fortdauernder planmäßiger, unauffälliger Überwachung mit unerwarteten Kontrollen, ggf. auch ärztlichen Kontrollen, erforderlich.[537] Der Umfang der Kontrollpflicht richtet sich im Einzelfall nach der Art der übertragenen Aufgabe.[538] Ein ursprüngliches Auswahlverschulden bei der Anstellung kann daher umgekehrt auch durch einwandfreie Führung in der Folgezeit seine Bedeutung verlieren. 194

bei mehreren Gehilfen Exkulpation f. jeden notw.

Ist nicht zu klären, welcher Gehilfe den Schaden konkret verursacht hat, so ist der Entlastungsbeweis für alle Personen zu führen, die mit dem schadenstiftenden Geschehen in Berührung gekommen sein können.[539]

3. Vorrichtungen / Geräte / Leitung

bzgl. Vorrichtungen/Geräte Beschaffungspflicht notw.

Die Einhaltung der Sorgfalt bei der Beschaffung von Vorrichtungen und Geräten ist nur nachzuweisen, wenn die Beschaffung erforderlich war. Diese Erforderlichkeit bestimmt sich nach den Umständen des Einzelfalles. Eine Auswahl der Geräte durch den Geschäftsherrn ist nicht notwendig. Es genügt, dass die entsprechenden Geräte vorhanden sind. Die Beschaffungspflicht hat der Geschädigte zu beweisen.[540] 195

Klausurrelevant kann in diesem Zusammenhang die Pflicht des Geschäftsherrn als Fahrzeughalter werden, für einen verkehrssicheren Zustand seiner Fahrzeuge zu sorgen.

Sonderaufsicht: Geschädigter hat Beweislast

Die Notwendigkeit der Leitung des Verrichtungsgehilfen durch den Geschäftsherrn hat ebenfalls der Geschädigte zu beweisen. Die Leitung bezieht sich auf eine Sonderaufsicht über die einzelne Verrichtung, nicht auf die allgemeine Leitung des Geschäfts oder des gewerblichen Betriebs.[541] Neben der generellen Oberleitung des Arbeitseinsatzes kann dies auch die spezielle Überwachung auf der Arbeitsstelle erfordern.[542] Die Leitung kann u.U. auch auf einen sorgfältig ausgewählten Angestellten übertragen werden. Je gefährlicher die Verrichtung, desto größer ist die Sorgfaltspflicht des Geschäftsherrn bei der Leitung.[543]

hemmer-Methode: Erkennen Sie die in der Klausur angelegten Fallen! Wenn im Sachverhalt vom zuverlässigen, seit Jahren fehlerlos arbeitenden Meister die Rede ist, dürfen Sie nicht kritiklos den Entlastungsbeweis nach § 831 I S. 2 BGB bejahen. Zu prüfen ist dann, ob den Geschäftsherrn nicht evtl. ein Verschulden bei der Beschaffung von Gerätschaften trifft. 196

536 BGH, NJW 1964, 2401 = **juris**byhemmer.

537 BGH, NJW 1964, 2401; OLG Köln, VersR 1953, 166; Palandt, § 831 BGB, Rn. 13 = **juris**byhemmer.

538 Dazu zahlreiche Beispiele in Palandt, § 831 BGB, Rn. 13.

539 Palandt, § 831 BGB, Rn. 7; BGH, VersR 1971, 1021.

540 Vgl. zum Ganzen Palandt, § 831 BGB, Rn. 14.

541 RGZ 82, 206.

542 BGHZ 11, 151.

543 Zum Ganzen Palandt, § 831 BGB, Rn. 15 mit zahlreichen Beispielen.

4. Widerlegung der Ursächlichkeitsvermutung

Haftung (-), wenn Schaden auch bei zuverlässigem Gehilfen erfolgt wäre

Nach § 831 I S. 2 Alt. 2 BGB kann sich der Geschäftsherr auch entlasten, indem er den Beweis dafür antritt, dass es an der erforderlichen Ursächlichkeit zwischen der angeblichen Sorgfaltspflichtverletzung und dem Schaden fehlt. Dies ist dann der Fall, wenn der Schaden auch bei Anwendung der erforderlichen Sorgfalt eingetreten wäre. 197

Nicht ausreichend ist insoweit der Nachweis, dass nicht derjenige Mangel in der Person des Verrichtungsgehilfen den Schaden verursacht hat, den der Geschäftsherr bei der Auswahl unberücksichtigt ließ. Ebenso genügt nicht die Möglichkeit, dass der Schaden trotz Anwendung der erforderlichen Sorgfalt entstanden sein würde.[544]

Erforderlich ist vielmehr, dass der Schaden auch von einer sorgfältig ausgewählten und überwachten Person angerichtet worden wäre,[545] oder dass auch ein sorgfältiger Geschäftsherr nach den Unterlagen, die er eingeholt hätte, den Bestellten ausgewählt hätte.[546]

5. Dezentralisierter Entlastungsbeweis

dezentralisierter Entlastungsbeweis mögl.

Bei Großbetrieben, oder wenn der Geschäftsherr an der eigenen Leitung und Beaufsichtigung gehindert ist, kann und muss u.U. die Auswahl und Überwachung einem höheren Angestellten übertragen werden. Die Rspr.[547] hat mehrfach den sog. dezentralisierten Entlastungsbeweis anerkannt. Ist die Leitung, Auswahl oder Überwachung einem höheren Angestellten übertragen, so muss es genügen, dass sich der Geschäftsherr für diesen Angestellten exkulpieren kann, d.h. nachweist, dass er bei dessen Auswahl und Überwachung die erforderliche Sorgfalt hat walten lassen. 198

Kritik: Bevorzugung v. Großbetrieben

Nach dem Schrifttum[548] führt der dezentralisierte Entlastungsbeweis zu einer ungerechtfertigten Bevorzugung von Großbetrieben. Erforderlich sei vielmehr der Nachweis, dass die Aufsichtsperson (= Zwischengehilfe) ihrerseits den schadenstiftenden Verrichtungsgehilfen sorgfältig ausgewählt und überwacht habe.[549] Dies würde jedoch auf eine Übernahme des § 278 BGB im Deliktsrecht hinauslaufen.

Einschränkung: körperschaftlicher Organisationsmangel

Nach der Rspr. ist der dezentralisierte Entlastungsbeweis grundsätzlich zulässig. Eine Einschränkung erfährt er jedoch durch die Grundsätze des betrieblichen und körperschaftlichen Organisationsmangels.[550] Diese Einschränkung gilt insbesondere bei der Produzentenhaftung des Herstellers i.R.d. § 823 I BGB. Hier wird der dezentralisierte Entlastungsbeweis von der Rspr. nicht zugelassen.[551]

544 RGZ 159, 314.

545 BGHZ 12, 96.

546 Zum Ganzen Palandt, § 831 BGB, Rn. 16.

547 Vgl. BGHZ 4, 1; BGH, VersR 1964, 297; Kupisch/Krüger, S. 89; Larenz II, § 73 VI = **juris**byhemmer.

548 Palandt, § 831 BGB, Rn. 11, 17.

549 Palandt, § 831 BGB, Rn. 11; so auch BGH, DB 1973, 1645.

550 Siehe dazu im Folgenden Rn. 199.

551 Siehe dazu näheres unter Rn. 199, Rn. 400 bzgl. Produkthaftung in **Hemmer/Wüst, Deliktsrecht II**.

6. Abgrenzung zu Organisationsverschulden und Organisationsmängeln

Organisation ist allgemeine VSP des Geschäftsherrn

Den Geschäftsherrn trifft die Verkehrssicherungspflicht, seinen Betrieb durch ausreichende Anordnungen so zu organisieren, dass durch die betrieblichen Arbeitsabläufe für Dritte keine Gefahren entstehen.[552]

Dies kann durch allgemeine Anweisungen, Informationen, Kontrollen oder Sicherheitsvorkehrungen erfolgen.

Diese allgemeine Verkehrssicherungspflicht kann nur dann mit der Folge der vollen Entlastung des Geschäftsherrn auf Dritte übertragen werden, wenn dies durch Rechtsnorm angeordnet oder zugelassen ist (z.B. Abwälzung der Streu-/Räumpflicht der Gemeinde auf die Anwohner). Durch Übertragung auf Dritte kann sich der Verkehrssicherungspflichtige ansonsten nicht völlig seiner Pflicht entheben. 199

Die Verkehrssicherungspflicht besteht dann als Organisationspflicht fort, deren Umfang sich nach dem Einzelfall richtet. Die Auswahl-, Kontroll- und Überwachungspflichten bleiben beim Geschäftsherrn. Dies gilt insbesondere dann, wenn ein Großunternehmen die ihm obliegenden Verkehrssicherungspflichten auf einen wenig finanzkräftigen Mitarbeiter überträgt.

bei Organisationsverschulden § 823 I BGB

Eine Verletzung dieser Organisationspflicht führt zu einer Haftung des Geschäftsherrn selbst aus § 823 I BGB infolge Organisationsverschuldens. Diese Haftung des Geschäftsherrn ist insbesondere zu beachten, wenn eine Haftung nach § 831 I S. 1 BGB aufgrund Gelingens des dezentralisierten Entlastungsbeweises entfällt.

hemmer-Methode: Die Probleme des § 831 BGB müssen Sie immer im größeren Zusammenhang, z.B. mit § 823 I BGB oder mit den §§ 311 II, III, 241 II, 280 BGB sehen. Die Möglichkeit, § 831 BGB zu reformieren und dem Geschäftsherrn die Exkulpationsmöglichkeit zu nehmen, wurde jahrelang diskutiert, aber nicht durchgeführt. Nur so wird die extensive Auslegung des § 823 BGB i.V.m. § 31 BGB und den §§ 311 II, III, 241 II, 280 BGB i.V.m. § 278 BGB (z.B. auch beim Vertrag mit Schutzwirkung) durch die Rspr. verständlich. 200
Extrem streng ist der BGH bei der Verkehrssicherungspflicht des Reiseveranstalters gegenüber dem Reisenden, wenn es um die Kontrolle der Leistungsträger geht. Diese VSP kann bereits dann bestehen, wenn ein Leistungsträger lediglich im Katalog erwähnt ist.[553]

körperschaftl. Organisationsmangel ⇨ erweiterter § 31 BGB

Die Rspr.[554] hat die Lehre vom Organisationsmangel bei juristischen Personen und gleichgestellten Personengesellschaften durch eine erweiterte Anwendung des § 31 BGB ausgedehnt (sog. körperschaftlicher Organisationsmangel). Über § 31 BGB haftet eine juristische Person (auch des öffentlichen Rechts, § 89 BGB) für einen Schaden, den ein Organ einem Dritten in Ausführung der ihm zustehenden Verrichtung zugefügt hat.

Wie § 278 BGB ist § 31 BGB nur eine Zurechnungsnorm im Bereich des Verschuldens, aber keine eigenständige Anspruchsgrundlage. Auch eine Exkulpation ist hier nicht möglich. Die juristische Person ist nach der Lehre vom körperschaftlichen Organisationsmangel verpflichtet, den Geschäftsbereich ihrer Tätigkeit so zu organisieren, dass für alle wichtigen Aufgabengebiete ein verfassungsmäßiger Vertreter zuständig ist, der die wesentlichen Entscheidungen selbst trifft.

552 Palandt, § 831 BGB, Rn. 11, 17; BGH, MDR 1968, 139.

553 Vgl. BGH, NJW 2000, 1188 ff. (lesen!) = jurisbyhemmer.

554 Palandt, § 31 BGB, Rn. 7; Hassold, JuS 1982, 583.

Entspricht die Organisation diesen Anforderungen nicht, muss sich die juristische Person so behandeln lassen, als wäre der tatsächlich eingesetzte Verrichtungsgehilfe ein verfassungsmäßiger Vertreter.[555]

bzgl. bestimmten Aufgaben Repräsentantenhaftung

Der Begriff des verfassungsmäßigen Vertreters in § 31 BGB wird also auf alle Personen ausgedehnt, die nach außen einen bestimmten Aufgabenbereich eigenverantwortlich - auch ohne Organ zu sein - in der Weise erledigen, dass sie die juristische Person auf diese Weise repräsentieren (sog. Repräsentantenhaftung).

Die Berufung auf das Fehlen eines verfassungsmäßigen Vertreters lässt somit die Haftung nicht entfallen.

Nach der Rspr.[556] haftet folglich die juristische Person aus § 823 I BGB i.V.m. § 31 BGB für alle Funktionsträger und Bedienstete, denen sie einen wichtigen Aufgabenbereich übertragen hat, ohne Entlastungsmöglichkeit.

Gleiches gilt für alle den juristischen Personen gleichgestellten Personengesellschaften. Auf Vertreter ohne satzungsgemäße Rechtsstellung findet § 31 BGB jedoch nur entsprechende Anwendung.

> ***Bspe.:***[557] *So haftet eine Gewerkschaft über §§ 823, 31 BGB für die örtliche Streikleitung,*[558] *nicht aber für die einzelnen Streikposten.*[559] *Ein Altenheim haftet nach §§ 823, 31 BGB für die Hauswirtschaftsleiterin.*[560]

hemmer-Methode: § 31 BGB ist eine sehr examensrelevante Vorschrift. Sie wird nicht nur beim rechtsfähigen Verein angewandt. § 31 BGB gilt für alle juristischen Personen, wie die AG und die GmbH, für die OHG und die KG wird er wegen der rechtlichen Verselbstständigung (vgl. § 124 I HGB) ebenfalls herangezogen. Gleiches gilt nach der sich im Vordringen befindenden „Lehre von der Teilrechtsfähigkeit" auch für die Gesellschaft bürgerlichen Rechts.[561] *201*

C) Voraussetzungen des § 831 II BGB

§ 831 II BGB bei vertraglicher Übernahme

Nach § 831 II BGB haftet auch derjenige, welcher für den Geschäftsherrn die Besorgung eines der im Absatz 1 Satz 2 bezeichneten Geschäfte durch Vertrag übernommen hat. Nicht erforderlich ist dabei, dass der Vertrag mit dem Geschäftsherrn geschlossen wurde. Ein Abschluss mit einem Dritten genügt.[562] Die bloß tatsächliche Übernahme genügt dagegen nicht. § 831 I BGB und § 831 II BGB können zusammentreffen. Dann haften Geschäftsherr und Vertragspartner als Gesamtschuldner gemäß § 840 I BGB.[563] *202*

hemmer-Methode: § 831 BGB ermöglicht anders als §§ 166, 278 BGB eine Entlastung des Hintermanns. Von daher stellt sich die Frage, ob in ähnlich gelagerten Fällen, wie z.B. beim Überbau (§ 912 BGB) oder beim Eigentümer-Besitzer-Verhältnis (§§ 989, 990 BGB), § 831 BGB analog Anwendung findet. Dies wird teilweise mit der Begründung bejaht, es handle sich um deliktsähnliche Bestimmungen. Zur Vertiefung dieses Problemkreises lesen Sie Hemmer/Wüst, Sachenrecht I, Rn. 338 ff. *203*

Bearbeiten Sie die Fragen 75 - 90!

555 Vgl. Palandt, § 31 BGB, Rn. 7; RGZ 157, 235; BGHZ 24, 213; BGH, NJW 1980, 2810.

556 Palandt, § 31 BGB, Rn. 8.

557 Weitere Beispiele Palandt, § 31 BGB, Rn. 9.

558 BAG, NJW 1989, 57 = **juris**byhemmer.

559 BAG, DB 1989, 1087 = **juris**byhemmer.

560 OLG Frankfurt/Main, NJW-RR 1989, 419.

561 Habersack, JuS 1993, S. 1 ff.

562 Vgl. RGZ 82, 217.

563 Vgl zum Ganzen Palandt, § 831 BGB, Rn. 11.

Schon gewusst? Wiederholen Sie die Fragen und Antworten mit den **hemmer AudioCards** oder der **hemmer-app**! Hören und Lesen optimieren Ihren Lernerfolg. Profitieren Sie von **unseren** **mp-3-fähigen Audio-Dateien**. Fragen und Antworten sind von langjährigen Repetitoren erstellt und garantieren, dass die wichtigsten Problemfelder komprimiert vermittelt werden. Die ideale Wiederholung des Skripts! **Machen Sie aus Leerlaufphasen (Auto, Bahn etc.) Lernphasen!**

Oder Sie wiederholen unsere Fragen anhand der **neuen hemmer-app**.

Das moderne Frage-Antwort-System für Ihr Handy oder Tablet.

Die **Lernfragen** eignen sich zur Kontrolle, ob Sie richtig gelernt haben. Automatisches, gezieltes Wiederholen schafft Sicherheit und reduziert langfristig den Lernaufwand.

Die **Quizfragen**, die auch gegeneinander gespielt werden können, lassen vergessen, dass Sie lernen und schaffen - en passant - spielerisch Wissen.

WIEDERHOLUNGSFRAGEN

Randnummer

Einführung

1. Welche Funktion erfüllt der zivilrechtliche Schadensersatz? *1*

2. Worauf ist beim ersten Durchlesen des Klausursachverhalts im Hinblick auf eine Haftung nach den §§ 823 ff. BGB hauptsächlich zu achten? *4*

3. Wie lassen sich die Haftungstatbestände im Deliktsrecht einordnen? .... *4 f.*

4. Fassen Sie kurz die wichtigsten Anspruchsgrundlagen der Verschuldenshaftung und der Gefährdungshaftung zusammen! *6*

5. Warum ist bei der Prüfung der §§ 823 ff. BGB zuallererst an ein Eigentümer-Besitzer-Verhältnis, im Folgenden EBV, zu denken? *9*

6. Welche Wertung steckt dahinter, dass beim Fremdbesitzerexzess nach den §§ 823 ff. BGB Schadensersatz verlangt werden kann? *9*

7. Auf wen stellt das Bereicherungsrecht, auf wen das Deliktsrecht ab? *13*

Der Haftungsgrund des § 823 I BGB

32. Die Pflicht zum Tätigwerden kann sich auch aus einer Garantenstellung ergeben. Wann ist eine solche gegeben? *62*

33. Was versteht man unter einer Verkehrssicherungspflicht? *62*

34. Nennen Sie die wichtigsten Quellen der Verkehrssicherungspflichten! *62c*

35. Warum ist eher das Unterlassen als das aktive Tun prüfungsrelevant? *63*

36. Nach der Rechtsgutverletzung und der Verletzungshandlung ist die Kausalität zu prüfen. Was versteht man unter haftungsbegründender, was unter haftungsausfüllender Kausalität? *64*

37. Welche drei Prüfungspunkte werden bei der Kausalität unterschieden? .... *65 ff.*

38. Wann liegt „Doppelkausalität" vor? *66*

39. Wann wird der Verletzungserfolg bei den sog. Verfolgerfällen dem Verfolgten zugerechnet, die Verfolgung beruht ja immerhin auf einem freiwilligen Willensentschluss des Verfolgers? *72*

40. Ein „Schockschaden", den ein Dritter durch Tod oder Verletzung eines Anderen erleidet, ist grundsätzlich dem allgemeinen Lebensrisiko zuzuordnen und somit nach der Lehre vom Schutzzweck der Norm nicht zurechenbar. Nennen Sie die wichtigen Prüfungspunkte beim Schockschaden! *75*

41. Wann ist nach der conditio-sine-qua-non-Formel ein Unterlassen kausal? *72*

42. Voraussetzung des § 823 I BGB ist die Rechtswidrigkeit der Rechtsgutverletzung. Nach der Lehre vom Erfolgsunrecht bezieht sich die Rechtswidrigkeit auf den Verletzungserfolg. Nach dieser Lehre ist – egal, ob Fahrlässigkeit oder Vorsatz gegeben ist - der Regelfall die Rechtswidrigkeit. Dagegen ist nach der Lehre vom Handlungsunrecht Anknüpfungspunkt der Rechtswidrigkeit die zum Erfolg führende Handlung, d.h. bei dem Prüfungspunkt Rechtswidrigkeit muss bei fahrlässigem Verhalten ein Verstoß gegen eine Verhaltensregel positiv festgestellt werden. Was spricht gegen diese Lehre? *82*

43. Welche knappe Formulierung ist wegen der h.M., der Lehre vom Erfolgsunrecht, bei der Prüfung der Rechtswidrigkeit grundsätzlich ausreichend? *85*

44. Nennen Sie die wichtigsten gesetzlichen Rechtfertigungsgründe! *87*

45. Welche Bedeutung kommt im Rahmen der Rechtswidrigkeit einer Einwilligung zu? *89*

46. Was gilt bei einer Einwilligung des Patienten bei einem ärztlichen Heileingriff? .... *89.*

47. Nach der früheren Rechtsprechung lag in einem Handeln auf eigene Gefahr eine konkludente Einwilligung in eine mögliche Schädigung. Die heute ganz h.M. geht dagegen von einer schuldhaften Selbstgefährdung aus, die als Mitverschulden im Rahmen des § 254 BGB zu berücksichtigen ist! Wann ist der Tatbestand des Handelns auf eigene Gefahr erfüllt? .... *90.*

48. Wie ist die Rechtswidrigkeit bei Sportverletzungen zu beurteilen? .... *88 ff.*

49. Grundsätzlich gilt auch bei § 823 I BGB: Haftung nur für Verschulden. Die unbegrenzte Haftung von einsichtsfähigen Jugendlichen, die z.B. zündeln, stößt wegen Widerspruchs zum JGG auf rechtspolitische Bedenken, vgl. auch § 828 III BGB. Welche Bedeutung kommt § 828 III BGB bei bereicherungsrechtlichen Anspruchsgrundlagen zu? .... *94 f.*

50. An welcher Stelle im Anspruchsaufbau des § 823 I BGB werden die Verkehrssicherungspflichten diskutiert? *100*

51. Wann tritt eine Billigkeitshaftung nach § 829 BGB ein? *101*

52. Nennen Sie die wichtigsten gesetzlichen Haftungsbeschränkungen! *101a/b*

Der Haftungsgrund des § 823 II BGB

Die Haftungsgründe der §§ 824-826 BGB

Mittäter, Teilnehmer und Beteiligte, § 830 BGB

Haftung für Verrichtungsgehilfen, § 831 BGB

Die Zahlen bis 203 verweisen auf die Randnummern des Skripts Deliktsrecht I, ab 204 auf die Randnummern des Skripts Deliktsrecht II

A

B

D

E

F

G